傳承與開拓

香港潮屬社團總會發展史

選堂題

1

2

3

1 饒宗頤教授題字（一）
2 饒宗頤教授題字（二）
3 香港潮屬社團總會 logo

1 2018 盂蘭文化節紀念特刊
2 永遠懷念敬愛的饒宗頤教授特刊
3 保普選 反佔中 守法治 撐警察特刊
4 香港潮人盂蘭勝會特刊

5 潮拼天下場刊

6 第八屆香港潮屬社團總會會董會紀念特刊

7 第二屆香港潮州節紀念特刊

8 香港潮屬社團總會成立緣起

1

2

3

_1_ 第五屆香港潮屬社團總會會董就職
典禮場刊
_2_ 第六屆香港潮屬社團總會會董就職
典禮場刊
_3_ 第九屆香港潮屬社團總會會董就職
典禮場刊

4

5

6

1

2

1 香港潮州商會第五十一屆會董大合照
2 香港九龍潮州公會成立七十周年敬老
   盆菜宴

1 香港汕頭商會第三十六屆會董就職典禮合照

2 香港潮商互助社慶賀 2018 授勳鄉彥賓主合照

_1_

1 潮僑工商塑膠聯合總會第二十五屆會董就職典禮合照
2 九龍東潮人聯會 2017 年舉辦的「迎國慶·賀中秋」潮式園遊會

1 九龍西潮人聯會第六屆會董就職典禮大合照

2 香港區潮人聯會第四屆會董就職典禮大合照

1 原中共中央政治局常委、全國政協主席賈慶林接見
潮屬社團總會北京訪問團（2012 年）

2 潮屬社團總會義工團授旗儀式，林武（左四）、高
永文（中）授義工團團旗予馬介欽（左五）及眾副
團長（2015 年）

1

2

1　饒宗頤雙手抱拳向國務院總理李克強致意（2015 年）
2　潮屬社團總會舉辦耆英聯歡晚宴，盧寧（右一）、陳幼南（左二）、張成雄（左一）向
　　全場最高齡長者派送敬老利是（2015 年）
3　歡迎里約奧運潮籍運動員歸來，潮總首長與嘉賓學生大合照（2016 年）

1 潮總首長在「賞心樂食 Together」
與潮汕歌舞團演員合照（2016 年）

2 潮屬社團總會義工獲香港義工聯盟
嘉許（2016 年）

<u>1</u> 香港潮屬社團總會代表團第十九屆國際潮團聯誼年會上合照（2017 年）

<u>2</u> 海內外政商各界人士祝陳偉南先生百歲壽誕（2017 年）

1

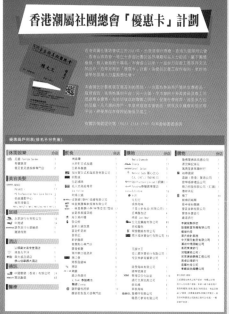

1 第二屆香港潮州節開幕（2017年）

2 潮屬社團總會首次參加香港新春花車巡遊（2017年）

3 潮屬社團總會推出優惠卡廣告（2017年）

3

1 中聯辦副主任何靖（中）代表接受香港潮屬社團總會捐款港幣一百萬元予家鄉受災地區（2018 年）

2 潮屬社團總會高鐵團訪問家鄉，全體成員在潮州廣濟橋前大合照（2018 年）

3 出席第十屆國際潮青聯誼年會的各地潮人歡聚一堂（2018 年）

1 戊戌年新春團拜，潮屬社團總會會董會主席、監事會主席及副主席向全港市民拜年（2018 年）

2 盂蘭文化節 2018 開幕典禮大合照（2018 年）

1

2

1 香港潮屬各界慶祝中華人民共和國成立六十九周年酒會（2018 年）

2 第九屆香港潮屬社團總會會董就職典禮（2018 年）

1

2

1 第二十三期粵東地區高級管理人員研討班結業典禮合照（2018 年）
2 第二十屆國際潮團聯誼年會團長暨秘書長會議在新西蘭舉行（2019 年）

_1_

_1_ 「萬人盆菜，春風送暖」活動上特首林鄭月娥、
潮總首長、嘉賓與潮籍鄉親大合照（2019 年）
_2_ 第二屆「潮拼天下」主禮嘉賓與得獎者合照
（2019 年）

_2_

_1_ 陳偉南創會主席與副主席唐
學元、馬松深、歐陽成潮、
劉宗明、佘繼標等在首屆香
港潮屬社團總會會董就職典
禮上合照（2002 年 4 月 23
日）

_2_ 首屆香港潮屬社團總會會董
就職典禮大合照（2002 年 4
月 23 日）

_3_ 左起：陳幼南、唐學元、陳
偉南在首屆香港潮屬社團
總會會董就職典禮上合照
（2002 年 4 月 23 日）

1

2

1 第二屆潮屬社團總會會董就職典禮（2004 年 4 月 19 日）
2 左起：林赤有、陳偉南、張戌、陳幼南在第二屆潮屬社團總會會董就職典禮上合照
　（2004 年 4 月 19 日）

3 李嘉誠向第三屆潮屬社團總會會董致送紀念品（2006 年 3 月 31 日）

4 第三屆潮屬社團總會會董就職典禮上，陳偉南（左）與莊世平（右）親切握手（2006 年 3 月 31 日）

3

4

1

1 潮總首長在第五屆潮屬社團總會會董就職典禮合照（2010 年 3 月 23 日）

2 梁振英出席第六屆潮屬社團總會會董就職典禮並與潮總首長合照（2012 年 3 月 28 日）

3 第七屆潮屬社團總會會董就職典禮上，梁振英為新任主席、常務副主席及副主席頒授
證書（2014 年 8 月 19 日）

2

3

1 第八屆潮屬社團總會會董就
職典禮上，潮總首長一起祝
酒（2016 年 7 月 7 日）

2 第九屆潮屬社團總會會董就
職典禮祝酒儀式（2018 年 5
月 23 日）

1 張曉明主任向陳幼南頒發第八屆潮屬社團總會主席證書（2016 年 7 月 7 日）
2 林鄭月娥在第九屆潮屬社團總會會董就職典禮致辭（2018 年 5 月 23 日）

目 錄

序

　　香港回歸祖國，恰如一石擊水，在香港各界尤其是潮人之中，引起極大迴響。當家作主的意識，特別在老一輩潮人心中盪漾起不絕漣漪，團結潮人，爭創光榮，彙聚鄉親力量，表達潮人心聲，為潮人多年心願。紛鄉碩望，由陳偉南、唐學元等鄉賢牽頭發起，倡導籌組團結香港潮人組織，經過多年醞釀和籌備，2001 年 10 月，香港潮屬社團總會宣告正式成立。

　　香港潮人，幾佔人口六分之一，不論政商學藝體各界，均見潮人矯健身影，屢有飲譽世界創舉。商界巨擘李嘉誠，國學大師饒宗頤，尊為潮人先導，譽引潮人奮力，其精神魅力，造就了一代代精英不絕於途，為弘揚潮人精神，屢創佳績，屢爭上游。駒光如駛，歲月如梭，新世紀伊始，香港潮屬社團總會叢竹繁茂，落籜成長，二十年崢嶸，傳統美德綿延，創新活力日揚，如今，潮總已成為香港一百多萬潮籍鄉親最具代表性的團體，譽滿香江，名揚四海。

　　縱觀潮總首長，群星閃爍：首席榮譽會長李嘉誠；榮譽會長陳有慶、吳康民；創會及首屆主席陳偉南，第二屆主席蔡衍濤，第三屆主席莊學山，第四屆主席馬介璋，第五屆主席許學之，第六屆、第七屆、第八屆及第九屆主席陳幼南；監事會主席林建岳；第九屆常務副主席張成雄、莊學海、胡定旭、高永文、馬介欽、陳振彬；副主席林大輝、楊育城、鄭錦鐘、林鎮洪、陳愛菁、莊健成、孫志文、林宣亮、胡澤文、胡池。《周易》曰：「天行健，君子以自強不息；地勢坤，君子以厚德載物。」同仁發憤圖強，增厚美德，容載萬物，永不停息，相信百尺竿頭，來日可待。

　　社會不斷發展，洪流滾滾向前。時代巨變，潮總為適應新形勢，擬定新理念，重訂新目標，組建新架構，「團結潮人、扎根香港、凝聚力量、攜手並進」，吸納更多各界潮籍精英，凝聚各階層力量，密切各屬會之間的聯繫，加強地區基層工作，以全新面貌，展示了嶄新的魅力和活力。如今屬會已達四十二個，會員人數廣達十六萬，其中不乏包括歷史悠久、聲譽卓著之團體，譬如香港潮州商會、香港九龍潮州公會、香港汕頭商會、香港潮商互助社、

潮僑工商塑膠聯合總會、潮僑食品業商會、九龍東潮人聯會、九龍西潮人聯會、香港區潮人聯會、新界潮人總會，以及各界知名人士等，凝成了一股積極推進會務，支持特區政府依法施政，為香港社會安定、經濟繁榮作貢獻，促進香港與外地的交往與合作，配合及支持家鄉潮汕地區發展的正面和巨大力量。

　　二十年來，香港潮屬社團總會創造了不少潮字品牌，流芳坊間，名滿香江，享譽全球。「香港潮州節」以獨特的潮州文化、潮州美食、潮州風俗，吸引了不同族群和海內外遊客絡繹觀摩，陶醉分享。「盂蘭文化節」通過傳承香港潮人盂蘭勝會這份國家級非物質文化遺產，宣揚孝於親、慈於眾的精神內涵。「萬人盆菜，春風送暖」敬老活動，把潮人尊老敬賢、慈愛熱心的精神，傳遍港九新界每個角落。「潮拼天下」表彰了享譽全球的各界精英，鼓勵和鞭策同仁拼搏前進的決心。至於廣交天下潮人，連結全球鄉賢，結緣中外賓客，更是高朋滿座，客似雲來。而作為國際潮團總會的創辦機構之一及常務理事單位，潮總秉持推動潮籍鄉親的國際合作，為家鄉發展貢獻智慧和力量的宗旨，積極參與國際潮學研究會、國際潮商經濟合作組織、國際潮籍博士聯合會、國際潮青聯合會的工作，發揮了應盡的義務和作用。

　　《離騷》說：「路漫漫其修遠兮，吾將上下而求索。」潮總成立二十年，在同仁攜手協力之下，擷譽爭輝，佳績喜人，但時代洪流滾滾向前，只有不息探求，只有以潮拼天下精神求進，方能再攀高峰。

　　「寶劍鋒從磨礪出，梅花香自苦寒來。」總結成績，前瞻征程，謹以古賢勵志之句與同仁共勉。

　　是為序。

陳幼南
香港潮屬社團總會主席

第一章 ｜ 團結潮人

香港潮屬社團總會成立和進展

香港現時七百萬人之中，潮籍人士多達百餘萬，佔總人口六分之一；潮屬社團超過一百個，比較活躍的有四五十個，在本地社會上的位置是舉足輕重的。所以，如何彙聚鄉親力量，表達廣大潮人心聲，協調各個潮屬社團的工作，支持香港特區政府依法施政，共同建設繁榮香港，是此地潮籍人士的一個心願。1997 年 7 月 1 日香港回歸祖國後，本地潮人感到有籌組一個總會的需要，幾經商議和努力，終於在二十一世紀初成立香港潮屬社團總會，自此可以更有效地為香港社會、潮汕家鄉及海內外潮人作出貢獻。

2000 年開始，香港潮州商會第四十二屆會長陳偉南邀請全港潮籍社團首長及潮籍知名人士定期舉行聚餐會，廣納意見，積極籌備。2001 年 10 月，在一眾潮商領袖的組織和推動下，香港潮屬社團總會（Federation of Hong Kong Chiu Chow Community Organizations）宣告正式成立。[1] 十多年來，歷屆主席盡心盡意，奔走努力，會務發展迅速。2014 年初，第七屆會董會上任後，更以「團結潮人、扎根香港、凝聚力量、攜手並進」新理念，重訂目標，重組架構，吸納更多各界潮籍精英參加，凝聚社會上不同階層的力量，加強各個屬會之間的聯繫，以及促進地區基層工作。會務蒸蒸日上，不單在本地社會，在潮汕家鄉和中國各地，以至海內外華人社會，都建立了更密切的關係，聲譽更隆。[2]

2019 年，香港潮屬社團總會迎來成立十八周年誌慶。為此，回顧十九世紀中葉至今一百多年來潮籍人士在港活動和從事各個主要行業的情況，記述潮屬工商社團、文化教育組織、港九新界各區聯會、潮汕各地同鄉會、聯誼會以及福利團體等創辦的經過，尤其是香港潮屬社團總會（以下簡稱「總會」）成立以來的工作經驗，作為今後的借鏡和參考，是有積極意義的。在團結潮人的同時，加強與其他族群的聯繫，促進社會繁榮進步，更是眾多潮屬社團和廣大潮籍人士的共同願望。

1　〈總會簡介〉，香港潮屬社團總會網頁，網址：http://www.fhkccc.org.hk/fhkccc/about.asp。
2　〈本會簡介〉，《香港潮屬社團總會第九屆會董就職典禮》（香港：香港潮屬社團總會，2018 年），頁 1。

第一節　香港潮屬社團總會成立經過

總會成立緣起及其進程

香港潮屬社團總會，潮籍人士通稱「總會」，近年傳媒習稱為「潮屬總會」或「潮總」，設於香港德輔道西81—85號潮州會館四字樓。創會主席陳偉南在談到總會成立緣起時說：「隨着社會的進步和發展，隨着香港回歸祖國的懷抱，越來越多的聲音，要求潮籍社團聯合起來，凝聚鄉親的力量，為社會作出更大的貢獻。」就是在這歷史背景下，陳偉南於 2000 年 10 月 18 日首次邀請香港主要潮屬社團首長舉行聚餐會，交換意見，共商發展大計。他的提議得到熱烈響應，經過多次商談，達成共識，決定成立香港潮屬社團總會。對於總會與香港潮州商會以及其他主要潮屬社團的關係，他作了這樣的說明：

> 但欲組織一個社團，自立門戶，百事待舉，財力、人力、會址等等艱巨工作，談何容易。所以經過思考之後，將總會掛靠在香港潮州商會。潮州商會歷史悠久，人才眾多，在商界地位崇高，這在兩會合作上是非常有利的，並可減少意料不到的誤會。同時，也可利用潮州商會的巨大資源，包括人力、物力、扶助支持總會。如此將使總會在經濟上及組織上立於永遠不敗之地，總會的發揚光大亦指日可期。[3]

陳偉南又指出：「數十年來潮屬各界及潮籍社團的全港性及國際性活動，也都是由香港潮州商會牽頭組織的。」因此，香港潮屬社團總會成立時，「總會主席由當屆會長出任。並由具代表性的、涵蓋潮汕地區的地緣性行業性社團：香港潮州會館、香港九龍潮州公會、香港汕頭商會、香港潮商互助社、香港潮僑塑膠廠商會，擔任副主席。香港潮僑食品業商會為常委兼總務

3　陳偉南〈香港潮屬社團總會成立緣起〉，《成立緣起》（香港：香港潮屬社團總會，2009 年），頁 2—3。

主任。」[4] 這樣的安排持續至第六屆會董會成立後，2014 年修訂通過《香港潮屬社團總會有限公司組織章程細則》，於組成第七屆會董會時始作變更。

第一屆會董就職典禮

2002 年 4 月 23 日，「香港潮屬社團總會成立暨第一屆會董就職典禮」在香港金鐘太古廣場舉行，儀式由時任中央政府駐港聯絡辦副主任鄒哲開、時任長江實業（集團）有限公司主席李嘉誠、時任全國政協常委莊世平主禮，本港各界知名人士、潮汕三市和各屬縣的官員及來自廣州、深圳、澳門和海外的嘉賓五百多人應邀出席。

香港潮屬社團總會第一屆會董會成員包括：榮譽會長李嘉誠、莊世平，名譽會長洪祥佩、廖烈文、陳有慶、林百欣、饒宗頤，主席陳偉南，副主席唐學元、馬松深、歐陽成潮、劉宗明、佘繼標等。陳偉南在會上表示，成立總會使本港各階層、各地區的潮籍人士更為緊密地團結起來，有利於更好地鼓勵鄉親和本港其他市民、其他族群人士融洽相處，首屆會董會任重道遠，定當悉力以赴，期望社會各界人士予以支持，攜手共創美好明天。[5]

香港潮屬社團總會的發起社團共有二十四個，包括：香港潮州商會、香港潮州會館、香港九龍潮州公會、香港汕頭商會、香港潮商互助社、香港潮僑塑膠廠商會、香港潮僑食品業商會、潮汕三市港澳政協委員會聯誼會、香港潮陽同鄉會、香港潮安同鄉會、香港九龍揭陽同鄉總會、香港惠來同鄉會、香港普寧同鄉聯誼會、香港饒平同鄉會、香港葦埠同鄉會、香港澄海同鄉聯誼會、香港泰國進出口商會、大埔潮州同鄉會、元朗區潮州同鄉會、粉嶺潮州會館、香港潮僑聯誼會、荃灣潮州福利會、香港慈雲閣有限公司、海外潮人青年企業家協會。[6] 上述這些都是當時具代表性的潮屬社團，而且比較活躍。

4　同上註。
5　〈香港潮屬社團總會成立暨第一屆會董就職典禮〉，《香港潮屬社團總會會訊》第 1 期（2002 年 5 月），頁 1。
6　〈香港潮屬社團總會發起社團〉，《香港潮屬社團總會會訊》第 1 期（2002 年 5 月），頁 4。

創立宗旨和組織架構

　　香港潮屬社團總會創立時的宗旨是：團結香港潮屬社團和各界人士，為香港社會安定、經濟繁榮作貢獻，促進香港與外地的交往和合作，配合及支援家鄉潮汕三市的發展。支援家鄉潮汕三市的發展一項，其後擴大為粵東四市。總會由二十多個社團發起組成，屬下公司及團體會員近千個。香港潮州商會名譽會長、國學大師饒宗頤教授特贈「團結」二字給總會，表示潮籍人士從此要更加團結起來，不僅要凝聚潮人的力量，還要推動潮籍人士和其他族群人士和諧相處，為社會作更大貢獻。[7]

　　香港潮屬社團總會成立時，在招收會員問題上，規定只吸收團體作為會員，而不考慮接受個人會員，但聘請榮譽職位如名譽會長、名譽顧問、名譽會董則例外。總會實行會董會制，會員大會是最高權力機構，會董會是最高行政機構，人數最多不超過八十人，會董任期兩年，可連選連任。會董會的組成包括：（一）香港潮州商會五人；（二）香港潮州會館、香港九龍潮州公會、香港汕頭商會、香港潮商互助社、香港潮僑塑膠廠商會、香港潮僑食品商會六社團各一位首長出任；（三）首屆會董會正副主席及以後歷屆會董會正主席卸任後，以個人身份出任當然會董。創會後逐漸建立起來的組織架構，沿用至第六屆（表 1-1）。

潮汕三市訪問團的行程

　　2002 年 6 月 9 日至 12 日，香港潮屬社團總會策劃組織「香港潮屬社團總會‧香港新聞界高層潮汕三市訪問團」，前往汕頭、潮州、揭陽三市參觀考察，總會主席陳偉南擔任名譽團長，總會副主席唐學元、歐陽成潮及港府駐粵經貿辦主任梁百忍擔任名譽顧問，總會常務會董蔡衍濤、名譽會董林輝耀、港府駐粵經貿辦投資推廣總監朱鎮龍、中新社香港分社總編室主任王丹鷹擔任顧問，團長為《成報》總編輯魏繼光，其他成員還有鳳凰衛視副言論總監何亮亮、《香港商報》執行總編輯林青、《香港經濟日報》編輯主任

7　〈香港潮屬社團總會簡介〉，《香港潮州商會成立八十周年紀念特刊》（2002 年），頁 158。

表 1-1　香港潮屬社團總會架構圖（第一至六屆）

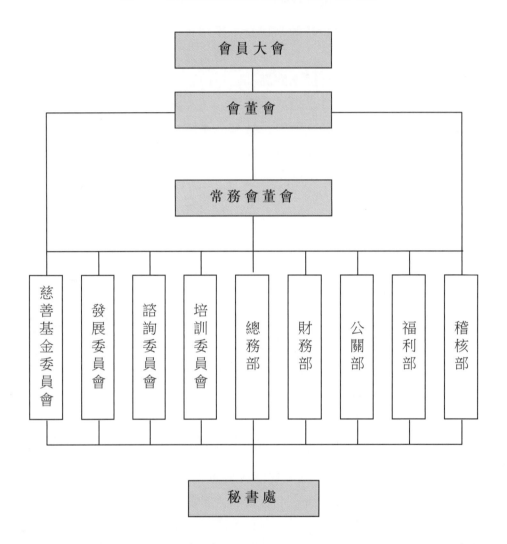

柯志宏、《新報》副總編輯郭一鳴、《明報》副總編輯夏泰寧、香港中通社總編室主任許少玲、《信報》執行總編輯陳景祥、南華傳媒編輯總監葉啟榮、《文匯報》副總編輯劉偉忠、亞洲電視高級副總裁關偉、《星島日報》副採訪主任關慧玲、香港體育攝影記者林強等，總會秘書長林楓林擔任訪問團秘書。潮汕三市書記、市長親自接待宴請，並由政協主席及副市長等高層全程

陪同。[8]

　　香港潮屬社團總會主席陳偉南親自設計行程：從海濱到深山，包括自然景觀、著名古蹟及現代化企業，特別是汕頭大學、韓山師院、揭陽高等學院，希望參加者親身感受到潮汕獨特的文化風情及近年的經濟發展概況。以下是訪問團在潮汕三市的參觀情況：

　　（一）汕頭是中國內地最早對外開放的經濟特區之一，訪問團走訪了超聲集團、科技園、信用網建設，到跳水館看國家跳水隊表演，以及李嘉誠投資贈建的汕頭大學。在汕頭大學醫學院，探望了內地首宗自然分娩的五胞胎。

　　（二）潮州是國家級歷史文化名城，至今已有一千六百多年歷史，湘子橋（1171 年）、開元寺（738 年）、韓文公祠（1189 年）等古蹟，引發了團員思古之幽情。彩塘不鏽鋼、楓溪陶瓷、菴埠食品及印刷、潮州刺繡等遠銷世界，民營企業顯示出巨大威力。湘子橋頭，韓祠之側，而有百年歷史的韓山師範學院，更是粵東文化的搖籃。古城牆腳下，饒宗頤學術館翰墨書香，在當地領導安排下，大家參觀陳偉南捐建的寶山中學及沙溪華僑醫院。

　　（三）揭陽是有二千二百年歷史的粵東古邑，訪問團參觀了「中國十大優秀開發區」之一的揭東經濟開發試驗區；揭陽也有一所高等學府，是新建的揭陽學院。當晚去到揭陽的「雲頂高原」，住宿於揭西大洋渡假村。

　　尾聲是澄海市，代表團參觀了總會會董吳哲歆獨資的世聰實業，遊覽了嶺南第一僑邑陳慈黌故居，壓軸戲是潮汕三市與香港傳媒峰會，粵港兩地電台、電視、報社人員濟濟一堂，進行了採訪。《文匯報》副總編輯劉偉忠指出，內地與香港傳媒的價值取向不盡相同，但在弘揚潮汕文化及中華文化，凝聚力量、促進粵港兩地經濟方面，大家都有共同點。[9]

團結眾人力量對抗炎症

　　2003 年間，非典型肺炎（亦稱「沙士」，縮寫為 SARS）肆虐，香港

8　〈香港新聞界高層潮汕三市訪問團〉，《香港潮屬社團總會會訊》第 2 期（2002 年 6 月），頁 1—4。
9　同上註。

面臨前所未有的挑戰，情況非常嚴峻。3月25日，香港潮屬社團總會率先於數家報紙刊登啟事，向本港醫護人員致意，並呼籲社會各界團結起來，共同對抗「沙士」。總會同時致函醫管局，向前線醫護人員表示敬意，對受到「沙士」感染者，亦致以慰問。令人感到鼓舞的是，香港社會在此次事件中表現得非常團結，本港各潮屬社團及潮籍人士亦不甘後人，出錢出力。[10]

香港潮州商會捐出六十萬元抗炎，其中一半捐給醫管局慈善基金，指定用來購置前線人員急需的防護衣物，另一半捐款則用以支持全港清潔保健日行動。慈雲閣捐二十萬元，支持特區政府「心連心全城抗炎大行動」；香港九龍潮州公會捐助十萬元，致謝前線醫務人員不辭辛勞的服務精神。李嘉誠贈物慰醫護、林百欣和劉鑾雄等捐出巨款，醫管局專業及公共事務總監、香港潮州商會會董兼青委會副主任高永文臨危受命，出任醫管局署理行政總裁，都充分表現出潮人一向重視守望相助的承擔。[11]在全港市民共同努力下，香港終於渡過難關，逐漸走出炎症陰影，恢復日常生活。

香港高校學者訪問潮汕

為了加強潮汕三市和香港各大學的互相了解，以及探討加強合作的機會，香港潮屬社團總會組織本地八間大學部分資深學者及高層管理人員共三十餘人，於2003年10月18日出發前往汕頭、潮州及揭陽三市，進行為期四天的訪問。總會主席陳偉南擔任名譽團長，副主席唐學元擔任名譽副團長，香港科技大學教授及校長資深顧問林垂宙擔任團長，香港公開大學副校長黃錫楠、香港教育學院副校長倪偉耀、香港浸會大學工商管理學院署理院長陳潔光擔任副團長，團員包括香港大學、香港中文大學、香港科技大學、香港理工大學、香港城市大學、香港浸會大學、香港教育學院及香港公開大學的教職員，以及香港潮屬社團總會常務會董張成雄、名譽會董林輝耀、秘書長林楓林、秘書李嘉偉等。

香港潮屬社團總會組織這次訪問，出於以下幾個考慮：其一，是香港學

---

10 〈團結一致對抗炎症〉，《香港潮屬社團總會會訊‧抗炎特輯》（2003年5月），頁1。
11 《香港潮屬社團總會會訊‧抗炎特輯》（2003年5月），頁1—4。

術界的國際聯繫廣泛，學者們有廣闊的國際視野；其二，是着眼潮汕的人才培養，潮汕地區雖有多所高等院校，但每年仍有不少學生出外求學，甚至遠赴海外，而當地的技術人才也需要繼續培訓提高；其三，是內地高等教育的市場大有潛力，香港高等院校的教學方法及教材都有獨特之處，希望透過訪問可以加強了解和促進合作。名譽團長陳偉南強調，李嘉誠博士創建汕頭大學、醫學院以及各附屬醫院，為國家及家鄉培養了大批人才，造福鄉梓，總會同人亦希望在這方面能為家鄉多盡點力。潮汕三市政府及汕頭大學、韓山師範學院、揭陽學院領導均對此次活動甚為重視，使行程圓滿成功。[12]

首屆主席的會務報告

2003 年 12 月 29 日，香港潮屬社團總會第一屆主席陳偉南在任期結束前作會務總結報告，回顧創會兩年多以來的活動，共列舉了以下六項：

（一）修改總會章程和完善組織功能 —— 總會成立伊始，又沒前例可援，於實踐中逐步完善各組織及功能，故於 2003 年二次修章；同時，成立慈善基金管理委員會，增聘若干名譽會董及顧問，以期今後更好地發揮總會的各項功能。

（二）與潮州三市建立密切關係 —— 包括多次接待到總會訪問的市一級或縣區的領導，協助三市在香港舉行招商或聯誼活動，以及組團赴潮汕訪問。

（三）推動本港與海外各地鄉親的聯絡 —— 根據各社團達成的共識，由總會協調及組織本港鄉親參加全港性的活動及海外各種相關活動，例如總會首長與國際潮屬主辦當局聯絡，就如何辦好國際年會提出建議等。

（四）開展多項服務會董和鄉親的活動 —— 如於 2003 年 3 月 1 日舉行新春敬老活動，由莊世平、洪祥佩、林百欣、饒宗頤四位德高望重的長老主禮，有三百多位潮籍長者參加，歡聚一堂；7 月中，組團前往深圳東莞參觀副主席佘繼標的公司，藉以開闊眼界，了解 CEPA（Closer Economic

---

12 〈本會邀八間大學數十學者訪汕頭大學等潮汕高等院校〉，《香港潮屬社團總會香港高等院校學者潮汕訪問團特輯》（2003 年 12 月），頁 1。

Partnership Arrangement 的縮寫；全稱「更緊密經貿關係安排」）實施後粵港的經貿關係。總會還首次頒發獎助學金，鼓勵年青一代勤奮學習；又與廣東潮人海外聯誼會簽署合作備忘錄，為各屬會及會員提供內地法律諮詢服務。

（五）積極參與各種社區活動——2002 年及 2003 年，《文匯報》等機構發起各該年度特區政府施政十件大事評選活動，總會亦作為協辦機構；香港大學亞洲研究中心進行口述歷史研究，當中有部分內容涉及潮籍人士來港發展及各行業的經濟狀況，總會贊助部分經費，並且提供協助；此外，西區少年警訊組團赴潮汕交流，香港傑出青年舉行「擦亮香港」大行動，總會都提供贊助。

（六）積極動員會董鄉親投入抗疫行動——包括參加「香港是我家——支持前線醫護人員」活動，呼籲社會各界尊重清潔工人勞動等等；抗炎後期，總會致函各國潮團，介紹香港正面訊息，協助政府正面宣揚香港，促進經濟。[13]

總的來說，香港潮屬社團總會在成立初期的兩三年間，已能按照所定的方針，全面鋪開會務，兼顧香港本地、潮汕家鄉和各地鄉親三方面的發展需求，而以香港作為聯繫海內外潮屬社團和潮籍人士的樞紐，提供了活動的平台，發揮了支援的作用。組織香港新聞界高層和廣邀香港高校學者訪問潮汕三市，更是高瞻遠矚的壯舉。

---

13 〈香港潮屬社團總會 2003 年度會員大會陳偉南主席會務報告摘要〉，《香港潮屬社團總會會訊》（2004 年 3 月），頁 2。

第二節　香港潮屬社團總會鞏固會務

第二屆會董會就職典禮和活動

2003 年 12 月 29 日，香港潮屬社團總會在潮州會館舉行主席帥印移交儀式，首屆主席陳偉南將帥印移交第二屆主席蔡衍濤，儀式簡單而隆重。第二屆副主席有五位，他們是馬松深、劉宗明、佘繼標、劉奇喆和唐宏洲。第二屆會董會中，增設慈善基金管理委員會，成員包括陳偉南、唐學元、佘繼標、張成雄、蔡衍濤、葉樹林、林建高七位。[14]

第二屆會董會於 2004 年 1 月 1 日正式上任，任期兩年。2004 年初的主要活動，首先是舉辦肇慶訪問團，由創會主席陳偉南、主席蔡衍濤、創會副主席唐學元率領，團員包括副主席佘繼標（新生電機科技集團主席）、常董張成雄（好世界飲食集團董事總經理）、許學之（隆昌行集團董事長）、名譽會董林耀輝（美德投資有限公司董事長）、秘書長林楓林及香港亞視總裁余統浩、香港《文匯報》副總編輯劉偉忠、亞太經濟時報總裁郭一鳴等。訪問團分別與肇慶市委書記林雄、市長鄧耀華、副市長黃玲等舉行座談，訪問了多間企業、學校和廣寧縣，對珠江西岸的戰略投資價值有了親身體驗，團長陳偉南更捐款十萬元予肇慶學院發展音樂教育。[15] 這項活動的重大意義，是從潮汕三市擴大到訪問廣東其他縣市，在第二屆任內，明顯加強了這方面的拓展。

聯繫友好商會和各地潮籍社團

2004 年 2 月 12 日，香港潮屬社團總會主席蔡衍濤與廣州外商投資企業商會副會長梁智簽署兩會締結為友好商會的協議。7 月 25 日，香港潮屬社團總會組團參加在廣州舉行的「粵港澳潮籍社團 CEPA 座談會」，來自廣東、香港、澳門三地的潮籍社團首腦就 CEPA 實施情況及如何深化商機

---

14 〈本會新舊主席交接〉及〈香港潮屬社團總會第二屆會長、會董芳名表〉，《香港潮屬社團總會會訊》（2004 年 3 月），頁 1。
15 〈潮屬總會訪肇慶拓商機〉，《香港潮屬社團總會會訊》（2004 年 3 月），頁 3。

各抒己見。11 月 7 日，總會接待了廣東省政協副主席李統書率領的廣東海外聯誼會訪問團。

2005 年 7 月 16 日，香港潮屬社團總會由主席蔡衍濤率團，一行三十人前往廣州珠江帝景酒店，出席 2005 年粵港澳潮籍社團共建和諧社會座談會。同年，總會宴請澳洲潮州同鄉會會長周光明等一行。香港、澳門兩個特別行政區與廣東省往來密切，聲氣相連，對深化伙伴關係，共建和諧社會，有積極的意義，亦是海外華商投資者切實關心的問題。

舉行國慶煙花匯演等活動

香港回歸祖國後，每年都舉行國慶煙花匯演，由不同的機構贊助舉辦，作為全港市民主要的國慶活動項目。2005 年 9 月 15 日，香港潮屬社團總會作為主辦單位，在九龍尖沙咀太空館會議廳舉行「邁向和諧新里程‧慶祝中華人民共和國成立五十六周年國慶煙花匯演」新聞發佈會，介紹有關情形。10 月 1 日，國慶煙花匯演在維多利亞港舉行，共發放三萬枚煙花，吸引了數十萬市民和遊客在維港兩岸觀賞。

2005 年 12 月 21 日至 23 日，香港潮屬社團總會聯同鄧穎超紀念館等機構合辦的「周恩來青年時代業績展覽」一連三天在潮州會館舉行。同年，總會在荃灣豐盛酒樓舉行耆英聯歡晚宴，招待了總會轄下七十歲以上三百多位耆英。上述這些活動，反映了總會關懷民生福祉和參與社會事務，向前邁開了一步，在當時的環境下起了積極的作用。

第二屆榮譽會長林百欣事略

2005 年，香港潮屬社團總會第一屆名譽會長、第二屆榮譽會長林百欣逝世。林百欣（1914 — 2005 年），廣東潮陽人。早年赴澳門經商，1937 年到香港經營製衣業，1947 年創辦麗新製衣，經營紡織品及布料貿易，1972 年上市，1970 年代進軍地產業。1988 年，他與鄭裕彤合作，以四億港元購入亞洲電視控股權，任董事局主席及永遠名譽主席。自此被尊稱為「林伯」。

林伯欣一向熱心慈善及教育事業，在家鄉汕頭捐資興建學校、圖書館及會議展覽中心，在香港則創辦仁濟醫院、小學、青年娛樂中心，及捐獻數以千萬予香港大學，包括非典型肺炎爆發期間捐出二千萬作為研究 SARS 用途。曾任港事顧問、香港特區籌委會委員、香港大學教研發展基金榮譽會長，為汕頭市榮譽市民。[16]

2006 年 12 月，汕頭市林百欣寶珠圖書館落成開幕，香港潮屬社團總會副主席馬介璋任團長，陳偉南、唐學元、蔡衍濤任名譽團長，率領八十多人的代表團前往祝賀，香港潮州商會及證券商協會亦分別組團前往祝賀。

第三屆會董會就職典禮

2005 年 12 月，香港潮屬社團總會於潮州會館舉行第二屆與第三屆會董會印信交接儀式。在創會主席陳偉南主持下，潮州商會會長莊學山從上屆主席蔡衍濤手中接過帥印。第二屆主席蔡衍濤在交接儀式上致辭表示，兩年來的主要會務，除發動會員鄉親支持特區政府依法施政外，舉行了多項較大的活動，如主辦國慶煙花匯演晚會、組織三百多人的龐大代表團赴澳門參加第十三屆國際潮團聯誼年會、舉辦敬老聯歡大會及組團往內地參觀訪問等等。新任主席莊學山表示，創辦總會的元老是非常有遠見及有抱負的，潮人多了一個平台，總會的一舉一動是引人注目的。新一屆副主席有五人，他們是唐宏洲、周厚澄、馬介璋、林克昌、吳哲歆。[17]

2006 年 3 月 31 日，香港潮屬社團總會在香港中區大會堂低座展覽廳及美心皇宮舉行第三屆會董就職典禮暨聯歡宴會，主席莊學山在儀式上致辭時指出：

> 我們除了要推動與各個社團在經濟、文化上的交流及合作之外，同
> 時也要呼籲潮籍人士多些關心政制民生，切實一點，就是要從不同
> 層面、不同階層去論政參政。香港回歸祖國差不多九年了，我們要

---

16 黃塔進、于春生〈「擎天巨木」林百欣〉，張善德主編《潮商人物‧商人卷》（北京：華文出版社，2008 年），頁 256 — 283。

17 〈潮州商會會長莊學山獲選任香港潮屬社團總會主席〉及〈香港潮屬社團總會第三屆會長、會董芳名表〉，《香港潮屬社團總會特刊》（2006 年 2 月），頁 1。

更理性地去推動一國兩制的進一步落實。透過不同的方法，參與各種社會事務，更有效行使我們的選舉權及被選權。所有的潮屬社團要花更多精力去收集真正的民意，尤其是沉默大多數的民意。

他還強調：「香港潮屬社團總會有能力亦有義務用我們強大的網絡資源去幫助有志之士，真真正正為香港市民福祉服務，從事愛國愛港的事業。」[18]從第三屆會董會開始，總會的會務較多地致力於聯繫海外潮屬社團和潮籍人士，而亦不忘潮汕家鄉，為海外潮人舉辦尋根之旅。

海外潮人聯誼和尋根之旅

2006 年 7 月 7 日，國際潮團聯誼年會第十四屆第一次常務理事暨理事聯席會議在香港潮州會館大廈舉行，來自澳洲、澳門、香港、泰國、馬來西亞、新加坡、法國、汕頭及北京等地的二十多位理事及代表，討論日常會務和相關事宜，並通過聘請香港潮屬社團總會創會主席陳偉南及澳門潮州同鄉會創會會長許世元兩位為國際潮團聯誼年會秘書處顧問。會議期間，香港潮屬社團總會宴請出席本次會議的理事及代表。[19]

2006 年 10 月 14 日至 16 日，香港潮屬社團總會與香港潮州商會舉辦「三代海外潮人尋根之旅」，由馬介璋率領二百四十多人乘坐「亞洲之星」郵輪，赴汕頭作三天兩夜的潮汕尋根之旅。

2007 年，香港潮屬社團總會榮譽會長莊世平、名譽會長饒宗頤、主席莊學山及創會主席陳偉南等，在跑馬地英皇駿景酒店設宴歡迎澳洲同鄉訪港團，該團一行十二人由澳洲潮州同鄉會會長、第十四屆國際潮團聯誼年會籌委會主席周光明率領。

第一至三屆榮譽會長莊世平事略

2007 年，香港潮屬社團總會第一至三屆榮譽會長莊世平逝世。莊世平

18　莊學山〈香港潮屬社團總會第三屆會董就職典禮致辭〉，《香港潮屬社團總會會訊》（2006 年 4 月）。
19　〈國際潮團第十四屆首次理事會香港舉行〉，《香港潮屬社團總會會訊》（2006 年 7 月），頁 4。

（1911 — 2007 年），廣東普寧人。1934 至 1941 年旅居泰國，歷任新民學校校長、中華中學訓育主任、《中原日報》記者和編輯等職。1942 至 1945 年在老撾、越南以及中國柳州、重慶等地營商。1945 年於河內與愛國華僑籌辦安達股份有限公司，並返泰國任曼谷安達公司經理，代理蘇聯影片在東南亞的發行及蘇聯輕工業、醫藥、海產等商品的經銷工作。1947 年到香港籌辦南洋商業銀行及澳門南通銀行。1949 年創辦南洋商業銀行，任董事長兼總經理歷四十年。1986 年退休，任南洋商業銀行名譽董事長。歷任中國銀行港澳管理處副主任、華僑商業銀行常務董事、集友銀行副董事長、僑光置業有限公司董事長等職。

1959 年起，莊世平先後當選為第二至六屆全國人大代表，第七、八屆全國政協常委、全國僑聯副主席、中國銀行常務董事、中國航空公司董事、中國兒童和少年基金會副會長、中國貧困地區發展基金會理事、汕頭大學校董會副主席、汕頭經濟特區顧問委員會主任、香港特別行政區第一屆政府推選委員會委員。1989 年獲頒汕頭市榮譽市民稱號。「在他 96 年的生命歷程中，處處體現了勇於追求光明、為中華民族的解放和強盛奮鬥不渝的崇高理想和赤子情懷。」[20]

2008 年 6 月 22 日至 25 日，香港潮屬社團總會、香港潮州商會等機構主辦的「功在家國，垂範長江——莊世平光輝事跡展」在香港大會堂展覽廳舉行；7 月 3 日起，在廣州、澳門等地巡迴展出。2010 年 3 月 28 日，香港潮屬社團總會、香港普寧同鄉聯誼會首長和會董，及莊世平家屬共一百零八人，組團出席莊世平博物館和普寧華僑醫院新住院大樓落成慶典。2011 年 12 月 9 日，莊世平基金會舉辦莊世平百年誕辰座談會及出版《莊世平百年誕辰紀念文集》，該書由劉偉忠、林楓林主編，香港紫荊出版社出版，收錄社會各界人士撰寫的文章，從不同角度表達了與莊老的情誼和所獲得的教益。[21] 2019 年 6 月 20 日，莊世平基金會舉行第四屆第二次理事會議及全體會員大會，主席陳偉南致辭指出，基金會成立以來，工作十分順利，未來會

---

20 劉偉忠、林楓林主編《莊世平百年誕辰紀念文集》（香港：紫荊出版社，2011 年），〈前言〉。關於莊世平的事跡，可參考廖琪著《莊世平傳》（北京：中華工商聯合出版社，1994 年）。

21 〈各界緬懷莊世平〉，《香港潮屬社團總會會訊》（2012 年 2 月），頁 3。

進一步落實宣揚莊世平精神的活動。[22]

第四屆會董會就職典禮

2008 年 1 月 1 日起，馬介璋出任香港潮屬社團總會第四屆主席，副主席是吳哲歆、劉宗明、林榮森、朱其崑。3 月 20 日，第四屆會董就職典禮假座香港會議展覽中心舊翼二樓會議廳舉行，主禮嘉賓香港特別行政區政務司司長唐英年、潮汕三市代表——汕頭市市委書記黃志光致辭，並由主禮嘉賓中央人民政府駐香港特別行政區聯絡辦公室副主任黎桂康頒發會董證書。[23] 馬介璋致辭時提到，2007 年底，總會組成龐大代表團赴悉尼參加第十四屆國際潮團聯誼年會，與全球各地鄉親加強聯繫；2008 年初，內地發生雪災，總會同人以最快的速度籌款賑災；北京將舉辦奧運會，香港將協辦奧運馬術比賽，總會的會員鄉親為此做了許多工作，共同迎接此一光榮時刻。[24]

香港潮屬社團總會成立至此，已有近三十個團體社團加入，屬下公司及團體會員逾千個，個人會員萬多名。主席馬介璋強調，總會除了要推動與各個社團在經濟、文化上的交流及合作之外，同時也呼籲潮籍人士提高公民意識，從各個方面去參政議政，去推動一國兩制的進一步落實；與此同時，更要透過不同的方法，參與各種社會事務，有效地行使我們的公民權利。[25]

引導內地生融入香港社會

2008 年間，一項針對本港各大學內地生適應香港社會的研究表明，在受訪的內地生中，有八成七稱曾感到壓力，六成二在整體適應方面有困難，社交、語言及學習均遇到挫折，大部分人要一年時間才能夠適應香港生活。

---

22 〈莊世平基金會舉行會員大會〉，《香港潮屬社團總會會訊》新 23 期（總第 37 期，2009 年 7 月），頁 19。

23 《香港潮屬社團總會第四屆會董就職典禮》（2008 年），頁 2。

24 馬介璋〈主席致辭〉，《香港潮屬社團總會第四屆會董就職典禮》（2008 年），頁 7；並參《香港潮屬社團總會會訊》（2008 年 4 月），頁 2。

25 〈香港潮屬社團總會第四屆會董就職典禮〉，《香港潮屬社團總會會訊》（2008 年 4 月），頁 1。

有見及此，香港潮屬社團總會和香港潮州商會開展了多次有關的活動。

　　在總會和商會促成下，舉行了第一次較大規模的聯絡和團聚，有三十多位在本港八家大學攻讀的潮汕學子參加，包括博士生及碩士生各十餘人，總會創會主席陳偉南會見了他們。兩會更組織學生參加同鄉會的聯誼活動及參加陳鑑林議員辦事處舉辦的雪災探訪活動，令他們體會到香港與內地血濃於水的關係。兩會首長馬介璋、莊學山、劉宗明、許學之、張成雄等，先後與學生交談，了解他們在生活、學習和經濟各方面的情況。3月20日，香港潮屬社團總會在香港會展中心舉行第四屆會董就職典禮，有近四十名內地學子出席活動，協助會務工作，並上台表演節目。總會榮譽會長李嘉誠與學生談笑和握手，合照留念，鼓勵大家努力學習，希望他們「生活好，學習好，樣樣都好，個個都好」。

　　據不完全統計，當時來自潮汕地區、在香港八所大學就讀的內地生有近百人，包括博士、碩士研究生約三十多人，本科生約六十人。兩會通過多種渠道，幫助這些學子渡過難關和融入社會，同時發掘並發揮他們的聰明才智和專業知識，按照不同的專業劃分成多個小組，並由總會、商會的專業人士或在大學任教的鄉親擔任學長，由博士、碩士生帶領本科生，從生活上、學習上、工作上去幫助他們。[26]

中華人民共和國成立六十周年酒會

　　2009年9月18日，香港潮屬各界慶祝中華人民共和國成立六十周年酒會於港島香格里拉大酒店舉行，國慶籌委會由香港數百名潮籍各界知名人士和三十多個主要潮籍社團組成，包括：香港潮屬社團總會、香港潮州商會、香港潮州會館、香港九龍潮州公會、香港汕頭商會、香港潮商互助社、香港潮僑塑膠廠商會、香港潮僑食品業商會等。大會主席馬介璋在致辭中說：

> 一九四九年中華人民共和國成立，為中國歷史掀開新的一頁，為中
> 華民族的偉大復興開闢了道路。六十年來，特別是對外改革開放以

---

26 〈香港潮屬社團總會、香港潮州商會引導內地生融入香港生活〉，《香港潮屬社團總會會訊》（2008年4月），頁4。

來，國家的各項建設取得了舉世矚目的成就，國民經濟穩步發展，人民生活不斷改善，綜合國力大幅增強，國際地位和影響與日俱增，我們都為祖國的富強昌盛倍感自豪。香港回歸祖國後，祖國給予香港大力支持，港人積極參與內地經濟改革和建設。近期，香港與內地關於建立更緊密經貿關係的實施進入了新的階段，國家制定了《珠江三角洲地區改革發展規劃綱要》，而且逐步增加內地來港自由行的城市，香港更成為發行人民幣債券的首個境外城市。這一切都有助強化香港作為國際金融、貿易、航運中心的地位。

他又指出，長期以來，居港潮籍鄉親為祖國的建設及香港的繁榮全力以赴，作出貢獻，第一時間出錢出力賑災，表現了炎黃子孫血濃於水的愛心。他呼籲大家一如既往，努力增進社會和諧及促進經濟發展，共創香港美好明天，為祖國統一和中華民族復興而努力。[27]

凝聚港人力量推動發展

2009年底，馬介璋在回顧一年工作時指出，香港、內地甚至全球都發生了不少大事，金融海嘯、甲子國慶、東亞運、台灣風災等等，總會同仁上下一心，甘苦與共，努力奮進，充分利用總會這個大平台，做了不少力所能及的工作，特別是在凝聚本港潮人力量、支持特區政府依法施政、加強與各地政府和潮團的聯繫、大力推動潮人事業發展、促進潮汕家鄉各項建設等多個方面，所取得的成績都是很突出的。

與此同時，總會繼續開辦粵東幹部培訓班，培育潮汕青年才俊；組織交流互訪活動，聯合各界舉辦多項慶祝活動，以及向國家申請將「盂蘭勝會」列為「國家級非物質文化遺產」。以上種種工作和努力，均獲得社會各界的肯定，積極地發揮了總會的影響力，有效地提升了潮人在社會上的地位。總會並於會員大會後向2009年度在香港中學會考及高考中取得優秀成績的八名潮籍學生及升讀本港大學、品學優良的潮籍學生頒發助學金。[28]

---

27 〈香港潮屬各界舉行慶祝新中國成立六十周年酒會〉，《香港潮屬社團總會會訊》（2010年1月），頁2。
28 〈二〇〇九年度周年大會暨獎助學金頒發儀式〉，《香港潮屬社團總會會訊》（2010年1月），頁1。

第三節　香港潮屬社團總會擴大會務

第五屆會董會就職典禮

2009 年 12 月 30 日，香港潮屬社團總會第四屆、第五屆會董會交接儀式於潮州會館舉行，第五屆主席許學之致辭時表示，總會自成立以來，經過近十年的時間，在社會上聲譽與日俱增，於本地以至海外華人社會中發揮了重要的橋樑作用。[29]

2010 年 3 月 23 日，第五屆會董就職典禮假座香港會議展覽中心舊翼二樓會議廳舉行，當晚場面非常熱鬧，由警察銀樂隊、逾百位潮籍博碩士生和潮屬中小學學生帶領全場嘉賓演唱國歌。主席許學之指出：

> 本會協助家鄉及國內各有關部門在香港舉辦之各項活動，籌集培訓基金創辦粵東地區高級管理人員香港研討班，關注教育及培養才俊，以來自潮汕地區在香港各大學就讀的博、碩士生為主體的香港潮汕同學會，就是在本會大力催谷下成立及壯大，使來自家鄉的數百學子能夠盡快適應學習環境及融入社會。在社區事務及公益慈善活動方面，本會出錢出力，包括參加「香港各界慶祝回歸祖國紀念大巡遊」、「友出路」禁毒宣傳活動、領匯潮州節，推介潮州文化以及東亞運活動等。本會組團和派代表出訪新加坡、澳門、澳洲、北京、雲南、江蘇、黑龍江等國家及地區參加各項活動。

他還特別強調，總會協助各區潮籍人士籌建潮人聯會，使總會屬下個人會員的數量倍增至數萬人，大大地提升了本港潮人的凝聚力，進一步發揮潮籍社團支持特區政府依法施政、落實一國兩制的作用。[30]

---

29 〈許學之接任第五屆主席〉，《香港潮屬社團總會會訊》（2010 年 1 月），頁 1。

30 許學之〈香港潮屬社團總會第五屆會董就職典禮致辭〉，《香港潮屬社團總會會訊》（2010 年 5 月），頁 2。

成立禁毒小組推展禁毒工作

2011 年 3 月，香港潮州商會與香港潮屬社團總會聯合組成禁毒小組，由商會會長陳幼南和總會主席許學之為召集人，成員計有商會副會長周振基、張成雄、廖鐵城、胡劍江，會董馬清楠、黃華燊、吳茂松；總會副主席林榮森、余潔儂、許瑞良、黃成林和會董郭少堅、許瑞勤；潮汕同學會主席蔡澤芸等。禁毒小組會議達成多個共識，包括：邀請政府禁毒專員或專家到各屬會舉辦禁毒講座，配合各屬會舉辦的活動和各社區舉行的大型活動，以及每年各區舉辦的盂蘭勝會等，進行禁毒宣傳工作。

政府透過預防教育和宣傳、戒毒治療和康復服務、立法和執法、對外合作及研究，積極推展禁毒工作。香港潮州商會與各熱心機構、志願團體加以響應，將行動提升為「全港抗毒運動」，令吸毒人數持續呈現回落趨勢，反映了本港吸毒情況有緩和跡象。香港潮屬社團總會邀請中學校長與保安局座談禁毒大計，保安局副局長黎棟國指出：「抗毒是持久戰，要徹底打擊青少年吸毒問題，必須從問題根源着手。社會各界齊心關懷青少年，幫助他們建立正面人生觀，積極面對成長中的挑戰，能有效地協助青少年遠離毒品。」家庭是預防毒禍的第一道防線，有見及此，香港潮州商會藉着關愛子女、遠離毒品的信息宣傳，提醒家長關懷青少年，支持子女克服成長中的挫折，杜絕他們利用毒品逃避現實的想法。[31]

舉辦歷史文物和偉人事跡展覽

1911 年的辛亥革命，結束了中國歷史上長逾二千年的君主專制，翌年中華民國成立，國家從此走向共和政體之路。2011 年是辛亥革命百周年紀念，相關的紀念活動很多，6 月 21 日，由武漢市政府、香港《文匯報》主辦，香港潮屬社團總會、香港潮州商會參與合辦的「辛亥革命文物圖片香港特展」，在香港中央圖書館舉行開幕儀式。

接着，2011 年 6 月 28 日，由香港各界文化促進會、香港潮屬社團總

---

31 〈各界齊起動，輸入正能量〉，《香港潮州商會會訊》第 79 期（2011 年 9 月），頁 39。

會及香港潮州商會合辦的「一代偉人周恩來」大型專題展覽，在香港中央圖書館舉行開幕儀式。周恩來（1898 — 1976 年），江蘇淮安人，中國共產黨、中華人民共和國主要領導人之一，中國人民解放軍主要創建人和領導人，歷任中央人民政府政務院總理、中華人民共和國政府國務院總理、全國政協主席、中共中央政治局常委等，1949 年至 1958 年間兼任中華人民共和國外交部部長，著作編為《周恩來選集》。

「饒宗頤星」的命名和慶賀

2011 年 7 月 17 日，國際天文聯盟批准南京紫金山天文台發現的國際編號 10017 的小行星命名為「饒宗頤星」。小行星命名具有國際性、嚴肅性、唯一性和永久性，是一項崇高的國際榮譽。由潮州市委、潮州市政府、香港大學、香港中文大學、香港潮屬社團總會、香港潮州商會及潮州海外聯誼會聯合主辦的「饒宗頤星」命名儀式暨慶賀酒會，10 月 19 日晚假香港賽馬會跑馬地會所青雲閣隆重舉行。香港特別行政區行政長官曾蔭權、中聯辦副主任李剛、外交部駐港特派員公署副特派員詹永新、特區政府民政事務局局長曾德成、廣東省人口與計生委書記（前潮州市委書記）駱文智等為大會主禮，徐立之、沈祖堯、許光、陳建新、沈啟綿、許學之、陳幼南陪同主禮。[32]

饒宗頤教授出生於潮州，治學於香港，揚名於國際，是國學界百科全書式的大學者；他是香港潮州商會和香港潮屬社團總會名譽會長，在推動商會文教事業及弘揚潮州文化方面，起了帶領和典範的作用，成就卓越，屢獲殊榮，實乃潮人之光。繼《潮州志》（潮州：潮州市地方志辦公室，2005 年）之後，饒教授總纂、潮州海外聯誼會整理的《潮州志補編》，最近已完成並出版，是研究潮州歷史文化的重要文獻。黃挺編《饒宗頤潮汕地方史論集》（汕頭：汕頭大學出版社，1996 年），集中收錄了這方面的著作；《饒宗頤二十世紀學術文集》（台北：新文豐出版股份有限公司，2003 年）分為十四卷，共二十冊。黃挺、林楓林主編《從韓江走向世界：饒宗頤之旅》（香港：博士苑出版社，2005 年）及鄭煒明、林愷欣編《饒宗頤教授著作目錄

32 〈「饒宗頤星」命名儀式隆重典雅〉，《香港潮屬社團總會會訊》（2012 年 2 月），頁 3。

新編》（濟南：齊魯書社，2010 年）等可供參考，新近出版的有《饒宗頤研究》第 1 輯（廣州：暨南大學出版社，2011 年）。

潮人盂蘭勝會成功申遺

2011 年 8 月 29 日，國家文化部在北京人民大會堂舉行第三批國家級非物質文化遺產名錄項目頒牌儀式，其中包括香港潮屬社團總會申報的潮人盂蘭勝會。中共中央政治局委員、國務委員劉延東出席了儀式，向申報單位頒發標牌。潮人盂蘭勝會又稱盂蘭節、中元節，是香港潮人最隆重的民俗活動。民俗是一種傳承文化，香港潮人世代不忘家鄉的「根」，所不同的是，香港潮人對盂蘭節比家鄉更重視，於每年農曆七月舉行，已有逾百年歷史。除建醮超幽、演戲酬神外，還派發大米和用品，賑助貧苦坊眾。[33] 香港潮人創造性地把盂蘭勝會的關注點擴展到關注眾生、扶老扶貧、倡導行善、熱愛祖國的層面，使潮人盂蘭勝會有着十分突出的精神價值、社會價值、經濟價值和文化價值。[34]

饒宗頤教授指出，盂蘭節自唐代以後十分盛行，亦流行於東南亞一帶，在亞洲，受漢文化影響的地方都有此一盛舉，尤其是在日本和韓國。潮州人對於農曆七月的盂蘭勝會、施孤這個事情非常重視，因為不但有文化藝術的東西，有豐富的內涵，有積極的意義，對社會和諧、慈愛精神的發揮都有幫助。[35] 陳幼南博士指出，香港潮人盂蘭節有幾個特點：一是時間長，從農曆七月初一至七月底；二是地域廣，港島、九龍、新界合共七十多場；三是參與人數眾多，直接參加者約三十萬人；四是經濟效益大，年約花費一億港元。「至今已成為真正代表香港傳統習俗和多元性的節日，成為香港人的集體記憶。」[36]

為了慶祝香港潮人盂蘭勝會成功列入國家非物質文化遺產名錄，香港

33　陳煥溪著《潮人在香港》（香港：公元出版有限公司，2006 年），頁 7 — 8。
34　〈香港潮人盂蘭勝會列國家級非遺〉，《香港潮州商會會訊》第 79 期（2011 年 9 月），頁 5。
35　〈盂蘭勝會，潮人盛事〉，《香港潮州商會會訊》第 78 期（2011 年 7 月），頁 32。
36　陳幼南〈弘揚潮州文化，承傳社會責任〉（會長的話），《香港潮州商會會訊》第 79 期（2011 年 9 月），頁 3。

潮屬社團總會假灣仔佳寧娜潮州菜舉行慶祝晚宴，筵開三十席，各界嘉賓、七十多個潮屬社團首長及會員，有超過三百人出席，共同分享申遺成功的喜悅，互相交流和討論今後如何保育此項遺產。

訪問汕尾和惠州

2011 年 12 月 16 日，以全國僑聯副主席陳有慶、香港潮屬社團總會創會主席陳偉南為名譽團長，香港潮屬社團總會主席許學之、香港潮州商會會長陳幼南為團長的訪問團，一行四十多人前赴廣東汕尾參加廣東省第四屆粵東僑博會暨深汕特別合作區招商會。訪問團參觀了位於汕尾市海豐縣的深汕特別合作區，該合作區總面積四百六十三平方公里，與深圳相連，交通優勢明顯，有巨大的發展潛力。[37]

2011 年 12 月 17 日，香港潮州商會及香港潮屬社團總會訪問團赴惠州市參觀和訪問，市委副書記、市長陳奕威介紹了惠州歷史和社會概況，希望潮汕鄉賢多到惠州旅遊觀光和投資置業，訪問團代表陳偉南、許學之、陳幼南先後發言，表示回港後將透過不同渠道推介惠州，進一步拓展兩地合作空間。[38]

第六屆會董會就職典禮

2011 年 12 月 29 日，香港潮屬總會舉行第五屆、第六屆會董會交接儀式。第五屆主席許學之致辭時表示，兩年來同仁上下一心，充分利用總會這個大平台，做了不少工作，凝聚了本港潮人的力量，保育延傳潮人的優秀文化，獲得社會各界肯定，發揮了正面影響。[39] 2012 年 1 月，陳幼南博士就任第六屆會董會主席，他在〈主席獻辭〉中強調，總會是一百二十萬香港潮籍人士的代表性團體，「經過十年耕耘，在社會上聲譽俱增，在香港甚至海外華人社會中發揮重要的橋樑作用，為團結鄉親，推動各地的經濟發展做出

---

37 〈參加粵東僑博會〉，《香港潮州商會會訊》第 81 期（2012 年 1 月），頁 12。
38 〈赴惠州參觀訪問〉，《香港潮州商會會訊》第 81 期（2012 年 1 月），頁 14。
39 〈香港潮屬社團總會換屆〉，《香港潮屬社團總會會訊》（2012 年 2 月），頁 1。

不少貢獻，起了重要作用。」陳幼南接着說：

> 本人深感任重而道遠，特別是在香港迎來粵、港、澳合作，融匯珠
> 三角經濟發展的大好機遇之下，深知立足香港，背靠祖國，面向世
> 界的重要性。未來我們將加大力度凝聚鄉親，壯大愛國愛港力量，
> 鼓勵會員鄉親關心參與社會活動，關注扶助弱小社群，重視企業社
> 會責任及發展社會企業，宣傳禁毒訊息，增進社會和諧，促進經濟
> 繁榮。[40]

2012 年 3 月 28 日，香港潮屬社團總會第六屆會董就職典禮假香港會
議展覽中心舊翼二樓會議廳舉行，香港特別行政區候任行政長官梁振英蒞會
致賀，總會主席陳幼南致辭表示：「新一屆會董會同仁深感任重而道遠，深
知立足香港，背靠祖國，面向世界的重要性。我們將加大力度凝聚鄉親，壯
大愛國愛港力量，鼓勵會員鄉親關心參與社會活動，關注扶助弱小社群，重
視企業社會責任，堅定不移地貫徹『一國兩制』、『港人治港』、『高度自治』
方針，為香港鞏固並提升國際金融、貿易、航運中心地位，建設離岸人民幣
業務中心而努力，共創香港美好的明天。」[41]

十載耕耘及發展方向

香港潮屬社團總會在創會主席陳偉南和歷屆主席領導下，積極舉辦和參
與多項社區活動，熱心社會公益事業，支持特區政府依法施政和提升香港作
為國際金融中心、貿易中心、航運中心的地位，加強本港、內地和海外鄉親
及潮屬團體的交往合作，凡此種種，均有相當進展。經過十多年的努力，香
港潮屬社團總會與香港各大潮屬社團和不同性質的團體，彼此有分工、有合
作，可以更全面、更有效地發揮所肩負的任務和功能。屬下團體會員及公司
會員數千個，個人會員數萬名，與此同時，亦是國際潮團聯誼年會六個常務

---

40 陳幼南〈主席獻辭：仁風廣被，任重道遠〉，《香港潮屬社團總會會訊》（2012 年 2 月），頁 1。
41 陳幼南〈主席獻辭〉，《香港潮屬社團總會第六屆會董就職典禮》（2012 年），頁 15 — 16；並參《香港
潮屬社團總會會訊》（2012 年 5 月），頁 1。

理事單位之一。[42]

　　總會秘書長林楓林在探討總會的發展路向時指出，針對會員為「團體會員」此一特點，可以舉辦更多活動，讓各團體會員中的每一成員都有機會參與；總會的服務性質不同於一般的團體，應在事務上較為超脫，「設立研究部門，就有關潮州學、潮州人進行研究，藉此提高總會的知名度及層次。」他又強調：「潮州人以誠信、勤奮、聰敏、合群而聞名於世。一個新的社團，必須建設好自己的企業文化。特別是會董來自各個不同的社團，為加強凝聚力，增強整體性、統一性，必須使全體成員有共同的信念，發揚潮人的優秀傳統，合力奮鬥，共經患難。」[43]

出席會議及組團訪問

　　2012 年初，香港潮屬社團總會訪問團出席了「深圳第五次潮商大會」。9 月 11 日至 17 日，香港潮屬社團總會應國務院僑務辦公室的邀請，由主席陳幼南任團長，赴北京、青海考察訪問。其間，得到時任全國政協主席賈慶林及有關部門領導的親切接見和鼓勵。賈慶林肯定了香港潮屬社團的積極貢獻，並提出四點要求：（一）希望香港潮屬社團心繫祖國，為推動祖國現代化建設多作貢獻；（二）積極參與香港社會政治事務，確保愛國愛港優良傳統薪火相傳、「一國兩制」事業接續發展；（三）弘揚中華文化，進一步增進香港同胞對中華文化的認同感和歸屬感；（四）緊密團結協作，推動海內外潮籍兒女的團結聯合。[44]

　　2013 年 6 月 11 日，國務院僑務辦公室主任裘援平一行到訪香港潮屬社團總會，並出席港澳粵籍社團青年工作交流會，該交流會由廣東省人民政府僑務辦公室主辦、香港潮屬社團總會協辦。11 月 12 日至 14 日，總會與香港潮州商會組成七十四人的香港代表團，出席國際潮團總會在湖北武漢舉行的「第十七屆國際潮團聯誼年會」。

42 〈香港潮屬社團總會簡介〉，《明報》，2012 年 3 月 28 日，頁 A25。
43 林楓林〈香港潮屬社團總會成立緣起〉，《成立緣起》，頁 16 — 18。
44 〈潮屬各界酒會，千人慶賀國慶〉，《大公報》，2012 年 9 月 20 日，頁 B13。

潮屬各界慶祝國慶酒會

2012 年 9 月 18 日，在香港潮屬各界慶祝中華人民共和國成立六十三周年國慶酒會上，陳幼南以大會主席的身份致辭，他說：

> 新中國成立六十三年來，實行對外改革開放政策之後，國家的各項建設取得了舉世矚目的成就，國民經濟穩步發展，人民生活不斷改善，綜合國力大幅增強，國際地位和影響力與日俱增。欣逢盛世，我們為身為中國國民而倍感自豪。數十年來，潮屬各界亦為國家及香港的繁榮穩定做出應有的貢獻。

陳幼南表示，新一屆特區政府和新一屆立法會揭開了香港歷史新的一頁，香港潮屬社團將繼續支持特區政府依法施政，遵循國家領導人的指示，立足香港，背靠祖國，面向世界，增進社會和諧，共建幸福香港，為祖國的和平統一大業發揮作用。[45]

盂蘭勝會保育及研討

2013 年 7 月，民政事務總署署長陳甘美華與總會主席陳幼南等首長及部分盂蘭勝會代表晤面，共商做好本年盂蘭勝會工作。8 月 2 日，「香港潮人盂蘭勝會傳承保育座談會」在潮州會館大禮堂舉行，總會主席陳幼南致辭時表示，盂蘭勝會至今已有一百多年歷史，要延續盂蘭勝會的傳統，保育和傳承工作十分重要，所以特別成立了「香港潮人盂蘭勝會保育工作委員會」，由馬介璋擔任主任。總會將撰寫考察報告、印製宣傳小冊子、培訓解說導賞員、舉辦講座和研討會，並與九龍城潮僑盂蘭勝會協作導賞團。此外，陳幼南對賽馬會撥款贊助進行全港盂蘭勝會的調查和研究及香港旅遊發展局將盂蘭勝會列入宣傳範圍，表示讚賞和支持。

8 月 24 日，總會於樹仁大學國際會議中心舉行「盂蘭勝會研討會」，邀請本港及內地專家學者，比較了香港、內地、台灣、馬來西亞、泰國等地

---

45 同上註。

盂蘭勝會的異同。潮州市僑聯主席楊錫銘，韓山師範學院潮學研究所教授黃挺、樹仁大學林昊輝、陳葡及台灣清華大學簡嘉慧擔任主講嘉賓，共有百多人參加了研討會。[46] 此外，總會首長還到九龍城潮僑街坊盂蘭勝會、觀塘區潮僑工商界暨街坊盂蘭勝會、秀茂坪潮僑街坊盂蘭勝會、香港仔潮僑街坊盂蘭勝會作了考察。

以新理念重訂目標

2014 年 1 月，陳幼南連任香港潮屬社團總會第七屆主席。他在「2013年度周年會員大會」及「第六屆、第七屆會董會換屆儀式」上致辭指出，總會作為全港潮人的代表，「在發揮潮人積極作用上舉足輕重，也是進一步提高潮人在香港的聲譽及地位之關鍵」。他期望大家團結一致，繼續發揚光大總會的優良傳統，共同為鄉親、為香港、為家鄉、為祖國作出更大貢獻！[47]第七屆會董會上任後，以新理念重訂目標和重組架構，以新面貌更大力度推進各項工作，支持特區政府依法施政，為香港社會安定、經濟繁榮作貢獻，促進香港與外地的交往和合作，並且配合及支持家鄉潮汕地區的發展。

第七屆會董就職典禮

2014 年 8 月 19 日，第七屆會董就職典禮於香港會議展覽中心新翼三樓會堂隆重舉行。[48] 會董會主席陳幼南回顧了總會過去十多年間的工作，歸納為以下三方面：（一）團結全港潮籍鄉親；（二）支持特區政府依法施政；（三）推動全球各地潮籍鄉親的國際合作。具體事項和活動，包括：（一）協助潮汕學子融入香港社會；（二）設立各項獎學金；（三）舉行各類政經研討會、醫療衛生講座及敬老活動；（四）開辦粵東地區高級管理人員培訓班；（五）成功申請潮人盂蘭勝會列入國家級非物質文化遺產名錄；（六）

---

46 〈傳承保育盂蘭勝會〉，《香港潮屬社團總會會訊》（2013 年 11 月），頁 3。
47 〈陳幼南連任第七屆潮屬社團總會主席〉，《香港潮屬社團總會會訊》新 1 期（總第 15 期；2014 年 1月），頁 1。
48 〈香港潮屬社團總會〉，《明報》，2014 年 8 月 19 日，頁 A25。

加強與本港其他族群團結。與此同時，總會支持「反暴力，反佔中，保和平，保普選」簽名運動，並加入「保普選，反佔中」大聯盟，為香港社會繁榮安定作出努力。[49]

繼往開來，香港潮屬社團總會在傳承原先已奠下的基礎上，以新理念為指導，向潮籍鄉親和社會各界呈現新面貌，創新會務，向新的階段邁進。近幾年以來，在團結鄉親和加強社團聯繫方面，在支持政改和保民主方面，在青年工作和婦女工作方面，尤其是在推廣潮汕文化工作方面如舉辦「盂蘭文化節」和「香港潮州節」等大型活動，都取得可喜的成績。

---

49 陳幼南〈會董會主席致辭〉，《香港潮屬社團總會第七屆會董就職典禮》（2014 年），頁 57。

_1_ 在首屆潮屬社團總會會董就職典禮上，陳偉南創會主席（左）接受聘書（2002 年 4 月 23 日）

_2_ 第五屆潮屬社團總會會董就職典禮上向唐英年致送紀念狀（2010 年 3 月 23 日）

1 第二屆潮屬社團總會會董就職典禮合照（2004 年 4 月 19 日）

2 莊學山在第三屆潮屬社團總會會董就職典禮致辭（2006 年 3 月 31 日）

1

1 第四屆潮屬社團總會會董就職典禮大合照（2008 年 3 月 20 日）

2 陳幼南主席在第六屆潮屬社團總會會董就職典禮合照（2012 年 3 月 28 日）

第四屆會董就職典禮

會第六屆會董就職典禮

第二章 凝聚力量

香港潮屬社團總會開拓新里程

　　《香港潮屬社團總會有限公司組織章程細則》（以下簡稱《總會組織章程細則》）於 2011 年 3 月 14 日訂立，2014 年 8 月 12 日經會員大會以特別決議修訂通過。當中首先值得注意的，是就「潮屬社團」和「潮籍人士」兩個名詞作了釋義：潮屬社團「指在香港註冊，其宗旨及主要活動與潮汕區域的人文、物誌、歷史、鄉情或組織有緊密關聯的社團（包括法團及並非法團組織）」；潮籍人士是「指在潮汕區域出生，或祖籍源於潮汕的人士」。並且列明，凡「潮屬社團」、「潮籍」、「潮籍人士」、「潮汕」、「潮汕區域」的定義及該組織章程細則的解釋，概以會董會決定為準。[1]

　　香港潮屬社團總會有限公司（Federation of HK Chiu Chow Community Organizations Limited）成立的宗旨如下：（一）促進、鼓勵以及維持香港本地及各地之潮籍人士之間的聯繫。（二）聯絡及團結香港愛國愛港潮屬團體、潮籍人士及各界人士為香港社會安定、經濟繁榮作貢獻。（三）敦睦鄉誼、弘揚文化、促進工商、服務社會、興學育才、扶貧救災。（四）促進香港與中國內地及海外有關文化、教育、商貿的交往和合作。（五）協助及促進會員與潮籍及各界人士、組織及團體有關貿易、投資、旅遊、參觀、訪問及慈善等交流活動。（六）為着會員之利益而組織、促進、參加及支持文化體育康樂及慈善活動。（七）維護及保衛會員的權利和權益以及代表他們的願望。（八）為提高及推進教育事業，創辦學校，設立獎學金、教育基金及信託基金，辦理展覽會，舉辦圖書館及其他同等之文化事業。（九）接管根據法團條例註冊之「香港潮屬社團總會」之資產，作為創立該會之基金。總會得以印製及出版報章、期刊、書籍、傳單、成立及維持網站等，以推廣總會的宗旨。[2]

　　香港潮屬社團總會第七屆主席陳幼南指出：「第七屆會董會正積極對會務進行改革和拓展，包括組織架構調整、章程修改、會務基金籌集等，從而促進本港潮屬社團及潮人的大團結，使本會更具代表性、號召力和影響力，與其他族群有更大親和力。」[3]第七屆開始的組織架構比以前更具規模，會董會比以前更為盛大和有代表性，近兩年來的會務拓展更顯活力，在傳承潮汕文化精神的同時，發揮新時代、新理念的創意。

1　《香港潮屬社團總會有限公司組織章程細則》（2014 年 8 月 12 日通過），頁 1—3。
2　同上註，頁 3—4。
3　陳幼南〈改革開拓，團結進步〉，《香港潮屬社團總會會訊》新 3 期（總第 17 期，2014 年 7 月），頁 1。

第一節 香港潮屬社團總會的新架構

會員及會員大會

根據《總會組織章程細則》，香港潮屬社團總會的會員，有團體會員（包括法團及其非法團組織）及個人會員；各個團體會員的註冊代表有二人，「須為該團體會員之主席、會長、或其他首長或為會董會接納已得該會員妥為授權之潮籍人士」。

會員可享有包括在會員大會上投票的權利，除周年會員大會外，其他所有會員大會，均稱為特別會員大會。會員於會員大會上的表決權如下：（一）團體會員出席的每位註冊代表及／或委任代表均各有一票；（二）每名出席的個人會員或其委任代表有一票。[4]

會董會及常務會董會

香港潮屬社團總會的會董會人數不少於十一人，上限為三百人。會董會設主席及副主席，每屆副主席最少四名，副主席人數不設上限，具體人數可由當屆選舉委員會在每屆會董會產生時決定。「會董會主席和副主席之候選人由監事會從候任之會董中提名，經候任會董會選舉產生出任。」

會董會主席的職權，「對內主持會務及執行一切決議案，對外代表本會及全體常務會董會及會董會」；會董會副主席的職權，是「襄助會董會主席辦理會務」。會董會可就會務需要，從會董中或其他潮籍人士當中委任秘書長及若干位副秘書長。

常務會董會成員包括會董會主席、會董會副主席及常務會董，常務會董會人數最少十一人，上限為一百人，由當屆選舉委員會決定新一屆常務會董人數。當屆會董會主席及所有副主席均為常務會董。總會的發起人團體，即依據公司組織章程細則組成香港潮屬社團總會有限公司的六個簽署人團體：香港潮州商會有限公司、香港九龍潮州公會、香港汕頭商會有限公司、香港

---

4 《香港潮屬社團總會有限公司組織章程細則》，頁6、9。

潮商互助社有限公司、潮僑塑膠廠商會有限公司、潮僑食品業商會有限公司，可推舉該團體一位首長出任當然常務會董。其他常務會董由當屆候任會董選舉產生；除當然常務會董外，只有會董才有資格成為常務會董。會董會主席及副主席為常務會董會的主席及副主席。[5]常務會董會下設各部及各委員會（表 2-1）。

監事會的組織及職權

根據《總會組織章程細則》第四十五條（1），監事會成員為：「（a）香港潮屬社團總會的首屆主席及其首屆之後的歷屆已卸任的會董會主席。（b）本會歷屆已卸任的會董會主席。（c）由本項（a）及（b）產生的監事，可在任何時間委任若干位本會會董或其他潮籍人士出任監事。」

監事會設主席一人及副主席若干人，由全體監事互選產生。監事會的職權為：「（a）監察及指導會董會和常務會董會工作。（b）本會一切重大事務，包括財產物業等事宜，需經監事會審核及議決後，交予會董會處理。何為「重大事務」之定義，解釋以監事會所決定為準。（c）提名會董會主席和副主席候選人，在會董會主席出現空缺時，提名候補候選人，提交會董會通過。（d）本組織章程細則如要修改，會董會須將章程修改方案報監事會審核議決後，再交會員大會通過。（e）監事會成員可列席本會所有的會議。」[6]

關於其他職銜的規定和聘請

創會主席：香港潮屬社團總會的首屆主席，自動成為總會的創會主席。創會副主席：會董會可聘請香港潮屬社團總會的首屆副主席出任總會創會副主席。

永遠名譽主席：會董會主席任滿後將自動成為總會的永遠名譽主席。名譽副主席：在總會擔任兩屆或以上副主席者，會董會可聘請其為總會的名譽副主席，唯上述該等人士可主動提出不出任該等職位。

---

5 同上註，頁 13 — 16。
6 同上註，頁 17。

表 2-1　香港潮屬社團總會架構圖（第七屆開始）

```
                    ┌──────────────┐
                    │   會員大會    │
                    └──────────────┘
                           │
                    ┌──────────────┐        ┌──────────────┐
                    │   會董會      │────────│   監事會      │
                    └──────────────┘        └──────────────┘
                    ┌──────────────┐
                    │   主席        │
                    │   副主席      │
                    │   秘書長      │
                    └──────────────┘
                           │
                    ┌──────────────┐
                    │  常務會董會   │
                    └──────────────┘

    ┌─────────┐              ┌────────────────────┐
    │ 總務部  │              │   地區事務委員會    │
    └─────────┘              └────────────────────┘
    ┌─────────┐              ┌────────────────────┐
    │ 財務部  │              │ 社會及政制事務委員會 │
    └─────────┘              └────────────────────┘
    ┌─────────┐              ┌────────────────────┐
    │ 宣傳部  │              │ 盂蘭勝會保育工作委員會│
    └─────────┘              └────────────────────┘
    ┌─────────┐              ┌────────────────────┐
    │ 福利部  │              │  慈善基金管理委員會  │
    └─────────┘              └────────────────────┘
    ┌─────────┐              ┌────────────────────┐
    │ 會員部  │              │    發展委員會       │
    └─────────┘              └────────────────────┘
                             ┌────────────────────┐
                             │    青年委員會       │
                             └────────────────────┘
                             ┌────────────────────┐
                             │    婦女委員會       │
                             └────────────────────┘
                             ┌────────────────────┐
                             │    培訓委員會       │
                             └────────────────────┘
```

　　榮譽職銜：會董會可聘請潮籍德高望重的社會知名人士，擔任榮譽職位
包括總會首席榮譽會長、榮譽會長、榮譽顧問、名譽顧問、顧問、永遠名譽
會長、名譽會長、名譽主席、榮譽會董、名譽會董等職銜。

　　名譽職位：凡屬潮籍人士或總會會員捐助總會一定數額為會務基金者，
經會董會通過後，可被委任為總會首席會長、會長、副會長、名譽會長、名
譽會董、名譽顧問或其他名譽職銜。[7]

7　同上註，頁18。

第二節　陣容鼎盛的第七屆會董會成員

首席榮譽會長李嘉誠事略

香港潮屬社團總會第七屆會董會為了吸納更多各界潮籍精英和凝聚各階層的力量，增設名銜、擴大團隊，陣容比以前更鼎盛。首先是邀請李嘉誠擔任首席榮譽會長。

李嘉誠，廣東潮州人，1928 年生。國際企業家，創立企業集團長江集團，跨足房地產、能源業、網路業、電信業及傳播媒體。1940 年因戰亂全家避走香港。1958 年開始投資地產市場，1979 年，長江購入英資商行「和記黃埔」，李嘉誠成為首位收購英資商行的華人。1981 年，獲 CBE 勳銜，1992 年獲聘為港事顧問，1995 年至 1997 年任特區籌備委員會委員。歷任長江實業（集團）有限公司、和記黃埔有限公司董事局主席，現為資深顧問；其他主要職位包括香港廣東社團總會榮譽贊助人及總監、香港潮州商會榮譽會長、香港區潮人聯會首席永遠榮譽會長、香港公益金名譽副會長等。[8]

1979 年，李嘉誠帶頭捐款創辦汕頭大學，該校於 1981 年正式成立，1983 年秋開始首屆招生辦學，至今已成為具有相當規模和學術水平的學府。以李嘉誠基金會名義捐款予本港及海內外高等學府，為數相當可觀；此外，又資助多項研究計劃。

榮譽會長事略

第七屆會董會榮譽會長有饒宗頤、陳有慶、吳康民三位，以下是各人事略：

8　《香港潮屬社團總會第九屆會董就職典禮》（2018 年），頁 22。關於李嘉誠的書籍頗多，較早的有夏萍著《李嘉誠傳》（香港：明報出版社，1993 年）等，二十一世紀出版的有李詠詩著《李嘉誠父子傳奇》（北京：人民文學出版社，2002 年）、陸敏珠編著《李嘉誠少年成長故事》（台北：新潮社文化事業有限公司，2003 年）、龍魏堅編著《華人首富李嘉誠圖傳》（武漢：湖北人民出版社，2008 年）、孫良珠編著《李嘉誠全傳》（武漢：華中科技大學出版社，2010 年）、盧琰源編著《李嘉誠》（南昌：江西人民出版社，2010 年）、《李嘉誠箴言》（香港：中和出版有限公司，2011 年）、李雯著《李嘉誠的商海生涯：獨步商界的傳奇》（北京：中國時代經濟出版社，2011 年）等，近刊劉屹松著《李嘉誠全傳》最新版（武漢：華中科技大學出版社，2013 年）、王擁軍著《李嘉誠新傳》（北京：中國商業出版社，2014 年）較便參考。

饒宗頤，字固庵，號選堂，廣東潮安人，1917 年生。自幼刻苦力學，見聞廣博，著述宏富，文學、史學、方志、考古、書畫等俱精，於敦煌學、甲骨文方面貢獻尤多。二十歲時參加廣東通志館的纂修工作，撰《潮州叢著初編》，1949 年出版其總纂的《潮州志》。歷任香港大學中文系教授、新加坡大學中文系教授、香港中文大學中文系系主任，至 1978 年榮休後，中文大學授予偉倫講座教授，香港大學授予榮譽文學博士名譽教授，法國索邦高等研究院授予人文科學博士榮銜，2009 年獲香港特別行政區政府頒授大紫荊勳章。任北京大學客座教授、中央文史資料館館員及西泠印社第七任社長。西泠印社位於杭州西子湖畔孤山之上，1904 年由浙派篆刻家丁仁、王禔、吳隱、葉銘等發起創建，以保存金石、研究印學，兼及書畫為宗旨，人稱「天下第一名社」。已出版的專著和各類書籍逾七十部，發表論文四百餘篇。[9] 2015 年 2 月 26 日，香港潮屬社團總會、香港潮州商會乙未年新春團拜暨慶賀饒宗頤教授百歲華誕，假香港金鐘萬豪酒店舉行，社團首長及各界嘉賓逾三百人濟濟一堂，場面熱鬧而溫馨。總會、商會分別向饒老致送家鄉木雕壽星公和足金壽桃，祝願饒老身體安康；其後饒老向大家送上書法「太和」。[10] 饒宗頤亦是總會第八屆榮譽會長。2018 年 2 月 6 日仙逝，積閏享壽 105 歲。

陳有慶，原籍廣東潮陽，1932 年在汕頭出生，並在潮陽渡過童年，是泰國盤谷銀行創辦人陳弼臣哲嗣。十多歲時被接至香港，日間在當時的香港汕頭商業銀行（現時香港商業銀行）工作，晚上繼續修讀中學課程。1950 年中學畢業後，前往泰國協助父親經營業務。1954 年負笈美國銀行學院攻讀銀行及經濟學，並在當地銀行工作。畢業後返回香港，此後一直在香港商業銀行，任董事長、常務董事會主席兼董事總經理。此外，還擔任香港多家大機構的董事。陳有慶熱心社會公益事業和慈善，例如為香港公益金的籌募就已貢獻良多。歷任東華三院乙巳年總理、香港女童軍港島地方協會會長、香港潮州商會會長及永遠名譽會長、港九潮州公會會董、潮陽同鄉會永遠榮

9　研究饒宗頤學術的著作甚多，胡曉明著《饒宗頤學記》（香港：香港教育圖書公司，1996 年）、郭偉川著《饒學與潮學研究論集》（香港：藝苑出版社，2001 年）、郭偉川編《饒宗頤的文學與藝術》（香港：天地圖書有限公司，2002 年）及陳韓曦著《饒宗頤學藝》（廣州：花城出版社，2011 年）等較易入手。
10　〈潮總潮商賀年，同慶饒老百歲〉，《文匯報》，2015 年 2 月 27 日，頁 A15。

譽會長。1984 年 1 月 9 日，榮獲泰皇頒授三等白象勳章。1985 年 7 月，榮膺非官守太平紳士。他是香港基本法諮詢委員會顧問，中華人民共和國港澳區人大代表。[11] 陳有慶亦是潮總第八屆和第九屆榮譽會長，現時主要職位包括：亞洲金融集團、亞洲保險有限公司董事長，中華全國歸國華僑聯合會副主席，香港中華總商會永遠榮譽會長，香港僑界社團聯會創會會長兼主席，中國僑商聯合會榮譽會長，廣東省汕頭市榮譽市民。[12]

　　吳康民，廣東惠來人，1926 年生。1947 年廣州中山大學畢業，赴香港培僑中學任教，1958 年擔任該校校長，1985 年專任校監。1975 年籌組香港教育工作者聯會並選為創會會長。1984 年創辦教科文協作顧問有限公司，後成立香港教科文貿局公司、CAD 系統工程有限公司，並任董事長。曾任全國人大代表三十二年，又任香港特區籌備委員會委員。獲頒大紫荊勳章、揭陽市榮譽市民等榮譽。[13]2014 年 1 月 20 日，《吳康民人大親歷記》在香港大會堂舉行新書發佈會，吳康民擔任過七屆全國人大代表，以八十一歲高齡退休，該書記錄了他三十三年來參加人大的珍貴回憶，意味重大。吳康民亦是潮總第八屆和第九屆榮譽會長，現時主要職位包括香港培僑教育機構董事會主席，香港教育學院榮譽院士，香港教聯會創會會長，香港廣東社會總會榮譽會長，第四至十屆全國人大代表。[14]

其他榮譽、名譽會董會成員

　　第七屆除了首席榮譽會長和榮譽會長外，另又增設首席會長職位，戴德豐、林建岳、陳經緯、楊受成、蔡志明、劉鑾鴻、馬介璋、黃楚標、黃光苗、黃楚龍、紀海鵬、郭英成、高佩璇、鄭漢明、劉鳴煒、朱鼎健；名譽會長，廖烈文、周振基、黃書銳、謝賢團、翁廣松、劉佐德、王再興、

11　〈陳有慶先生事略〉，《香港潮州商會六十周年紀念特刊》（1981 年），卷首；逸臣〈陳有慶「信」字當頭締造金融王國〉，張善德主編《潮商人物‧商人卷》，頁 204 — 209。詳見劉智鵬著《僑通天下——陳有慶傳》（香港：中華書局，2013 年）。
12　《香港潮屬社團總會第九屆會董就職典禮》（2018 年），頁 23。
13　吳康民口述、方銳敏整理《吳康民口述歷史——香港政治與愛國教育（1947 — 2011）》（香港：三聯書店，2011 年）可供參考。
14　《香港潮屬社團總會第九屆會董就職典禮》（2018 年），頁 23。

趙利生、廖烈武、魏海鷹；會長，馬亞木、周厚立、張敬石、鄭合明、陳志明。

永遠名譽主席陳偉南、蔡衍濤、莊學山、馬介璋、許學之，創會主席陳偉南，創會副主席唐學元，均與第六屆會董會相同；增名譽副主席名銜，劉宗明、余潔儂、吳哲歆、林榮森、許瑞良。

榮譽顧問為新增，高永文、陳茂波、方黃吉雯、林順潮、紀文鳳、馬時亨、張賽娥、梁劉柔芬、許漢忠、陳鑑林、葉國華、劉宗明、鄭維健、藍鴻震、羅康瑞、江達可、王惠貞、蔡德河、洪克協、方正、羅嘉瑞、陳健波、陳恒鑌、葛佩帆、姚思榮；名譽會董，巴鎮洲、方文利、王仰德、佘恩典、吳志明、李秉湧、林作輝、林輝耀、林樹庭、林興識、洪新發、孫志文、孫振光、高允波、莊健成、許永滋、郭予端、陳俊平、陳捷貴、陳登鋒、陳漢雄、黃同福、黃成林、黃志強、黃展茂、黃萬生、黃榮興、葉年光、葉樹林、廖鐵城、劉文龍、劉坤銘、鄭卓標、鄭金松、鄭俊平、鄭碧木、蕭成財、王德財、洪子晴、馬偉武、陳香蓮、鄭俊基。

監事會和會董會

2014 年起，香港潮屬社團總會增設監事會。監事會主席林建岳，副主席馬介璋，成員包括陳偉南、蔡衍濤、莊學山、許學之、陳有慶、廖烈武。第八、九屆成員，基本上不變（表 2-2）。

表 2-2　第七至九屆監事會名錄

主席	副主席	成員
林建岳	馬介璋	第七屆：陳偉南、蔡衍濤、莊學山、許學之、陳有慶、廖烈武 第八屆：（同上） 第九屆：陳偉南、蔡衍濤、莊學山、許學之、陳有慶

第七至九屆監事會主席林建岳的主要職歷：香港麗新集團主席，香港貿易發展局主席，香港內地經貿合作諮詢委員會成員，香港——台灣商貿合作委員會委員，大嶼山發展諮詢委員會委員，現屆全國政協常委。監事會副主席馬介璋的主要職歷：佳寧娜集團控股有限公司名譽主席，華南城控股有限

公司聯席主席，第九、十、十一屆全國政協委員。[15]

　　會董會主席陳幼南，常務副主席張成雄、陳智思、莊學海，副主席吳漢增、周厚澄、林大輝、林鎮洪、胡定旭、馬介欽、陳南坡、陳振彬、陳統金、陳賢豪、楊育城、劉鳴煒、鄭錦鐘。秘書長方平，副秘書長鄭敬凱、張敬川、林楓林（兼總幹事）。

　　常務會董唐學元、歐陽成潮、佘繼標、劉宗明、陳智文、許義良、胡劍江、方平、朱鼎耀、周厚立、林孝賢、馬僑生、張仲哲、張俊勇、張敬川、莊偉茵、楊政龍、劉文文、蔡加讚、鄭敬凱、顏吳餘英；常務會董兼各部委主任的，有十三位（表 2-3）。義務法律顧問吳少溥、周卓如，義務核數師呂志宏。

表 2-3　第七屆常務會董兼各部委主任

部　委	主　任
總務部	張成雄
財務部	林宣亮
宣傳部	盧永仁
福利部	馬鴻銘
會員部	鄭錦鐘
地區事務委員會	梁劉柔芬
社會及政制事務委員會	胡定旭
盂蘭勝會保育工作委員會	馬介璋
慈善基金管理委員會	陳幼南
發展委員會	莊學山
青年委員會	劉鳴煒
婦女委員會	陳愛菁
培訓委員會	陳偉南

---

15 《香港潮屬社團總會第九屆會董就職典禮》（2018 年），頁 20 及 45。

　　會董計有：王仰德、王綿財、何寶元、吳春靈、李淑芝、周超新、林民恩、林書章、林國光、林凱璇、林景隆、邱長喜、紀明寶、孫志文、徐名團、馬清楠、張仲哲、許為快、許瑞勤、許華雄、連增傑、郭少堅、陳正松、陳生好、陳金雄、陳家義、陳雪夫、陳熹、曾永浩、黃元弟、黃皆春、黃展茂、楊友平、楊劍青、葉振南、鄭少偉、鄭木林、鄭志雄、鄭捷明、藍國浩、史立德、吳少溥、吳宏斌、周卓如、周博軒、周潔冰、林世豪、林李婉冰、林俊玉、林建康、林淑怡、林楚昭、林煒珊、林燕勝、查毅超、胡炎松、唐大威、馬偉武、馬清鏗、馬軼超、高明東、莊永燦、莊健成、許平川、郭一鳴、陳丹丹、陳光明、陳成耀、陳志明、陳育明、陳家偉、陳偉明、陳偉香、陳捷貴、陳蕙婷、彭少衍、黃進達、楊玳詩、廖坤城、劉文煒、劉坤銘、劉偉忠、潘筱璇、蔡少洲、蔡少偉、蔡思聰、蔡敏思、鄭重科、羅少雄、蘇少初、蘇偉昇。

第三節　第八、九屆會董秉承新理念

第八屆會董就職和主要活動

2016 年 7 月 7 日，香港潮屬社團總會第八屆會董就職典禮假香港會議展覽中心新翼三樓大會堂舉行，主禮嘉賓為行政長官梁振英、中聯辦主任張曉明、外交部駐港特派員公署副特派員胡建中、長江實業（集團）有限公司主席李嘉誠。第八屆會董會主席陳幼南、監事會主席林建岳及諸位首席會長、名譽會長、會長等熱烈迎候嘉賓，陳幼南主席致辭指出，過去兩年，總會經過架構重組，更加廣泛地團結香港潮籍鄉親和各界人士，緊密與各屬會聯繫，同時舉辦了多項盛大活動，取得巨大成功，未來將繼續發揮正能量，進一步提高總會的聲望和信譽。[16]

2016 年 10 月 5 日，總會在潮州會館十樓舉行 2016 年度周年會員大會，陳幼南主席指出，2016 年是總會的豐收年，同仁團結一致，積極參加會務。各部委也取得很大成績，包括會員及福利委員會正式啟動「優惠卡計劃」，積極聯絡商戶參加這項計劃，藉此提供更多不同範疇的優惠，加強吸引力和凝聚力；青年委員會籌組「潮屬青年發展基金」和「潮人成人禮──出花園」活動，婦女委員會舉辦慈山寺及大棠有機生態園一日遊等等。總會與家鄉潮汕三市一直保持緊密聯繫，與海內外的聯繫和交流也都絡繹不絕。[17]

習近平總書記在中共十九大開幕禮上指出，香港、澳門自回歸祖國以來，「一國兩制」實踐取得舉世公認的成功。2017 年 11 月 9 日，潮商資本「一帶一路」投資基金考察團與總會首長座談未來投資大計。陳幼南主席在一篇文章中指出，總會「積極參與國家整體發展規劃，透過粵港澳大灣區這樣的難得機遇，堅持背靠祖國，發揮香港獨特國際地位和條件的有利因素，

---

16 《香港潮屬社團總會第八屆會董就職典禮》（2016 年），頁 39；〈隆重舉行第八屆會董就職典禮〉，《香港潮屬社團總會會訊》新 12 期（總第 26 期，2016 年 10 月），頁 8－9。

17 〈本會召開 2016 年度周年大會〉，《香港潮屬社團總會會訊》新 13 期（總第 27 期，2017 年 1 月），頁 9。

爭取為國家的繁榮富強出力，為港人創造機會。」[18]

第九屆會董就職和主要活動

2018 年 5 月 23 日，香港潮屬社團總會第九屆會董就職典禮假香港會議展覽中心新翼三樓大會堂舉行，主禮嘉賓行政長官林鄭月娥、中共中央統戰部副部長譚天星、中聯辦副主任黃蘭發、外交部駐港特派員公署特派員謝鋒、廣東省委統戰部副部長李煥春。總會的會董會主席陳幼南、監事會主席林建岳、創會主席陳偉南及首席會長、名譽會長、會長等多位在場熱烈迎候嘉賓。陳幼南主席指出，總會作為國際潮團總會「一帶一路」促進會的主要紐帶，對接國家的戰略決策，以實際行動提高聲望和信譽。行政長官林鄭月娥在祝賀當選的新屆會董時，還表示，潮總重視傳承潮汕文化和潮人精神，為香港市民的生活添彩。[19]

2018 年 9 月 19 日，香港潮屬各界慶祝中華人民共和國成立六十九周年國慶酒會，假港島金鐘香格里拉酒店隆重舉行。大會主席陳幼南，執行主席林建岳，四十多個主要潮籍社團，除總會外，包括香港潮州商會、香港潮州會館、香港九龍潮州公會、香港汕頭商會、香港潮商互助社、潮僑工商塑膠聯合總會、潮僑食品業商會、九龍東潮人聯會、九龍西潮人聯會、香港區潮人聯會、新界潮人總會等。[20]

2018 年 10 月 30 日至 11 月 1 日，總會藉廣深高鐵香港段開通，由四十一個屬會鄉親近七百人組成「香港高鐵體驗之旅」回鄉訪問團，受到汕頭、潮州及揭陽三市領導的熱烈歡迎和熱情款待。總會主席陳幼南擔任團長，永遠名譽主席蔡衍濤、名譽會長黃書銳和陳瑞鑫擔任名譽團長。回鄉訪問團不僅體驗到廣深高鐵香港段開通帶來的便捷，並且感受到潮汕三市近年

---

18 陳幼南〈關於十九大的感想和期盼〉，《香港潮屬社團總會會訊》新 17 期（總第 31 期，2018 年 1 月），頁 35。

19 〈第九屆會董就職冠蓋雲集〉，《香港潮屬社團總會會訊》新 19 期（總第 33 期，2018 年 6 月），頁 5—7。

20 〈潮屬各界祝賀祖國六九華誕〉，《香港潮屬社團總會會訊》新 20 期（總第 34 期，2018 年 10 月），頁 4—7。

來日新月異的變化。[21]

監事會主席的建言

監事會主席林建岳在第九屆會董就職典禮後指出，重訂目標、重組架構四年來，以「團結潮人、扎根香港、凝聚力量、攜手並進」為新理念，吸納更多潮籍精英，加強與各屬會聯繫，致力做好地區工作。總會主辦香港潮州節、盂蘭文化節，在港九新界舉辦萬人敬老盆菜宴等等，目的就是為了團結鄉親，發展和壯大愛國愛港力量。總會轄下逾四十個屬會，會員人數已接近十五萬。[22]

林建岳強調，展望未來，總會將務求做到「實幹不空談」，要把香港潮州節和盂蘭文化節這兩個招牌活動，搞得更加有聲有色，爭取更多青年人參與，還要放眼世界，吸引更多旅客和海內外朋友參加。同時積極參與社會事務和各級選舉，在大是大非問題上積極表態，全力支持特區政府依法施政，堅決維護國家主權、安全和發展利益。今日中國已進入新時代，今天的香港正面臨發展的新機遇，香港要融入國家發展大局，必須把握好「一帶一路」和「粵港澳大灣區」這兩個「戰略支撐平台」。他說：「各地潮團歷史悠久，甚具影響力。我們希望透過各種方式，世界各地潮籍鄉親建立合作平台，尋求發展機會，既造福當地民眾，又可以為國家、為香港、為家鄉作出更大貢獻。」[23]

會董會的擴大和加強

第八、九屆的會董會成員，是在第七屆會董會成員的基礎上更新和增加，既保持延續性，而又逐次加強。其中一項較重大的進展，是第七屆常務會董兼各部委主任，第八屆起改為各委員會主席，第九屆沿用。各委員會的

---

21 〈高鐵新時代一，大道連鄉邦——七百鄉親高鐵體驗之旅〉，《香港潮屬社團總會會訊》新 21 期（總第 35 期，2018 年 10 月），頁 5。

22 林建岳〈監事會主席的話〉，《香港潮屬社團總會會訊》新 19 期（總第 33 期，2018 年 6 月），頁 3。

23 〈監事會主席林建岳致辭〉，《香港潮屬社團總會第九屆會董就職典禮》（2018 年），頁 21。

職能較前明確，並邀請會董和香港各界潮籍知名人仕加入各委員會，出任主席、副主席或委員，以發揮更大的作用（表2-4）。

表2-4　第八、九屆會董會各委員會主席

各委員會	第八屆主席	第九屆主席
總務委員會	張成雄	張成雄
財務委員會	林宣亮	林宣亮
會員及福利委員會	鄭錦鐘	鄭錦鐘
地區事務委員會	陳振彬	陳振彬
社會及政制事務委員會	林大輝	林大輝
盂蘭勝會保育工作委員會	馬介璋	馬介璋
慈善基金管理委員會	陳幼南	陳幼南
發展委員會	莊學山	莊學山
青年委員會	張俊勇	張俊勇
婦女委員會	陳愛菁	陳愛菁
培訓委員會	陳偉南	馬介欽
義工委員會	馬介欽	馬介欽

第四節　香港潮屬社團總會新近動態

總會會訊面目一新

香港潮屬社團總會成立後不久，即已創辦《香港潮屬社團總會會訊》，其初為小型報紙形式，不定期出版，至 2013 年為止，共出版了十四期，但大多並無標明期數，有時則屬專題報道。2014 年 1 月起，《香港潮屬社團總會會訊》定為季刊，以彩印雜誌形式出版新 1 期（總第 15 期），包括主席獻辭、本會動態、屬會專欄、序與跋、會員特區、潮史回顧、文摘、旅遊發現號、家鄉迴音、潮味美食、潮汕名人名地等欄目；此外，並有潮人金句、畫家作品欣賞等。

新 2 期（總第 16 期）起，增加域外風情、文學大家、特別報道、書法藝術等內容。新 3 期（總第 17 期）加強歷史回顧，刊登〈民國初「澄海女子第一學校」〉、〈林子豐博士事略及其訓勉〉、〈《嶺東日報》開啟潮汕民智〉等文。新 4 期（總第 18 期）則多總會及屬會消息，並有參考資料。新 5 期（總第 19 期）設「議事堂」，刊登林建岳、藍鴻震評論香港時局的文章。新 6 期（總第 20 期）的「議事堂」載有陳幼南、蔡德河、陳賢豪的文章，並有「名人佳話」介紹李嘉誠辦公室內一副對聯、「成功故事」記述胡楚南待人處世的專文。2019 年 7 月，已出版至新 23 期（總第 36 期）。[24]

以後各期的內容漸趨豐富，篇幅持續增加，例如介紹潮汕文化、名勝、人物，並有時事熱點、婦委專輯、青委專輯等，新 22 期（總第 36 期）厚達 85 頁，資訊性與可讀性並重。

潮汕高鐵訪問團創新紀錄

2014 年 4 月 11 日至 13 日，由中聯辦副主任林武任榮譽顧問、香港潮屬社團總會主席陳幼南任團長的「潮汕高鐵訪問團」（表 2-5），一行六百

---

24 《香港潮屬社團總會會訊》載有 2010 年以來各期會訊，網址：http://www.fhkccc.org.hk/fhkccc/letter.asp。

多人到汕頭、潮州、揭陽參觀訪問。11 日，訪問團獲得汕頭市政協主席郭大欽，市委副書記孫光輝，市委常委、統戰部長馬逸麗等熱情接待。郭大欽在歡迎宴上致辭說，當前汕頭新一輪大發展的熱潮有四方面：第一，是全力打造陸海空立體交通「四大體系」；第二，是邀請世界頂尖規劃設計團體以全球視野規劃、定位汕頭；第三，是加快建設華僑經濟文化合作實驗區；第四，是全面實施戰略性新興產業提升計劃。陳幼南表示，總會將發揮力量，支援汕頭新一輪經濟發展，更好地擔當香港、汕頭兩地溝通的橋樑。

12 日，訪問團主要成員與潮州市委副書記、市長李慶雄，市委常委、統戰部長徐和，市政府秘書長林光英等領導會面。李慶雄致辭介紹了潮州市的經濟發展情況，並高度讚揚總會在促進潮港兩地深化交流合作、支持家鄉建設發展做了大量工作，成效顯著。林武指出，總會是一面愛國愛港的鮮明旗幟，希望總會進一步推動會務發展，為港為鄉發揮更重要的作用。

13 日，揭陽市委常委、統戰部長黃耿城代表市委、市政府接待訪問團。黃耿城介紹了揭陽市的經濟發展情況，指出去年揭陽的經濟總量躍居粵東首位，一批重大項目取得突破性的進展。陳幼南在作總結時表示，這是香港潮屬社團總會成立以來最大規模的參觀考察活動，他感謝三十多個屬會的鼎力支持，令此次大型活動獲得圓滿成功，希望這次訪問是一個新起點，藉以增加鄉親的凝聚力，從而促進總會更大團結和更大發展。[25]

「潮汕高鐵訪問團」一行六百餘人，以「新起點、新征程、大團結、大發展」作為口號，寓意着新一屆會董會將秉承總會的一貫宗旨，在繼續服務香港潮籍鄉親及本地市民的基礎上，踏出新起點，邁出新步伐，在大團結之下，獲得大發展。陳幼南認為，這次組織回鄉探訪的行程，看到家鄉發展日新月異，深受鼓舞。香港潮屬社團總會將繼續支持潮汕地區新一輪的經濟建設發展，更好地發揮兩地溝通與發展的橋樑作用。他指出是次活動旨在增加凝聚力，「有凝聚力才會有團結，有團結才會有發展，有發展才能把團隊力量發揮到極致」。[26]

---

25 〈香港潮屬社團總會訪問汕頭、潮州、揭陽〉，《文匯報》，2014 年 4 月 23 日，頁 A15。
26 〈香港潮屬社團總會高鐵訪問團潮汕考察圓滿成功〉，《文匯報》，2014 年 4 月 24 日，頁 A13。

表 2-5　2014 年潮汕高鐵訪問團主要成員

榮譽顧問	林武
團　　長	陳幼南
名譽團長	蔡衍濤、許學之、黃書銳、劉佐德、藍鴻震
名譽顧問	吳仰偉、徐光明、張肖鷹、黎寶忠、陳旭斌、余汝文
副 團 長	吳哲歆、吳漢增、林鎮洪、馬介欽、陳南坡、陳統金、陳賢豪
顧　　問	林榮森、胡楚南、許瑞良、謝喜武、吳少溥、周卓如
常務會董	張成雄、許義良
會　　董	陳生好、許瑞勤、楊劍青、方文利、王仰德、李秉湧、高允波、黃榮興、蕭成財、周超新、林書章、林凱璇、孫志文、郭少堅、陳正松、黃皆春、鄭木林
特邀嘉賓	谷康生、劉湛雄、劉迎軍
參與屬會	香港潮州商會、香港九龍潮州公會、香港汕頭商會、香港潮商互助社、潮僑工商塑膠聯合總會、潮僑食品業商會、九龍東潮人聯會、九龍西潮人聯會、香港區潮人聯會、新界潮人總會、潮汕三市政協香港委員聯誼會、香港潮陽同鄉會、香港潮安同鄉會、香港九龍揭陽同鄉總會、香港惠來同鄉會、香港普寧同鄉聯誼會、饒平同鄉會、香港菴埠同鄉會、香港澄海同鄉聯誼會、大埔潮州同鄉會、元朗區潮州同鄉會、慈雲閣有限公司、海外潮人企業家協會、長洲潮州會館、國際潮汕書畫總會、香港潮人深水埗同鄉會、旅港澳頭同鄉會、香港揭陽僑聯聯誼會、新界粉嶺潮州會館、香港潮僑聯誼會、荃灣潮州福利會、香港惠來商會、香港潮僑公益協進會

香港高鐵體驗之旅

2018 年 10 月 30 至 11 月 1 日，藉廣深高鐵香港段開通，香港潮屬社團總會舉辦「香港高鐵體驗之旅」回鄉訪問團，由四十一個屬會的鄉親近七百人組成。（表 2-6）訪問團受到汕頭、潮州、揭陽三市領導的熱烈歡迎和熱情款待，對家鄉的發展情況有新的了解，又近距離品味潮汕文化，並且增進了香港潮屬鄉親與家鄉的聯繫。[27]

---

27 〈高鐵新時代，大道連鄉邦——七百鄉親高鐵體驗之旅〉，《香港潮屬社團總會會訊》新 21 期（總第 35 期，2019 年 1 月），頁 4 −7。

表 2-6　2018 年高鐵體驗之旅主要成員

榮譽顧問	何靖
團　　長	陳幼南
名譽團長	蔡衍濤、黃書銳、陳瑞鑫
名譽顧問	陳旭斌、吳哲歆、藍鴻震、林克昌、胡澤文
副 團 長	馬介欽、陳振彬、楊育城、陳愛菁、莊健成、孫志文、林宣亮
常務會董	劉文文
名譽會董	黃展茂
會　　董	孔斐文、余秋偉、李志強、周超新、張少鵬、陳志明、陳漢昭、陳德寧、彭少衍、黃業坤、潘筱璇
顧　　問	吳少溥
特邀嘉賓	馬俊、黃粲彪、方向東、蔡曉珊、謝東江、蕭七妹

支持政改和保民主活動

　　2014 年 4 月 30 日，香港潮屬社團總會政改座談會於港九潮州公會中學大禮堂舉行，由常務會董張成雄主持，陳振彬、吳哲歆、馬介璋、劉文文等發言，潮屬各界三十三個團體近四百人出席了座談會。政務司司長林鄭月娥表示，絕大部分市民熱切期盼 2017 年能夠普選行政長官，香港如果能夠依法推進民主，有利社會的整體發展。

　　總會主席陳幼南致辭說，回歸以來市民希望實現一人一票選行政長官，希望立法會具有更多的民主成分，這是為香港民主政制發展奠下重要基礎的進程。他將總會的政改意見書，遞予林鄭月娥司長。意見書內容包括堅持提名委員會的提名制度必須根據基本法第 45 條的規定，提名委員會按民主程序提名行政長官候選人，以及提名委員會的組成應參照現行選舉委員會四個界別即工商金融界、專業界、勞工、社會服務、宗教等界內容。[28] 8 月 17 日，

---

28 〈本會舉辦大型政改座談會〉，《香港潮屬社團總會會訊》新 2 期（總第 16 期，2014 年 5 月），頁 8—9。

香港潮屬社團總會參加「保普選・反佔中」大遊行，並動員各潮屬社團約一萬人，共同參與這項活動。「保普選・反佔中」大聯盟發起「還路於民、恢復秩序、維護法紀」簽名活動，多位潮屬社團首長同到中上環一帶的簽名點呼籲市民簽名，「得到市民的大力支持，不少市民主動上前簽名，反映了市民希望社會安定，和諧團結的心聲。」[29]

　　2015 年 6 月 2 日，香港潮屬社團總會加入「保民主、撐政改、反拉布、做選民」大行動，在港島設置多個街站，呼籲市民簽名支持政改。主席陳幼南表示，他希望藉着這次行動推動本港的政制發展，又提醒年輕人對待理想應該有足夠的耐性及保持客觀態度。[30]

加強與區議會的聯繫

　　香港潮屬社團總會自重組之後，加強與區議會的聯繫，尤其是與潮籍區議員的交流合作，並於 2014 年 12 月 1 日邀請潮籍區議員舉辦第一次座談會，商討如何開展區議會選舉活動，為壯大潮汕人在政界的力量並為香港的繁榮穩定出力。

　　座談會首先由秘書長方平介紹出席的中聯辦嘉賓和總會會長、會董。會董會主席陳幼南和監事會主席林建岳致開會辭，香港的潮籍區議員人數眾多，2015 年是區議會選舉年，總會將為潮籍區議員提供更多的交流合作機會，加強地區的聯繫工作。接着發言的，有油尖旺區區議會主席莊永燦、中西區區議員陳捷貴、荃灣區區議會議員陳恒鑌。總會還邀請區議員及親友一起參加到大埔慈山寺的參觀活動，反應熱烈。[31]

盂蘭勝會總結研究會

　　香港盂蘭勝會自 2011 年列入國家級非物質文化遺產名錄以來，傳承中

---

29 陳幼南〈主席獻辭：重組架構，擴大會務〉，《香港潮屬社團總會會訊》新 5 期（總第 19 期，2015 年 1 月），頁 1。

30〈香港潮屬社團總會新聞——潮屬力撐「保民主、撐政改、反拉布、做選民」大行動〉，網址：http://www.fhkccc.org.hk/fhkccc/newsshow.asp?id=205。

31〈邀潮籍區議員座談〉，《香港潮屬社團總會會訊》新 5 期（總第 19 期，2015 年 1 月），頁 5。

華文明、弘揚民族文化、倡導熱愛家國、重孝道勤行善、扶助弱者、團結鄉親的理念，激勵和提高了香港潮人盂蘭勝會的傳承和保育工作的熱情。

2014 年 1 月 27 日，香港潮屬社團總會在潮州會館大禮堂舉辦了盂蘭勝會傳承保育座談會，邀請全港各區盂蘭勝會負責人，總結 2013 年盂蘭勝會的傳承和保育工作，探討 2014 年做好盂蘭勝會各項工作的措施。總會主席陳幼南表示，希望大家把盂蘭勝會辦得更加有聲有色。名譽顧問許瑞良、深井潮僑街坊盂蘭勝會會長姚志明、九龍慈雲山潮僑街坊盂蘭勝會主席蔡傑、翠屏潮僑街坊盂蘭勝會鍾海添、粉嶺潮僑盂蘭勝會理事長委託人黃祥漢、尖沙咀官涌盂蘭勝會理事長馬香信和副理事馮志成、石籬石蔭安蔭潮僑盂蘭勝會理事長吳振財和秘書陳大昕等，紛紛提出了改善盂蘭勝會工作的具體措施。[32]

2014 年 7 月 21 日，香港潮屬社團總會及多個潮籍社團的負責人與民政事務總署署長陳甘美華就本年盂蘭勝會的活動交換意見。9 月 24 日，盂蘭勝會保育工作委員會舉行座談會，就香港盂蘭勝會申遺成功進入第四年，如何推廣和創新潮人的盂蘭勝會及集中各方資源等問題進行討論，座談會由總會主席陳幼南及盂蘭勝會保育工作委員會主任馬介璋主持。11 月 10 日，香港潮屬社團總會與特區政府環保署及康文署在潮州會館舉行座談，就盂蘭勝會舉辦期間的煙灰及噪音問題聽取意見。

積極開展盂蘭保育重點工作 [33]

自 2011 年潮人盂蘭勝會入選第三批國家非物質文化遺產以來，香港潮屬社團總會盂蘭勝會保育工作委員會做了大量保育工作，過去幾年的工作重點如下：

1.2012 年獲香港賽馬會慈善信託基金資助，進行「香港潮人盂蘭勝會考察計劃」，並委託香港樹仁大學陳蒨教授進行全港潮人盂蘭勝會研究和田野考察，把資料精編為《潮籍盂蘭勝會》一書，於 2015 年出版；

---

32 〈九龍城潮僑盂蘭勝會理監事就職〉，《文匯報》，2015 年 7 月 21 日，頁 A23。
33 《中元節（潮人盂蘭勝會）報告書》，頁 2。

2. 自 2012 年起每年召開全港各區盂蘭勝會座談會，與各區盂蘭勝會代表和民政事務總署署長等官員探討盂蘭勝會相關問題，尋找解決方案；

3. 自 2015 年起每年農曆七月舉辦「盂蘭文化節」，除了傳統盂蘭美食攤位和盂蘭文化介紹外，更有許多的精彩項目，其中包括「搶孤競賽」、「親子盆供堆疊賽」、「盂蘭主題 3D 自拍區」等，同時有部分互動活動，讓公眾了解盂蘭文化，如「聖杯選總理」、「盂蘭學堂」等。旨在通過一系列的活動和文化展示，讓公眾進一步了解盂蘭勝會的傳統內涵和意義，藉以承傳推廣這個非物質文化遺產，弘揚中華民族感恩、孝親的傳統美德。

4. 出版盂蘭勝會宣傳刊物，包括：《國家級非物質文化遺產 —— 中元節（香港盂蘭勝會）》紀念特刊、《國家級非物質文化遺產 —— 中元節（香港盂蘭勝會）》小冊子、《盂蘭的故事》漫畫書及通識專題研習教材——《香港盂蘭文化與當代社會》；

5. 建立網站、開設 Facebook 及與旅發局合作宣傳盂蘭勝會；

6. 其他：到中小學演講宣傳及培訓導賞等。

舉辦「盂蘭文化節」

2015 年 8 月 10 日，香港潮屬社團總會在潮州會館舉行盂蘭文化節「盂蘭搶孤競賽」發佈會暨「香港潮人盂蘭勝會網站」啟動儀式。陳幼南指出，創建網站可向廣大市民介紹潮人盂蘭勝會的歷史、演變和發展，網站將上載歷年製作的音像節目和相關資料，讓更多市民及海外鄉親可以觀賞到盂蘭勝會傳統節目。[34]

8 月 26 日至 28 日，即農曆七月十三日至十五日，為弘揚中華文化、國家級非物質文化遺產，香港潮屬社團總會在九龍觀塘康寧道二號球場，一連三日舉辦「盂蘭文化節」，作為香港潮人盂蘭勝會可持續傳承推廣活動。項目分為：

（一）搶孤競賽活動，邀請包括各區盂蘭組織、學生團體和公眾人士的參賽隊伍，每三隊為一組，每隊輪流有五分鐘時間在搶孤棚上拋出一百個

---

34 〈潮人盂蘭勝會開網站辦搶孤賽〉，《文匯報》，2015 年 8 月 11 日，頁 A14。

「福米包」，其餘二隊共十人則在搶孤區內手持特意製定的竹織「孤承」搶載福米包，累積最高分數的隊伍便是優勝者；最後以搶得福米最高分數的三隊進入總決賽，決勝定出名次。這項活動既有傳統的熱烈氣氛，也確保參賽者的安全。

（二）盂蘭勝會文化展覽，分別以繪畫、圖片及文字介紹香港潮人盂蘭勝會場地佈局，祭品擺設及搶孤歷史源起等資料。香港潮人盂蘭勝會場地強調有規劃的場地佈局、嚴謹的佈置擺設和完整的祭祀儀式，各式各樣有規有矩，展覽使觀眾對盂蘭勝會有清楚的認識。

（三）盂蘭文化導賞，由盂蘭文化節競賽總統籌胡炎松講述潮人盂蘭勝會的歷史文化意義和場地組成，竹棚佈局方面的傳統功能；天地父母棚擺設排列各式各樣祭品，充分體現何謂有規有矩；戲棚、經師棚、神棚的儀式活動，是如何相互交替先後有序。

（四）盂蘭食俗派發「五福臨門」潮式糕餅，展示攤位擺設各式各樣富有繽紛色彩、蘊含吉祥寓意的潮式糕餅，盡顯潮汕民間傳統造餅工藝特色，並向持有換領券人士派發「五福臨門」潮式糕餅。[35]

「盂蘭文化節」舉辦的「搶孤競賽活動」，由民政事務局副局長許曉暉、旅遊發展局總幹事劉鎮漢、香港潮屬社團總會盂蘭勝會保育工作委員會主任馬介璋等主禮，共有十多支隊伍競逐，結果元朗潮僑盂蘭勝會隊勇摘桂冠。大會還特別組織了冠軍邀請賽，由立法會議員和區議會議員組成的議員隊，與香港潮屬社團總會隊及冠軍隊進行比賽，把活動氣氛推到高潮。許曉暉表示，盂蘭文化節所倡導的孝道是中華文化的核心，結合仁、義、禮、智、信，進一步達至社會和睦、人心和順。馬介璋希望在盂蘭文化節中加入新的內容，藉此吸引青年人更好地了解盂蘭勝會。[36]

盂蘭搶孤競賽於 27 日下午舉行，立法會議員組成一支隊伍參與冠軍邀請賽。民政事務局副局長許曉暉、立法會議員姚思榮、香港旅遊發展局總幹事劉鎮漢擔任此次頒獎典禮的主禮嘉賓。28 日下午，美國駐香港總領事夏

---

35 〈香港潮屬社團總會新聞──香港潮人盂蘭文化節〉，網址：http://www.fhkccc.org.hk/fhkccc/newsshow.asp?id=208。

36 〈潮屬社總「搶孤」許曉暉等主禮〉，《文匯報》，2015 年 8 月 28 日，頁 A14。

千福前往參觀盂蘭文化展示。共有十幾個媒體報道了此次活動。

「盂蘭文化節」成為年度活動

繼 2015 年成功舉辦首屆盂蘭勝會文化節之後，「2016 盂蘭文化節」在銅鑼灣維多利亞公園舉辦，由 8 月 12 日起一連三日有多項活動，藉以弘揚中華民族感恩、孝親的傳統美德。2016 年的盂蘭文化節，特邀著名漫畫家手繪精美漫畫《盂蘭的故事》，活動項目包括「搶孤競賽」、「親子盆供堆疊賽」、「盂蘭學堂」、「盂蘭勝會文化展覽」、「盂蘭主題 3 D 自拍區」、專題講座、盂蘭潮劇、傳統盂蘭懷舊美食品嚐及盂蘭文化導賞團等，將盂蘭文化的傳統內涵和現代化表現形式結合起來，藉此加深市民特別是年輕一代對盂蘭文化的認識。食物及衛生局局長高永文擔任主禮嘉賓，致辭指出盂蘭勝會是潮人文化的重要組成部分，他樂見總會率頭在這方面的保育工作卓有成效，希望年輕一代對傳統節日和文化多加關注。[37]

2017 年 9 月 1 日至 3 日，「2017 盂蘭文化節」續在維多利亞公園舉行，本年活動增設了「祈福香港」項目，為香港、為市民祈福，吸引了本地和國際媒體予以關注，對盂蘭文化起了宣傳和推廣作用。[38]

「2018 盂蘭文化節」於 8 月 24 日至 26 日舉行，地點同樣在維多利亞公園一號球場。在開幕式上，主席陳幼南、監事會主席林建岳、盂蘭勝會保育工作委員會主席馬介璋等，陪同主禮嘉賓中聯辦副主任何靖、民政事務局局長劉江華一起體驗盂蘭 VR 虛擬實境；總統籌胡炎松陪同中聯辦港島工作部部長劉林等多位嘉賓，在譚迪遜師傅示範下，一起舞動神功戲兵器。此外，還進行了《2018 盂蘭文化節資訊集》傳承儀式，及搶孤舞蹈「請老爺」表演。[39]

2019 年 8 月 16 日至 17 日，「2019 盂蘭文化節」在同一地點舉辦，由

---

37 〈2016 盂蘭文化節隆重開幕〉，《香港潮屬社團總會會訊》新 12 期（總第 26 期，2016 年 10 月），頁 16－17。

38 陳幼南〈主席的話〉，《香港潮屬社團總會會訊》新 16 期（總第 30 期，2017 年 10 月），頁 2。

39 〈「2018 盂蘭文化節」成功舉辦〉，《香港潮屬社團總會會訊》新 20 期（總第 34 期，2018 年 10 月），頁 12－13。

中聯辦副主任何靖及民政事務局局長劉江華主禮。除延續搶孤競賽、盆供堆疊賽、盂蘭文化歷史展覽等之外，該年盂蘭文化節執行小組特意到各區盂蘭勝會進行田野考察，收集有關盂蘭勝會的歷史圖片、資料及文物，在活動現場以主題為「盆會勝影」進行展示，帶出更多豐富的盂蘭歷史文化信息給市民大眾。此外還推出盂蘭話劇表演及亞洲盂蘭文化祭等新項目，向青少年進一步宣傳盂蘭文化，將盂蘭文化的孝於親、慈於眾的精神內涵帶給全世界。[40]

香港潮屬社團總會《2016 盂蘭文化節紀念特刊》、《2017 盂蘭文化節紀念特刊》、《2018 盂蘭文化節紀念特刊》和《2019 盂蘭文化節紀念特刊》，載錄了近幾年來有關方面的活動情況。

盂蘭勝會潮劇交流會

香港潮屬社團總會於 2019 年 8 月 19 日在潮州會館十樓禮堂舉辦「香港潮籍盂蘭勝會與潮劇在文學上的價值」學術演講暨交流會，東京大學東洋文化研究所名譽教授田仲一成蒞臨主講，與大家分享對盂蘭勝會的認識和研究。

主席陳幼南，永遠名譽主席馬介璋、莊學山、蔡衍濤，名譽副主席吳哲歆，名譽顧問林超英，常務會董吳茂松、胡炎松，會董潘筱璇、陳家義，香港珠海學院中國文學系教授蕭國健，長春社文化古蹟資源中心執行總監劉國偉等出席。

潮劇被譽為「南國之花」，是一種歷史悠久，盛載濃厚中原文化和語言的劇種，以精湛的藝術獻藝，增加了盂蘭文化的吸引力。通過對盂蘭文化和潮劇的認識，在香港成長的潮州人可從新的角度理解潮州傳統文化，對提高第二代乃至更多代的潮州人傳承歷史悠久的潮州文化有很大的作用。[41]

協辦香港龍舟嘉年華

每年端午節期間，香港吸引了鄰近地區以至世界各地的龍舟愛好者到

---

40 〈「2019 盂蘭文化節」維多利亞公園隆重舉行〉，《香港潮屬社團總會會訊》新 24 期（總第 38 期，2019 年 10 月），頁 11、13。

41 〈「2019 盂蘭文化節」維多利亞公園隆重舉行〉，《香港潮屬社團總會會訊》新 24 期（總第 38 期，2019 年 10 月），頁 32。

來，彙聚於維多利亞港海旁，參加盛大的「香港龍舟嘉年華」。龍舟勁旅爭勝，人氣歌手飆歌，萬人熱情喝采，帶來熱鬧氣氛。2014 年 6 月 6 日至 8 日，一連三天，龍舟競渡盛事在鼓聲、掌聲、歡呼聲、勁歌節拍聲中舉行。香港潮屬社團總會作為這項活動的協辦機構，主席陳幼南出席了隆重的開幕儀式。香港旅遊發展局主席林建岳致開幕辭，他亦是總會的監事會主席。總會副主席張成雄頒獎予獲得冠軍的東莞市代表隊。[42]

近幾年來舉辦的龍舟競賽盛事，都十分精彩熱烈，深受國際關注，維港競渡成為每年亮點活動之一。為了配合香港國際龍舟邀請賽四十周年，2016 年 6 月 10 日至 12 日在中環海濱舉行的「香港龍舟嘉年華」，特別增設香港盃，邀請多個國家和地區約四千名好手參與。

加入香港義工聯盟

香港潮屬社團總會於 2014 年成立義工隊，加入香港義工聯盟，並於 6 月 15 日作為協辦單位之一，出席「香港義工聯盟啟動禮暨社區服務日」活動。香港特區行政長官梁振英在啟動禮上表示，義務工作在香港得到廣泛認同和參與，特區政府一向致力推動義工服務，社會福利署自 1998 年起便推行「義工運動」。截至 2014 年 4 月底，香港登記義工人數已超過一百二十萬人；香港義工聯盟由二十四個義工團體成員組成，香港潮屬社團總會義工隊為該聯盟的成員之一。

香港潮屬社團總會副主席張成雄出席了啟動禮，他表示，義工人士為香港的和諧、繁榮和穩定作出貢獻，香港義工聯盟的成立，將進一步弘揚互相包容、關懷和幫助的正能量，致力在香港各社區編織一個愛心的義工服務網。他又認為，鼓勵總會會員及潮籍鄉親將義工精神化為生活的一部分，可以令總會更好地團結起來，可以凝聚潮籍鄉親的巨大力量。[43]

2015 年元旦，香港潮屬社團總會八十位義工歡聚一堂，共賀新年，並交流服務社會、做好義工的經驗。在同日舉行的香港義工聯盟嘉許禮活動

---

42 〈本會協辦香港龍舟嘉年華〉，《香港潮屬社團總會會訊》新 3 期（總第 17 期，2014 年 7 月），頁 10。

43 〈本會成立義工隊，並加入香港義工聯盟〉，《香港潮屬社團總會會訊》新 3 期（總第 17 期，2014 年 7 月），頁 3。

中，潮屬社團總會義工團獲得隊制義工隊銅獎，潮汕同學會義工隊獲優秀獎；有一位義工獲銀獎，十一位義工獲優秀獎。總會主席陳幼南、總幹事林楓林、主任秘書蔡平，以及秘書處陳黛藍、李偉清、魯涵、陳馳欣等參加了活動。為了更好地服務和回饋社會，總會屬下三十多個社團各有義工組織或義工隊。總會於 2014 年 6 月成立香港潮屬社團義工團，吸納二百多位義工，年齡由二十多歲至八十多歲不等，包括退休人士、家庭主婦、全職人士等，既有新手，亦有資深人士。義工團由總會秘書處負責協調工作，直屬香港潮屬社團總會。義工團成立以來，除參與、舉辦多項活動外，並開設培訓班。[44]

在「2017 和 2018 香港義工聯盟傑出義工嘉許禮」中，總會的義工也獲得嘉許。2017 年 5 月 19 日至 21 日，總會義工團組織近百名義工，由團長馬介欽帶領前往佛山、順德交流訪問，並舉行培訓班。這是總會持續幾年舉辦的一項重要義工交流活動。[45] 2019 年 9 月 6 日至 8 日，本會義工團組織近百名義工，由團長馬介欽主席、副團長許瑞勤名譽顧問帶領，前往東莞交流訪問並進行培訓。[46]

青年工商界基本法座談會

2015 年是《香港基本法》頒佈二十五周年，香港青年工商界以「基本法與社會繁榮穩定」為主題，於潮州會館舉行座談會。香港潮屬社團總會主席陳幼南致辭表示，《基本法》作為香港實行「一國兩制」的根本法，在頒佈二十五年後的今天，意義更加重大，繼續推廣《基本法》，讓社會各界尤其是青年人準確認識其內容，是充分發揮《基本法》的作用、保持香港獨特優勢的關鍵。

這個座談會由香港潮屬社團總會青年委員會、香港中華總商會青年委員會等十四個社團和商會的青年委員會合辦，提供一個正確理解《基本法》的

---

44 〈潮屬義工團交流經驗傳關愛〉，《文匯報》，2015 年 1 月 7 日，頁 A14。
45 〈潮總義工赴佛山順德交流訪問〉，《香港潮屬社團總會會訊》新 15 期（總第 29 期，2017 年 7 月），頁 4。
46 〈本會義工團赴東莞交流訪問〉，《香港潮屬社團總會會訊》新 24 期（總第 38 期，2019 年 10 月），頁 31。

機會，對廣大青年起了正面作用。出席座談會的講者包括基本法推廣督導委員會工商業界工作小組羅德慧，香港商務及經濟發展局副局長梁敬國，港區全國人大代表、香港基本法委員會委員譚惠珠，港澳基本法研究會會長、清華大學法學院院長王振民教授等。[47]

潮屬婦女界聯誼活動

2015 年 7 月，香港潮屬婦女界慶祝香港回歸十八周年聯誼晚會假中環馬車會所舉行，香港基本法委員會副主任梁愛詩擔任主禮嘉賓，香港潮屬社團總會主席陳幼南、副主席林鎮洪及馬介欽、秘書長方平、婦委會主任陳愛菁等婦委姊妹逾百人喜慶香港回歸十八年，氣氛歡快熱烈。

陳愛菁致辭時說，這是香港潮屬社團總會婦委會的一次重要和有意義的活動，既可凝聚潮籍婦女的力量，也可加強各屬會婦女部的合作，提高潮籍婦女的積極性，發揮潮籍婦女「半邊天」的作用。她又表示，香港各界潮籍精英眾多，在專業界、服務界、行政隊伍裏都不乏擔任要職的女性，是維護香港繁榮穩定的重要生力軍。2015 年獲特區政府授勳的女士，包括會董陳偉香榮獲銅紫荊星章、常董顏吳餘英榮獲榮譽勳章、常董莊偉茵獲委任太平紳士，這既是她們的榮譽，也是潮籍鄉親的榮譽。展望未來，潮屬總會婦委會和各屬會婦女部將繼續攜手，為潮籍婦女創造更多更有利的條件，支持潮籍婦女在各方面取得更大更好的成績。

梁愛詩亦表示，香港潮籍人才輩出，團結拼搏，愛國愛港愛鄉，為國家和香港作出貢獻。她希望大家繼續努力，建設和諧社會。陳幼南希望潮屬總會婦委會與各屬會婦女部保持緊密聯繫，互相鼓勵，形成一股正面積極的力量，進一步提高潮籍婦女的影響力。[48]

---

47 〈香港潮屬社團總會新聞——港青年工商界座談基本法〉，網址：http://www.fhkccc.org.hk/fhkccc/newsshow.asp?id=207。

48 〈潮屬婦女界聯誼慶回歸〉，《文匯報》，2015 年 7 月 16 日，頁 A17。

首屆中國（深圳）華人華僑產業交易會

2015 年 8 月，首屆中國（深圳）華人華僑產業交易會在深圳會展中心舉辦，設有六大專業展區，包括文化旅遊、特色貿易、地產、高新科技、金融和產業園。來自二十八個國家和地區的近三百家海外企業，攜二千七百個參展項目參與展出。交易會由深圳市僑商智庫研究院聯合香港中國商會、香港潮屬社團總會、國際潮籍博士聯合會等四十家海內外社團主辦。

香港潮屬社團總會主席陳幼南應邀出席了交易會，陳幼南表示，國際潮籍博士聯合會、國際潮團總會、香港潮屬社團總會及國際潮青聯合會攜手積極推介海外資源和項目，為有意開拓商機的會員及其企業提供投資機會，金融、建築、法律、生物、計算機等不同領域的成員，都積極參與這個交易會。[49]

舉辦 2015 年「香港潮州節」

為了促進香港與內地的交流，讓本港市民更了解家鄉潮汕的傳統文化和新近發展，香港潮屬社團總會於 2015 年 10 月 8 日至 12 日在中環遮打花園舉辦「香港潮州節」活動，包括展示潮汕文化、品嚐潮汕美食以及多種文藝表演等。在活動舉行之前，總會主席陳幼南聯同常董、副秘書長張敬川、會董陳德寧，總幹事林楓林等，於 7 月間專程前往汕頭、潮州、揭陽三市，實地考察有關工藝品、美食及表演節目，逐一篩選參展產品，安排有特色的傳統文藝表演，並邀請著名和具代表性的食肆赴港參與活動。

陳幼南表示，這是香港潮屬團體第三次舉辦潮州節，首次以工藝及表演為重點，第二次以美食為重點，這次總會舉辦的潮州節把工藝、美食及表演藝術三者結合起來。汕頭市委常委、統戰部部長馬逸麗，潮州市委常委、統戰部部長徐和及副部長黃德發，揭陽市委統戰部副部長鄧榮賢等，陪同到各處實地考察。[50]

10 月 8 日的開幕式，邀請到政務司司長林鄭月娥、中聯辦副主任林武、

---

49 〈陳幼南等潮團首長赴深僑交會〉，《文匯報》，2015 年 8 月 20 日，頁 A16。
50 〈潮總潮汕考察，籌備 10 月潮州節〉，《文匯報》，2015 年 7 月 18 日，頁 A12。

立法會主席曾鈺成擔任主禮嘉賓；為期五日的「香港潮州節」，吸引了超過十萬人參與。此次活動的成功舉辦，對於凝聚在港潮人、擴大潮州人在港的影響力，以及弘揚潮州人克苦耐勞、勇於拼搏的精神，具有正面和積極的意義。

第二屆香港潮州節的盛況

2017 年 12 月 6 日至 10 日，第二屆香港潮州節一連五天在中環遮打花園舉行，以「不忘初心，潮拼香江」為主題，同時是慶祝香港回歸祖國二十周年的壓軸好戲。本屆潮州節由香港潮屬社團總會主辦，汕頭海外聯誼會為支持機構，汕頭市餐飲業協會聯同本港三十八個潮屬團體同時協辦此次活動。政務司司長張建宗、財政司司長陳茂波、中聯辦副主任林武、民政事務局局長劉江華等出席開幕式並主禮，總會主席陳幼南及監事會主席林建岳偕會董會首長，歡迎來自世界各地及香港各界的人士和潮籍鄉親。

陳幼南致辭表示，本屆潮州節表達了廣大潮籍鄉親對於香港回歸祖國的歡欣鼓舞心情。林建岳指出，潮州節立足香港，貼近市民，希望年青一代薪火相傳。張建宗強調，特區政府十分支持繁榮香港經濟、團結全港市民的活動，這既有利營造社會和諧穩定，亦可增進各族群的團結。[51]

第二屆香港潮州節的主要活動和內容包括文藝表演、潮汕美食、行業展示、功夫茶藝等等。總會主辦的「講港潮人」，邀請鄭寶鴻、周佳榮、胡松炎與聽眾談論香港潮人發展情況。《第二屆香港潮州節紀念特刊》（2017年），詳細介紹了活動內容；中央電視台、《人民日報》、新華社、廣東電視台、中國新聞社、中國通訊社、中國評論社，以及本港各家電台、電視台和眾多網媒、平面紙媒，包括《大公報》、《東方日報》、《頭條日報》、《星島日報》、《商報》、《蘋果日報》、《文匯報》、《紫荊雜誌》等都有大量報道。

---

51 〈不忘初心，潮拼香江〉，《香港潮屬社團總會會訊》新 17 期（總第 31 期，2018 年 1 月），頁 4−5。

「潮拼天下」頒獎禮

2016 年 3 月 21 日，香港潮屬社團總會於金鐘 JW 萬豪酒店三樓宴會廳舉辦「潮拼天下」2016 慈善晚會，由政務司司長林鄭月娥及中聯辦副主任林武擔任主禮嘉賓，九位「潮拼天下」2016 得獎者與五百多位嘉賓出席，濟濟一堂，共慶香港潮人盛事。專為此次活動而設立的「創意創新基金」，當時即籌得 680 萬善款（已扣除活動支出費用）。有數十家媒體報道了活動盛況，成為城中熱話。

「潮拼天下」2016 九位得獎者分別是：王惠貞、朱鼎健、林順潮、陳志明、陳智思、楊玳詩、劉鳴煒、鄭秀文及盧煜明。本會舉辦「潮拼天下」活動，旨在褒獎新一代潮人，傳承拼搏精神，讓香港市民認識新一代潮人嶄新面貌。陳幼南主席也宣佈成立「創意創新基金」。基金會已獲黃光苗、紀海鵬、馬介璋及黃楚標等多位首長率先捐款支持，晚宴上，也有善長仁翁捐贈珍貴物品予以拍賣，籌得款項悉數撥入基金。[52]

2019 年 6 月 18 日，香港潮屬社團總會於海洋公園萬豪酒店宴會廳舉辦第二屆「潮拼天下」頒獎禮。中聯辦副主任何靖、立法會主席梁君彥、中聯辦九龍工作部部長郭亨斌擔任主禮嘉賓；立法會議員、區議會議員、傳媒高層等近八百嘉賓、首長及七位得獎傑出潮人，濟濟一堂，共慶香港潮人盛事，見證香港潮人為國家、為香港作出的卓越貢獻。

「潮拼天下 2019」得獎者分別為：李慧詩、林宣武、林家禮、林國良、郭英成、陳峰和楊千嬅。這些屹立於香港政商學界、科技演藝圈的潮人，都年輕有為，是一代天驕，他們以「潮拼天下」的精神，為社會帶出了一股正面、積極的風氣，垂範而備受追隨。[53]

「賞心樂事 Together」美食文化節

2016 年 4 月 16 日至 21 日，香港潮屬社團總會聯同梅州、福建、僑界、

---

52 〈本會首辦「潮拼天下」頒獎禮〉，《香港潮屬社團總會會訊》新 10 期（總第 24 期，2016 年 4 月），頁 9。

53 〈「潮拼天下 2019」頒獎禮〉，《香港潮屬社團總會會訊》新 23 期（總第 37 期，2019 年 7 月），頁 9。

廣西、廣東等六大社團，在維多利亞公園舉辦「賞心樂事 Together」美食文化節，活動吸引了超過二十三萬人次參加。行政長官梁振英、政務司司長林鄭月娥、中聯辦主任張曉明及副主任林武等為活動主禮，林鄭月娥在開幕式致辭表示，這次活動展示了各社團那份濃厚的鄉情，以及愛國、愛港、愛鄉的精神，亦是香港多元文化的體現，為社會注入正能量。

香港潮屬社團總會在這次活動中，除了邀請多間潮汕百年老字號食肆提供潮汕美食予市民品嚐和購買外，還邀請汕頭市歌舞團表演精彩節目，現場的潮州工夫茶道演示及潮州工藝展示，吸引不少市民駐足觀看。上述各項活動，展現了潮人的優良傳統和豐富多姿的潮汕文化。

「出花園」系列活動

「出花園」儀式一般會在農曆三、五、七月，甚至七月初七舉行，孩子會在浸有十二種不同鮮花的水沐浴，其後紮上紅肚兜，腰兜裏壓着十二顆桂圓和兩枚銅錢，並穿上外婆送上的新衣裳和紅木屐。之後需拜祭神，完畢後扔掉香爐碗，並咬雞頭，其後吃有寓意的食物，例如象徵長壽的麵條等。

2017 年 5 月 26 日，香港潮屬社團總會舉行記者招待會，主席陳幼南表示，總會與屬會三十八個青委會合辦「出花園」系列活動，歡迎全港市民一起參加。青年委員會主席張俊勇表示，希望香港新生代藉此認識潮州傳統習俗。會董胡炎松介紹說，「出花園」儀式是潮人地區的一項成年禮，意即孩子到十五歲便成年，要有承擔和使命感。[54]

香港潮屬社團總會於 2017 年 7 月至 12 月舉辦以「感恩、承擔」為主題的「出花園系列活動」，包括「微電影比賽」、「足球大賽」、「親子障礙賽」及「才藝大賽」，以宣揚潮州文化，令社會對有關傳統習俗加深認識，同時希望大家親身體驗潮州文化樂趣。

「成長盃」足球大賽於 2017 年 8 月 5 及 6 日在荃灣沙咀道足球場舉行，歡迎十三至十五歲少年參加。計劃共分三個組別，每組別十二隊，共三十六隊參加。民政事務總署署長謝小華、中聯辦新界工作部副部長張肖鷹等應邀

出席，與總會主席陳幼南及一眾首長一齊主持啟動儀式。啟動禮後隨即舉行「成長盃」七人足球大賽的首場比賽，由「香港潮屬社團總會明星隊」迎戰「和富大埔明星隊」，比賽戰況激烈，一番龍爭虎鬥，一眾觀戰的嘉賓皆拍手叫好。

謝小華致辭時讚揚潮屬社團總會的活動做到了「傳統」與「新穎」的完美融合，吸引不少青少年的參與支持。她說，是次活動，以潮州風俗「出花園」作為載體，既能讓青少年感受到潮汕傳統文化，也展示了社會對青少年的愛護，希望他們學會感恩、承擔社會責任。她並感謝潮屬社團總會一直以來對特區政府及地區活動的大力支持，為社會的和諧融洽、青少年的健康發展作出了積極的貢獻。[55]

2018 年繼續舉辦「出花園」系列活動之「國慶盃」五人足球大賽，藉以增強和凝聚青少年的活力，培養青少年的愛國愛港情操，成為有責任感、有志氣的一代新人。今年共有七十二支隊伍參加，主賽及備賽青少年球員共七百二十人，比賽氣氛十分激烈，龍爭虎鬥，高潮疊起，展示了青少年茁壯成長，不畏艱苦，勇往直前的大無畏精神。10 月 1 日隆重舉行頒獎典禮，主禮嘉賓為民政事務總署署長謝小華，中聯辦新界工作部副部長張肖鷹，中聯辦港島工作部副部長陳旭斌，立法會議員陳恒鑌，中聯辦九龍工作部處長沈燕雄。本會主席陳幼南，副主席陳愛菁，常務會董、青委主席張俊勇，會董、青委副主席兼總統籌黃詠霖，會董、青委副主席吳靜玲，青委副主席余奕雄、陳義光，會董藍國浩、羅少雄，教練陳華堂、陳思俊，以及眾多同仁、鄉親等蒞臨現場，場面熱烈，氣氛高漲。[56]

2019 年 7 月 26 日舉辦「2019 出花園成人禮儀式」，特別邀請來自汕頭、澳門和本港的少年，以潮汕地區傳統「出花園」風俗的儀式，為廣大潮籍鄉親和市民展示這一獨特的潮州風俗，藉以加深市民對潮汕傳統文化的認

---

55 〈潮總「出花園」活動啟動〉，《香港商報網》，2017 年 8 月 8 日，網址：https://www.hkcd.com/content/2017-08/08/content_1060217.html。

56 〈青委辦「出花園」之「國慶盃」五人足球大賽〉，《香港潮屬社團總會會訊》新 21 期（總第 35 期，2019 年 1 月），頁 15。

識，並在弘揚潮汕文化的同時傳承中華美德。[57]

「出花園」之賀國慶七十周年五人足球大賽頒獎典禮，於 2019 年 7 月 27 日假新界荃灣沙咀道遊樂場舉行。民政事務總署署長謝小華，中聯辦九龍工作部副部長王小靈，康文署高級經理鄭國權，汕頭市委統戰部副部長陳爍煥、金園區委統戰部部長丁丹霞，副主席莊健成，常務會董、青委主席張俊勇，會董、青委副主席吳靜玲，會董、青委副主席兼總統籌黃詠霖，教練陳華堂、陳思俊等出席主禮。

今年參賽隊伍共八十支，並增設女子組，主賽和備賽的青少年球員達八百人，賽後與汕頭代表隊舉行友誼賽。比賽設立多項個人獎，另有各界別冠亞季殿等獎項。[58]

「自強不息」系列分享會

2017 年 9 月 5 日，本會婦女委員會在港島香格里拉酒店舉辦主題為「自強不息、追求卓越」的午餐分享會，邀請了食物及衛生局局長陳肇始及香港小交響樂團音樂總監葉詠詩擔任主講嘉賓，分享她們的成功經驗。

主席陳幼南致辭時表示，是次午餐分享會機會難得，可以讓婦委會各位姊妹領略婦女面對家庭和事業，如何取得兩者的和諧與發展。他讚揚婦委會自成立以來，與三十八個屬會建立了緊密的合作關係，帶領潮籍婦女在支持特區政府依法施政，為社會和諧穩定而出力。不少潮州婦女在各行各業做出成績，受到各界認同和讚賞，成為佼佼者。未來，總會將繼續支持婦委會工作，凝聚婦女力量，共同為香港作出更大的貢獻。

本會副主席兼婦委會主任潘陳愛菁表示，婦委會以重視和鼓勵潮籍婦女「自強不息，追求卓越」為目標，以社會精英為榜樣，以「潮拼天下」為動力，激發了廣大潮籍婦女的熱情和幹勁。本屆婦委會致力宣傳潮州婦女拼搏敢為的精神，以取得事業家庭內外兼顧的成績；通過舉辦精英分享會活動，讓姊

57 〈舉行「出花園」五人足球賽頒獎禮〉，《香港潮屬社團總會會訊》新 24 期（總第 38 期，2019 年 10 月），頁 27。

58 〈舉辦「二〇〇九出花園成人禮儀式」〉，《香港潮屬社團總會會訊》新 24 期（總第 38 期，2019 年 10 月），頁 28。

妹們汲取成功人士拼搏奮鬥和建構和諧家庭的豐富經驗。她相信通過陳肇始局長和葉詠詩博士的演講，一定能激勵大家更好服務社會的信心。

陳肇始在演講中對比了自己在香港大學的工作與進入政府後接觸的工作，表示政府工作讓她的眼界得以開拓。她說，無論在甚麼崗位上工作，使命感是很重要的推動力，未來將着重提升婦女健康及強化基層醫療健康。

葉詠詩向大家介紹了自己作為指揮家與音樂總監的工作，她表示學音樂的人比較獨立、自我，但是工作崗位讓她需要走出自己的音樂世界與人互動溝通，她一直沒有停止學習處理人際關係。她感歎現在女性需要有更強的multi-task能力，才能兼顧事業與家庭。中聯辦九龍工作部副部長王小靈、仁愛堂主席李愛平、仁濟醫院主席嚴徐玉珊，以及逾百名潮籍婦委出席了分享會。[59]

2018年10月29日舉行「自強不息、創建未來」午餐演講會，中聯辦九龍工作部副部長王小靈、教育局副局長蔡若蓮博士、警務處副處長趙慧賢，仁愛堂主席羅台秦；潮總主席陳幼南，副主席兼婦女委員會主席潘陳愛菁，永遠名譽主席蔡衍濤，青委主席張俊勇等出席活動。

不少潮州婦女在各行各業做出了顯著成績，受到各界認同和讚賞。婦女委員會自從成立以來，與四十一個屬會建立了緊密的合作關係，為社會和諧穩定、經濟繁榮昌盛出力。演講會對吸引和鼓勵廣大潮籍婦女認同潮拼天下的可貴精神，起着積極的促進作用。婦女委員會自從成立以來，在總會各位首長的支持和帶領下，以重視和鼓勵潮籍婦女自強不息為目標，以社會精英為榜樣，以潮拼天下為動力，激發了全體婦委成員的熱情和活力。

蔡若蓮和趙慧賢表示，面對充滿挑戰的未來，很需要有自強和主動的精神，要與時並進，認真學習，自強不息，有正面積極思維，就會無往而不利，就能夠創造出優異的成績。[60]

---

59 〈潮總婦委辦自強不息分享會〉，《香港商報網》，2017年9月7日，網址：https://www.hkcd.com/content/2017-09/07/content_1063941.html。

60 〈婦委辦「自強不息、創建未來」午餐分享會〉，《香港潮屬社團總會會訊》新21期（總第35期，2019年1月），頁19。

總會「優惠卡」計劃

2017 年 6 月 19 日，香港潮屬社團總會舉辦簡報會，推出「優惠卡」計劃，為十多萬會員和義工提供服務。優惠卡計劃召集人、總會副主席馬介欽表示，已動員了港澳和內地一百一十一家商戶，銷售點達到六百二十二個，提供優惠的商品及服務包括衣食住行各方面。[61]

「萬人盆菜·寒冬送暖」的敬老活動

2018 年 1 月 13 日，香港潮屬社團總會以「萬人盆菜·寒冬送暖」為主題，透過屬下香港區潮人聯會、九龍東潮人聯會、九龍西潮人聯會、新界潮人總會一起舉辦港九新界敬老關愛盆菜宴，邀請三萬多位潮籍鄉親共享盆菜，總共三千零八十席，成為香港最奪目的敬老關愛活動。總主場設於香港堅尼地城西寧街足球場，行政長官林鄭月娥、中聯辦副主任何靖等與總會首長出席了啟動儀式；總會首長並於各區主場主持儀式，贈送「利是」予逾九十高齡以上長者。[62]

在舉辦這項活動當日，總會義工隊的廣大義工在諸位首長帶領下，深入屋邨和社區，為眾多長者及獨居老人等有需要人士送上豐富而實惠的福袋，送暖進萬家，受到熱烈歡迎。[63]

---

61 〈潮總辦優惠卡計劃簡報會〉，《香港潮屬社團總會會訊》新 15 期（總第 29 期，2017 年 7 月），頁 12－13。

62 〈萬人盆菜·寒冬送暖〉，《香港潮屬社團總會會訊》新 18 期（總第 32 期，2018 年 4 月），頁 4－5。

63 同上註，頁 13。

1

2

<u>1</u> 林鄭月娥在第九屆潮屬社團總會會董就職典禮致辭（2018 年 5 月 23 日）

<u>2</u> 在第七屆潮屬社團總會會董就職典禮上李嘉誠（前排左五）與潮籍首長合照（2014 年 8 月 19 日）

<u>3</u> 梁振英向第七屆潮屬社團總會會長陳幼南頒授主席證書（2014 年 8 月 19 日）

<u>4</u> 陳幼南（左）與林建岳（右）親自迎迓李嘉誠出席第八屆潮屬社團總會會董就職典禮（2016 年 7 月 7 日）

<u>5</u> 第八屆潮屬社團總會會董就職典禮啟動禮合照（2016 年 7 月 7 日）

<u>3</u>　　　　<u>4</u>

<u>5</u>

第九屆潮屬社團總會會董就職典禮祝酒儀式（2018 年 5 月 23 日）

第三章 | 弘揚文化
潮汕地區建置歷史及傳統精神

香港潮屬社團總會的宗旨之一是弘揚文化，具體地說，就是推廣潮汕文化和傳承潮汕精神，作為團結潮人、凝聚力量和敦睦鄉誼的根基和支柱。本地年長一輩鄉親，或已離開家鄉多年，對潮汕新近的發展宜多了解，便到家鄉探親和旅遊；潮籍年輕人對潮汕地區的歷史文化、風俗習慣，則每每缺乏認識，更應時常前往參觀考察，追本溯源，切身體驗，藉此學習潮汕文化的精髓。[1]

潮州人的祖先多從中原遷移到來，潮州因而保存了古代漢族文化，潮語中保留了最多最遠的古代漢語音韻、詞彙和語法，便是明顯的例子。在一方面，潮州人繼承了華夏民族敬祖重親的宗法傳統，敬祖使人們雖遠離鄉土而猶心存根本，重親使人們寄居異地而能團結自衛；另一方面，人們為了安居樂業，可以不理世事，講究生活，各家自掃門前雪。潮州人對內和對外的表現往往有所不同，大抵與此有關。論者指出，無論他們彼此之間有多少恩怨，但在對外問題上總是團結一致的，由此養成一種剛勁的民風。這種堅強的內聚力和認同感，明清以來因人口劇增、土地有限而要遠走異國他鄉的高潮中而進一步有所加強。[2]

潮州濱臨大海，近代人口膨脹造成生活困難，致使不少潮州人到海外謀生，稱為「過番」；潮州人主要是到南洋一帶，甚至遠赴歐美，賺了錢就寄回家鄉，供養父母和妻兒。在海外經商而成巨富的人，往往不惜重金在家鄉大興土木，影響之下，亦形成一種競比奢豪的心態。近代潮汕地區建築精緻華麗的雕飾裝潢，就是這種心理現象的反映；不過也因此留下了富有特色的潮汕民居建築工藝和民間地方工藝美術，使潮汕地區的文化藝術得以傳承和發揚。

1　陳澤泓著《潮汕文化概況》（廣州：廣東人民出版社，2001年）一書，對潮汕地區與潮汕文化、潮汕民系、潮汕方言文化、潮人民性、潮人經濟、潮汕風俗、飲食文化、潮汕建築都有較詳細的論述，有興趣的讀者可以用來參考。
2　司徒尚紀主編《中國地域文化通覽・廣東卷》（北京：中華書局，2014年），頁509 — 510。

第一節　潮汕地區歷來縣市建置的變遷

歷代潮州縣市的建置

潮州作為中國的一個地方行政單位，是在一千四百多年前，「以潮水往復，因以為名」[3]。自古以來，潮州曾經是州名、路名、府名，在不同的年代，地域範圍時有伸縮。隋朝於 591 年（開皇十一年），分循州置潮州，治海陽縣（今廣東省潮州市），607 年（大業三年）改義安郡。唐朝於 621 年（武德四年）復為潮州，轄境相當現時廣東梅州市、汕頭市所轄地區（興寧、五華二市、縣除外）。天寶（742 — 756 年）、至德（756 — 758 年）時，曾改為潮陽郡。[4]

五代十國時的南漢（917 — 971 年）割今梅州市及梅縣、平遠、蕉嶺等三縣地，置敬州（宋代改為梅州），轄境縮小。兩宋時期（960 — 1279 年），屬廣南東路。元朝於 1279 年（至元十六年）升為潮州路，治海陽縣；轄境相當現時廣東大埔、豐順、揭西三縣以東地，屬江西行省。明朝於 1369 年（洪武二年）改為潮州府，治海陽縣；同年，廢梅州來屬。轄境相當現時廣東梅州市和汕頭市及所轄縣（興寧、五華二市、縣除外），屬廣東。清朝於 1733 年（雍正十一年）割今梅州市及梅縣、平遠、蕉嶺三縣地，置嘉應直隸州，轄境縮小。[5] 明清以降，至民國初年，潮州各縣建置大體上已形成，其概略情況如下：

（一）**潮安縣**——漢時屬揭陽縣地，晉初置海陽縣，413 年（義熙九年）為義安縣治。隋時，607 年（大業三年）又改為海陽縣。1914 年（民國三年），易名潮安縣。

（二）**潮陽縣**——漢時屬揭陽縣地，晉初置潮陽縣，以在大海之北而得名，屬義安郡。唐時，於 621 年（武德四年）屬潮州；宋時

3　唐代李吉甫撰《元和郡縣圖志》，今本作《元和郡縣志》（北京：中華書局，1983 年）。

4　《中國歷史大辭典》下卷（上海：上海辭書出版社，2000 年），〈潮州〉條，頁 3203。

5　《中國歷史大辭典》下卷，〈潮州路〉及〈潮州府〉條，頁 3204。

於 1132 年（紹興二年）併入海陽，1138 年（紹興八年）復潮陽縣。

（三）**揭陽縣**——潮州各縣名以揭陽為最大，公元前 214 年（秦始皇三十三年）即有此名，但非置縣，僅為戍所，稱揭陽嶺。漢武帝時，於公元前 111 年（元鼎六年）平南越，始正式置縣，屬南越。新莽時改為南海亭，東漢屬南海郡。晉時，公元 413 年（義熙九年）併入海陽縣。宋時於 1121 年（宣和三年）脫離海陽置縣；1131 年（紹興二年）再廢，1137 年（紹興八年）又恢復。

（四）**饒平縣**——明憲宗時，1477 年（成化十三年）因汀、漳叢嶺險阻，盜寇嘯聚，乃割海陽三饒（上饒、中饒、下饒）地區，以太平鄉的宣化、信寧二都為基本，再加其他弦歌等五都，獨立置縣，取三饒太平之義，定名為饒平縣。

（五）**惠來縣**——漢時為揭陽地，晉、隋屬海陽縣，唐初併入潮陽縣；明時，於 1524 年（嘉靖三年）割潮陽的惠來都及海豐縣的龍江都等，合五都置惠來縣。

（六）**大埔縣**——漢時屬揭陽縣地，晉時，於 413 年（義熙九年）置義招縣，屬義安郡。隋時，於 607 年（大業三年）改為萬川縣；唐時，於 621 年（武德四年）併入海陽縣。明時於 1526 年（嘉靖五年）割出饒平縣北部的灤州、清遠二都置縣，以自茶山之麓，彌望平原，埔地寬闊，故名大埔縣。

（七）**澄海縣**——漢時屬揭陽縣地，晉以後屬海陽縣。明時，於 1563 年（嘉靖四十二年）割海陽縣懷德鄉的上、中、下外莆三都，揭陽延德鄉的蓬州、鱷浦、鮀江三都及饒平的蘇灣一都，合併建縣，蓋取海宇澄清之義，定名為澄海縣。清時，於 1666 年（康熙五年）遷界，全縣被裁，1668 年（康熙七年）又恢復縣治。

（八）**普寧縣**——漢時屬揭陽縣地，晉時屬海陽縣。明時，由揭陽割黃坑都，潮陽割戎水、烏洋，合三都建置新縣，初名普安，取普

遍安寧之義；1583 年（萬曆十年）縣境有所變動，遂改名為普寧。後領域歷有變遷，名字則沿用至今。

（九）豐順縣——漢屬揭陽縣地，晉時屬海陽縣。明時，為海陽豐順都；隆慶年間（1567 — 1572 年），築城湯田設通判府。清時，於 1738 年（乾隆三年）割海陽縣的豐政都，並以嘉應、大埔、揭陽、饒平諸縣近田糧户以益之，仍其舊城置豐順縣。

（十）南澳縣——明代以前稱南澳島，屬海陽縣信寧都；1477 年（成化十三年）置饒平縣時，屬饒平；1576 年（萬曆四年）設南澳鎮，劃雲澳、青澳歸福建詔安，隆澳、深澳仍屬饒平。清時，於 1732 年（雍正十年）改南澳廳，設海防同知（軍民府）。1912 年（民國元年）改南澳縣，屬潮州。[6]

近百年來潮汕的變化

1911 年辛亥革命爆發，翌年，中華民國成立，清朝宣告結束。民國時期，有汕頭市和南山管理局之設。汕頭市昔年為韓江出口的漁村，原名沙汕頭。明時於 1370 年（洪武三年）置鮀浦司，屬揭陽縣；1563 年（嘉靖四十二年）改屬澄海縣。清朝於 1858 年（咸豐八年），《中英天津條約》訂定開汕頭為中外通商口岸，稱汕頭埠。1921 年（民國十年）脫離澄海獨立，置市政廳，並得礐石劃入管轄，直屬廣東省長公署。1929 年（民國十八年）改稱汕頭市，屬潮州。在民國時期，潮汕地區的行政中心轉到汕頭。伴隨着汕頭的興起，而有「潮汕」一詞的出現。概括地說，汕頭是潮汕地區近現代文化的代表和中心，潮州則是自古以來傳統文化的中心，同是潮汕平原上互相輝映的文化雙璧。[7]

南山位於潮陽之南，惠來之北，在普寧的東南端，雖以山為名，但山不

6　〈潮州各縣沿革誌略〉，《潮僑通鑑》第四回（香港：潮州通鑑出版社，1969 年），頁 1 — 4；周佳榮著《香港潮州商會九十年發展史》（香港：中華書局，2012 年），頁 29 — 30。

7　司徒尚紀主編《中國地域文化通覽・廣東卷》，頁 512。

粵東四市圖

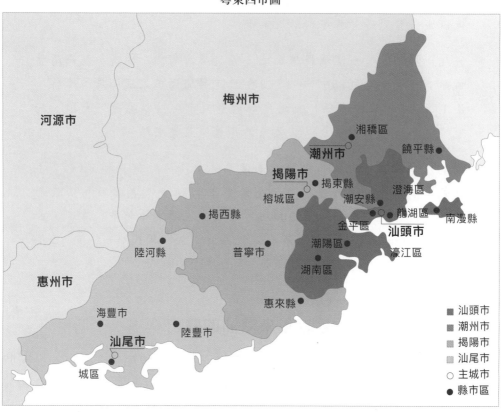

高，唯崎嶇嶮巇，有險可憑。1927 年（民國十六年），盜匪盤踞其間，居民多被蹂躪殺害，政府派兵圍剿，經數年方告蕩平。1935 年（民國二十四年），廣東省政府劃撥潮、普、惠三縣部分土地設管理局於林招鄉，後改設兩英墟。

　　1949 年中華人民共和國成立後，於 1953 年析潮安城區設潮州市，1958 年撤銷，1979 年復設市，1983 年潮安縣併入潮州市，1986 年潮州市列為全國歷史文化名城。現時的潮州市是潮汕平原農產品集散中心，工業有電子、機電、機械、皮塑、製藥等，以抽紗、刺繡、木雕等工藝品著名，「潮州蜜柑」是其特產。名勝古蹟有西湖、韓山、湘子橋、開元寺、韓文公祠、

表 3-1　粵東四市概況

市名	面積	常住人口	政府所在地	轄區
潮州市	3,146 平方公里	265.08 萬（2018 年）	楓春路	湘僑區、潮安縣區、饒平縣，另設楓溪區管委會
汕頭市	2,064 平方公里	557.92 萬（2016 年）	躍進路	金平區、龍湖區、澄海區、濠江區、潮陽區、潮南區、南澳縣
揭陽市	5,240.5 平方公里	608.6 萬（2017 年）	榕城區東山臨江北路	榕城區、揭東區、惠來縣、揭西縣，代管普寧市，設藍城區管理委員會、揭陽空港經濟區、普寧華僑管理區、大南山華僑管理區、大南海工業區
汕尾市	5,271 平方公里	305.33 萬（2018 年）	汕尾大道	市城區、海豐縣、陸豐市、陸河縣、紅海灣經濟開發試驗區、華僑管理區

金山北閣佛燈等。[8]1981 年 11 月，設汕頭經濟特區；1991 年，調整潮汕地區行政區劃，分設汕頭、潮州、揭陽三個地級市。潮州市、汕頭市、揭陽市，合稱「潮汕三市」。汕尾曾於 1927 年設市，1950 年設汕尾鎮；1988 年撤海豐縣，設汕尾市（省地級），與潮汕三市合稱為「粵東四市」，更全面地展示出潮汕地區的新貌（表 3-1）。[9]

8　《辭海》（上海：上海辭書出版社，2000 年），〈潮州〉條，頁 2772；萬里編圖組編《廣東省地圖冊》（香港：萬里機構・萬里書店，2006 年），〈汕頭〉、〈汕尾〉，頁 36、124。

9　關於潮汕地區概況，可參考陳歷明、劉平〈潮汕〉，《潮汕百科全書》（北京：中國大百科全書出版社，1994 年），頁 1—18；地圖方面，以《廣東省地圖冊》（廣州：廣東省地圖出版社，2011 年）較便入手。

潮州市概況

潮州是國家級歷史文化名城。古色古香的房屋、祠堂、街道和斑駁的城牆，使人深深體會到歷史氣息和古典美感，常有建築學者到此考察古代建築的精湛技巧。隋朝開皇十一年（公元591年）置潮州，因臨大海，潮流往復，故名。自此成為歷代郡、州、路、府治所在地。潮州文物古蹟共有七百多處，其中廣濟橋（湘子橋）、許駙馬府是中國重點文物保護單位，另有開元寺、韓文公祠、西湖等風景名勝。1991年建潮州市（省轄市），轄湘橋區和潮安、饒平二縣。

（一）**湘橋區**——是潮州的政治、經濟、文化中心，區內有中國四大古橋之一的湘子橋，因而得名，潮劇、潮州音樂、潮州工夫茶、潮式涼果、潮州菜等名聞遐邇。名勝古蹟眾多，主要有廣濟橋（湘子橋）、許駙馬府、筆架山潮州窯遺址、開元寺、鳳凰台、葫蘆山摩崖石刻、韓文公祠、金山古松等。

（二）**潮安縣**——縣城處於汕頭、潮州、揭陽三市的「金三角」地帶，是廣東省著名的農業高產區，彩塘鎮有「中國不鏽鋼製品之鄉」的稱號，古巷鎮有「中國衛生陶瓷重鎮」的稱號。主要景點有鳳凰山天地、三元塔、白水岩風景區、開溪記摩崖石刻等。

（三）**饒平縣**——明成化十三年（1477年）置饒平縣，取「饒永不瘠，平永不亂」之意，是廣東省著名的僑鄉。三面環山，南臨南海，中為黃岡谷地，多港灣島嶼。特產有四大名茶，名勝古蹟有瑞光書院、大埕所城、鎮風塔等。[10]

---

10 關於潮州市概況，參《廣東》（北京：中國地圖出版社，2014年），頁176—190；此外，可參考《潮州交通旅遊圖》（香港：萬里機構‧萬里書店，2002年）及香港、廣州出版的《廣東省地圖冊》等。

汕頭市概況

　　汕頭市是近代中國最早對外開放的港口城市，有「百載商埠」之譽，被評為「中國優秀旅遊城市」，擅山海之勝，是一個濱海城市，主要名勝有礐石風景區、媽嶼島、青雲岩、龍泉岩、中信渡假村、北回歸線標誌塔等。現時為中國五個經濟特區之一，2003年行政區劃調整後，轄金平、龍湖、澄海、濠江、潮陽、潮南六個區和南澳縣，擁有內地重點文物保護單位三處、省級文物保護單位十七處。

　　（一）**金平區**——是汕頭政治、經濟、文化、商業中心和重要的工業、科技基地，區內的汕頭大學為粵東最高學府；也是汕頭特區水陸交通樞紐的重要門戶，有汕頭港客運站、西堤客運碼頭等一批客貨運輸碼頭。「汕頭新八景」的其中兩景——桑浦山景區、中山公園，是區內的景點。

　　（二）**龍湖區**——是汕頭市金融、商貿、旅遊、餐飲、汽車銷售中心，有林百欣國際會展中心及五星級酒店等；也是交通樞紐，有汕頭國際集裝箱碼頭、深水港碼頭、海灣大橋等。

　　（三）**澄海區**——明嘉靖四十二年（1563年）始建澄海縣，取「澄清海氛」之意。1994年撤縣建市（縣級），2003年撤市設澄海區。是全國著名糧食高產區，亦是廣東省著名僑鄉。有樟林古港遺址、塔山古寺、萊蕪旅遊區等名勝古蹟。

　　（四）**濠江區**——作為汕頭「一市兩城」的南岸中心城區，有明顯的發展優勢，是廣東重要的漁港和原鹽產區，發展海洋經濟的潛力十分巨大。景點方面，礐石、北山灣、龍虎灘等景區。

　　（五）**潮陽區**——是全國著名僑鄉。有較深厚的文化積澱，潮陽英歌、剪紙、笛套音樂被譽為民國藝術三瑰寶，文物名勝眾多，區內有古蹟和旅遊景點一百多處，屬省級重點文物保護單位四處。

　　（六）**潮南區**——以紡織服裝著名，中國紡織工業協會授予峽山街

辦「中國家居服裝名鎮」、陳店鎮「中國內衣名鎮」、兩英鎮「中國針織名鎮」的稱號。森林和海洋資源保護、開發及觀光旅遊相結合，有大南山省級森林公園、翠峰岩市級自然保護區。

（七）南澳縣——清朝雍正十年（1732年）置南澳縣，取「南方泊船之地」的意思；1912年改廳為縣，是廣東省唯一島縣。風電業發展迅速，是亞洲第一大海島風電場。名勝古蹟有宋井、雄鎮關、獵嶼銃城、太子樓、鄭芝龍坊等，青澳灣海灘是理想的海濱旅遊勝地。[11]

揭陽市概況

秦始皇三十三年（公元前214年）置揭陽縣，因境內有揭陽嶺而得名。1991年建揭陽市（省轄市），轄榕城區、揭東區、惠來縣、揭西縣，代管普寧市。榕江經過揭陽市區時，分了一個岔，一支向北一支向南，成為揭陽的北河和南河。老城區在市區西南邊，北河以北是擴建的新城區，市政府機構多集中在臨江北路附近。

（一）榕城區——是揭陽市的中心城區，位於潮汕平原中部，榕江流域中段，宋紹興十年（1140年）開始，榕城就是揭陽縣城，素有「海濱鄒魯」和「水上蓮花」的美譽。屬省級歷史文化名城，有學宮、孔廟、進賢門、禁城、雙峰寺、城隍廟、關帝廟、桂竹園、彭園等名勝古蹟。

（二）揭東區——是廣東省的糧食主產區之一，有「中國竹筍之鄉」的美譽；交通便利，亦為廣東省著名僑鄉。主要景點有桑浦山、黃岐山風景區、翁梅齋墓等。

（三）惠來縣——明朝嘉靖四年（1525年）置惠來縣，因縣治設

---

11 關於汕頭市概況，參《廣東》，頁190—203；此外，可參考《汕頭交通旅遊圖》及香港、廣州出版的《廣東省地圖冊》等。

惠來都，故名。名勝古蹟有海角甘泉、百花尖（莊嚴禪寺）、仙井岩寺等。[12]

（四）**揭西縣**——因縣地大部分為揭陽西境，故名。是廣東省著名僑鄉。名勝古蹟有霖田祖廟、天竺岩寺、廣德庵及龍潭巨瀑等。

（五）**普寧市**——明朝嘉靖四十二年（1563年）置普寧縣，取「普通寧謐」之意。1993年撤縣建市（縣級），是廣東省糧食高產縣（市）之一，有「水果之鄉」的稱譽，亦為著名僑鄉。有普寧蘇維埃政府舊址、大南山石刻革命標語等，是革命老區。

汕尾市概況

汕尾因地處海灘沙壩尾部而得名。清朝時，於1729年（雍正七年）設汕尾巡檢司；1756年（乾隆二十一年），設海豐縣縣丞駐於此。中英鴉片戰爭後，汕尾逐漸成為進出口岸。民國時，1927年（民國十六年）曾設汕尾市。中華人民共和國成立後，於1950年設汕尾鎮；1988年，撤海豐縣設汕尾市（省地級）。現轄市城區、海豐縣、陸豐市、陸河縣等。

千百年來，靠海而居的海陸豐人形成獨特的海洋文化，東邊的潮汕文化、西邊的廣府文化和客家文化都在這裏交融發展，而亦無損汕尾本地的特色。汕尾市是廣東省僑鄉之一，旅居海外和港澳台的汕尾籍同胞多達一百三十多萬人；市內僑眷、港澳台同胞親屬，佔全市人口半數以上。汕尾三面臨海，有「粵東旅遊黃金海岸」之譽。汕尾港是漁港，也是客貨進出口港。

（一）**市城區**——汕尾市轄區即市城區，市區西南臨紅海灣、東臨碣石灣，內陸多丘陵，沿海為沖積台地。

（二）**海豐縣**——東晉時，於331年（咸和六年）始建海豐縣，因海中「水族甚多」、「南海物豐」而得名。南臨南海，沿海多丘

12　關於揭陽市概況，可參考《廣東》，頁203—209；及香港、廣州出版的《廣東省地圖冊》。

陵，中部為平原，西北部群峰起伏。

（三）**陸豐市**——清朝雍正九年（1731 年），撤海豐縣東部置陸豐縣。1995 年，撤縣建市（縣級）。南臨南海，南部為濱海平原台地，中部為邱地帶，北部為北區和半山區。

（四）**陸河縣**——1988 年撤陸豐縣北部地區建陸河縣，因由陸豐分出、縣治河田而得名。西北部山巒連綿，其餘地方以丘陵為主，螺河縱貫縣境，河谷、台地面積不大。是廣東省僑鄉之一。[13]

---

13 關於汕尾市概況，參《廣東》，頁 209 — 215；此外，可參香港、廣州出版的《廣東省地圖冊》及劉莉生、武仲林編著《廈深高鐵玩樂指南》（香港：香港中國旅遊出版社，2014 年）。

第二節　潮汕地區民風習俗和傳統精神

潮州地理環境和居民

　　潮州地理位置獨特，偏在東南隅，又三面環山，一面臨海，平原中分，形成相對封閉的地理環境。具體地說，潮州是位於亞洲大陸東部沿海地區的一塊土地，面對着台灣海峽和南中國海交界處，東北是峰巒起伏的鳳凰山區。韓江從峽谷裏瀉出，流過小小的平原，分成十幾道支流，匯進大海。潮州城就建在峽谷口，背後雲山重疊。在潮州城的西邊，從揭陽城和潮陽城翹首向西北望，高峻綿延的蓮花山脈，像成千上萬的馬匹歡騰簇擁，奔向海邊。這道山脈，成為潮州和省城之間的交通障礙。對於中國大地，潮州地處邊緣；對於廣東一省，潮州也是邊緣。潮州人喜歡說自己的家鄉是「省尾國角」，不管是自嘲還是自詡，用這個詞來說明潮州的地理位置是很準確的。[14]

　　潮汕地區水網密佈，有韓江、榕江、練江三條主要河流：（一）韓江是廣東省僅次於珠江的第二大河，是潮汕地區最大的河流，其上游分為汀江、梅江兩支，在大埔三河壩匯合後稱為韓江；南下直出叢山峽谷，在潮州城下分成北溪、東溪、西溪、梅溪、新津河幾道支流出海，為韓江下游。（二）榕江，是潮汕地區第二大河，發源於陸豐縣百花園，由揭西入普寧，集合十來道小溪水，徑流漸大，繞揭陽城南到雙溪嘴有北河匯入，與南河匯合後由汕頭出海。（三）練江，發源於普寧大南山，向東流入潮陽，有眾多小水來注後流入海門灣。此外，還有黃岡河和龍江。這五條流貫潮汕地區的江河，在河谷和河口沖積成大大小小的平原，面積最大的是韓江三角洲平原，在南方僅小於長江三角洲和珠江三角洲；韓江三角洲平原、榕江平原和練江平原，統稱為潮汕平原。[15]

　　遠在唐代，潮州一帶人口稀少，經濟落後，因而成為流放謫宦之地。著

14　黃挺、陳利江著《潮州商幫》（廣州：暨南大學出版社，2011年），頁1—2。

15　冷東著《東南亞海外潮人研究》（北京：中國華僑出版社，1999年），頁3—4。

名大文豪韓愈（768 — 824 年）[16]，就曾被流放到潮州。韓愈治潮八月，口碑載道，在推動文教事業方面更起了很大的作用，從此潮州讀書的人漸多，並且注重文章和品行的修養。[17] 隨着時間的推移，到了清代，潮州已是「嶺表諸郡莫之與京」的大都會，「商旅輻湊，人煙稠密」，俞蛟（1751 — ？年）著《潮嘉風月記》云：「繡帷畫舫鱗接水次，月夕花朝鬢影流香，歌聲夏玉，繁華氣象百倍秦淮。」[18] 清代中葉以前，中原移民主要由福建等地輾轉來到潮州；歷任官潮州者，亦以閩籍官員居多。因此潮州既有閩南經濟、文化色彩，而又不乏本身的特色；其地既有利於中原古老文化的保留和積澱，又因位於東南沿海地區，與海外有千絲萬縷的聯繫，在近代又以汕頭為中心發展出新生事物和社會面貌。[19]

潮汕地區的居民基本上有三種成分：第一種人是原住的海民。他們以海為生，以船為家，古代稱為「蜑民」，靠採蠔、打魚和撐船為生；到了現代，主要是漁民、船民和鹽民。他們信仰海神，最著名的就是被奉為航海保護神的媽祖。第二種人是原住的山民，古代叫百越人，包含很廣，包括發源於鳳凰山上的畬族。他們善農耕，以農作物為主食；其精神寄託是三山國王，也奉為山神，相傳他們是遠古時期帶領人們開闢家園的三兄弟。第三種人是大量的中原移民，包括客家人在內。他們帶來了古老的中原文化，當中有不少人拜關公（關帝），即三國時代蜀漢的名將關羽（？— 219 年）。關公崇拜給商人和商業社會帶來「忠義」觀念，「義」還有一種表現，就是「重承諾」，潮州商人在貿易往來中堅持「誠信」的經營之道。[20] 海民、山民和中原移民

---

16 韓愈，字退之，河南南陽（今河南孟縣南）人。自謂郡望昌黎，或「昌黎韓愈」，世稱韓昌黎。進士出身，曾任國子博士、刑部侍郎等職，因諫阻唐憲宗迎佛骨，被貶為潮州刺史。唐穆宗時，官至吏部侍郎。韓愈大力提倡儒學，以繼承儒家道統自任，開宋明理學之先聲；文學上主張繼承先秦兩漢散文傳統，反對專講聲律對仗而忽視內容的駢體文，並於理論與實踐兩方面領導了古文運動。文章氣勢雄健，說理透徹，邏輯性強，是「唐宋八大家」之首。有《昌黎先生集》，其警句「業精於勤而荒於嬉」對後世有很大的教育意義。參閱周佳榮編著《人物中國歷史 2：隋代至明代》第三版（香港：香港教育圖書公司，2006 年），頁 50。

17 〈潮州先賢軼事〉，《潮僑通鑑》第二回（香港：潮州通鑑出版社，1965 年），頁 39 — 40。

18 清代俞蛟著《潮嘉風月記》（昭代叢書本），頁 2。

19 黃桂著《潮州的社會傳統與經濟發展》（南昌：江西人民出版社，2002 年），頁 2 — 3。

20 黃挺著《潮商文化》（北京：華文出版社，2008 年），頁 355 — 359。

這三種人合在一起，就形成了潮汕文化最顯著的特色，並且在精神和物質兩方面都表現了出來。

潮汕歷史文化的特色

第一個特色是海洋文化與大陸文化的結合。海洋文化是以海上的交通為便利條件，發展商品經濟，以商品交換為經濟基礎的，潮汕過去出口的主要是勞動力和陶瓷等土特產。海上危險性大、偶然性多、流動性強，因此重機遇、重信息、重技術，要冒險和拼搏。大陸文化是自給自足的消費型經濟，相信「一分汗水，一分收成」，重土地和鄉里情誼，而趨穩定及保守；亦重精神和名節，具忠孝觀念，為學與做官，也是潮汕人所推崇的。

第二個特色是古老文化與現代文化的結合。潮汕地處「省尾國角」，背五嶺而面南海，古代中原文化傳播到這裏，反而得到保存，許多在中原地區已經消失的事物，甚至仍可見於潮汕人的日常生活之中，如潮州話、「食糜（粥）」、茶道、木屐、廟堂音樂、時年八節、出花園、祭祖等民俗，都是明顯的例子。潮汕地區很早便與國外交往，宋代潮州的瓷器就已遠銷南洋諸國和朝鮮半島；明清時期的海盜，其實就是海上武裝走私集團；泰國的五世皇帝鄭信（亦稱鄭昭，1734 — 1782 年）的祖籍就是澄海（母親為泰國人），最早開發南洋群島的亦為潮州人；建立海關和成立經濟特區，歷史也是較早的。[21]

論者指出，潮汕文化是「中華民族文化中具有鮮明特色的地域文化，也是嶺南文化中的重要組成部分。認識潮汕文化、研究潮汕文化、弘揚潮汕文化，無疑是潮汕地區 1,000 多萬人民和海外 1,000 多萬潮人共同關注的課題，也是潮汕學人義不容辭的天職」。[22] 亦有學者認為，潮人與客家人都是以中原移民為主體，以粵東大地為依託而走向世界的群體。根據文化學的分類，不應該把他們所創造的文化看成是單純的地域性文化。這樣，我們

21　隗芾〈潮汕文化的特色〉，《香港潮州商會成立八十周年紀念特刊》（2002 年），頁 251。

22　詹伯慧〈潮汕文化研究芻議〉，李志賢《海外潮人的移民經驗》（新加坡：新加坡潮汕八邑會館、八方文化企業公司，2003 年），頁 3。

也就可以不囿於地域之限而把散居在海內外的上千萬潮人放在研究的視野之內。[23]

在潮汕地區，跟潮汕文化共存並生的，還有客家文化和畲族文化。潮汕文化既跟它們有一些互相影響互相交融的地方，又表現出自己的與之不同的文化特徵，其中最有區別性的特徵就是潮州話，此外還表現於潮州菜、潮州工夫茶、潮汕民居、潮汕民間工藝美術、潮州木雕、潮繡、潮汕剪紙、潮州戲等。[24]

潮汕民居的類型結構

潮汕民居叫做「厝」，多為院落式，一組民居，稱為「一落厝」。其形制承襲自古代華夏的圍寨和府第，祠、宅、廳、房、庭、巷，以及主、次、親、疏的佈局，體現了大家族、大家庭的宗法觀念。「一落厝」，小的一廳幾房，大的上百間以至數百間，在厝內住的都是「家己人」（自己人），一落大厝，幾代同堂。厝要成「落」，需要具備：廳、房、陽埕（或稱外埕，即庭院）、火巷、格仔和子孫門。如果比作人體，廳房就是肌理，陽埕就是臟腑，火巷、格仔、子孫門就是血管經脈；在厝內生活的人，就像人體內的血液在各個部分暢通流傳。

明典規定，官民宅第不得超過三間五架，大門開在南北正向的中軸線上，是皇家的專利。但山高皇帝遠，潮汕宅第的大門都開在中軸，門樓高大張揚，常超過規定。在門樓上嵌書家聲淵源，表明是來自中原的仕族；而且安置家祠，「祠宅合一」成為潮州厝的另一個特色，由於兼有祠堂的功能，所以廳堂庭院一般都比較大。

最基本的潮州民居是一廳兩房的平房，叫做「竹竿厝」；以此為一節，多節連成排屋，狀如竹竿，叫做「竹竿厝」。組合位置沒有規則，一種是從廚房進入天井、客廳，另一種是從客廳經天井到廚房和臥室，各種功能的房

---

23 吳巧瑜著《民間商會社會治理功能的變遷研究——以香港潮州商會為例》（武漢：武漢大學博士學位論文，2011年），頁61。

24 〈潮汕文化 ABC〉，林倫倫、黃挺編著《潮州話入門》（馬來西亞潮州公會聯合會、國際潮團聯誼年會常設秘書處，2011年），頁59 — 68。

間靈活組合，雖有左右鄰居，仍能解決天井採光和通風、排水等問題，因此長期沿用，成為平房的傳統建築形式。竹竿厝一般作為大型府第的外圍建築，即從厝或圍屋，功能有如圍寨的寨牆。由於沒有庭院空間，嚴格來說不能成為「落」。既是從屬，居住的人都不是厝的擁有者，是大家族的下人或者等待自立的小輩和庶支。

「下山虎」是潮汕院落民居最基本的形制，在農村較為普遍。其結構是在一廳兩房的基礎上，從兩房各向前伸出一個廂房或偏廳，叫兩「伸手」；廳前和兩伸手之間留一陽埕，再加上門樓，成為三合院院落，形狀有如猛虎下山，所以叫做「下山虎」。有的將大門設置在兩側的「伸手」，行側門俗稱為「爬獅」或「雙跑獅」。通常中間不開門，而是兩邊開門，稱為「龍虎門」，開正門或開邊門都有。這是最細小的「落」，潮州人想擁有自己的厝，起碼要有足夠的錢，起一落下山虎。

在下山虎的前方，再加一廳兩房的組合，門樓外移，拼成四合院，就是「四點金」。因前後廳的兩邊，總共有四個大房，側看形如「金」字，故名。有能力獨立起一落四點金，一般已是富貴之家或較富有的小康之家。四點金的前廳作為接待之處，後廳則是起居和家祠所在。前廳兩側各有一前房，是晚輩與僕人的居室；大廳兩側各有一個大房，是長輩的居室。四點金前面加一組向內的下山虎，就成為三進建築，叫做「三廳亙」，通常是大型建築群的主題。三廳亙的中廳，是接待重要客人的地方。

「駟馬拖車」是潮州厝最大的形制。一般是正中一座大型的四點金或三廳亙作為主體，通常用作祠堂；兩邊各一座較小的三廳亙，或前後兩座四點金，作為次要建築，是家庭主要成員的居室。這樣，正面就形成「三壁連」，兩邊及後面再以從厝包圍起來，成為一個圍寨。主體建築、次要建築和從厝之間，各以火巷相隔，兩邊加起來共有四條火巷，象徵四匹馬拖着中間這輛車。主體建築是供奉祖先的祠堂，寓意子孫駕車載着祖先。三壁連的正面一般留有一塊地做「大埕」亦即廣場；大埕兩邊有大門，叫做「龍虎門」；大埕前面開「半月池」，有潤澤之意。這種民居多為豪富或顯宦人家所建造，陳慈黌故居就是典型的「駟馬拖車」建築。大型的駟馬拖車，會以下山虎作圍屋和後包；或者在三壁連之間，以及在從厝以外，再加多幾列從厝，甚至

在三壁連和後包之間加一組三壁連。一般都在百間以上，所以叫做「百鳥朝鳳」。

　　潮州人以祖孫三代為一個完整的家，傳至四代之後，新的家就會誕生，就要分家。分家的時候，家長會將廳、房、伸手、從厝等，拆散搭配分給各房，而不是歸邊就近各佔一隅。每房人分得的房產都不集中，不能各據一方，必須與別房的人繼續往來，感情就不容易會生疏。這種分家方法叫做「分家家不散」，目的就是為了確保不會一分就散，子孫繼續緊密聯繫，長久維持家族關係。[25]

25 潘瑩編著《潮汕民居》（廣州：華南理工大學出版社，2013 年）及林凱龍著《潮汕老厝》（北京：三聯書店，2013 年）是近刊兩本關於潮汕民居及建築的專著，另有蔡海松著《潮汕民居》（廣州：暨南大學出版社，2011 年）等。

第三節 潮汕地區的景點和非物質文化

潮汕地區的景色

　　潮州是個古城,風景秀美,歷史悠久,自明末清初時起,就有著名的「潮州八景」:(一)湘橋春漲;(二)韓祠橡木;(三)金山古松;(四)鳳凰時雨;(五)龍湫寶塔;(六)鱷渡秋風;(七)北閣佛燈;(八)西湖漁筏。時至今日,潮汕景色已有一番新貌。2010 年新評選出來的八景是:濱江紅棉、廣場燈影、坊街亭韻、淡浮水墨、綠島晴嵐、桑浦禪泉、鳳凰天池、柘林漁火。近年來,古城潮州還有八個景點被列入全國重點文物保護單位,包括廣濟橋、許駙馬府、筆架山潮州窯遺址、潮州開元寺、己略黃公祠、道韻樓、從熙公祠。[26]

(一)潮州市及周邊景點

　　廣濟橋——廣濟橋又名湘子橋,是中國四大古橋之一。長五百一十八公尺,在潮州城東門外,韓江之上,筆架山旁,歷四百多年仍傲然屹立。登橋可遠眺鳳凰洲的壯闊,仰望金城山的美景。

　　甲第巷——位於潮州古城,在牌坊街的南端,是舊時潮州望族聚居的義興甲三巷之一,有如一幅歷史文化圖卷。潮州古巷好比北京的胡同,但不遵京城等級嚴屬的建築規範,門樓上民間傳說、二十四孝之類的石雕、灰塑、彩繪,傳誦着儒家傳統美德,華麗張揚,門楣上還刻寫氏族的歷史出處或豐功偉跡。這些都是為了彰顯家聲,訓勉後人莫忘根本。

　　許駙馬府——北宋許鈺的府第,他是宋英宗女兒德安公主的駙馬。許駙馬府始建於英宗治平元年至四年(1064 — 1067 年),迄今已有近千年的歷史,歷代屢有維修,現時仍較好地保留了始建年代的平面佈局及其特色。主體建築為三進五間,圍屋隱伏於中座兩旁山牆外,設置獨特,古樸大方。

---

26 張偉著《潮州八景》(廣州:廣東人民出版社,2011 年)介紹了古今潮州八景和相關知識。

許駙馬府的三寶是竹編灰壁，石地栿、S形排水系統，並有介紹潮汕民居特色的展廳。許駙馬府是宋代中原府第的繼承，也是後來潮州府第和民居的雛形。其樸素面貌，是罕見的宋代府第建築，與後代大厝的浮華相比，可以看到宋代和明清時期的生活狀況，以及潮州人不同的審美價值，現時已改建為民俗博物館。

韓文公祠——中國現存歷史最悠久、保存最完好的紀念唐代文學家韓愈的祠宇，已有八百多年的歷史，坐落於潮州韓江東岸，筆架出西麓，依山臨水，環境清幽。唐憲宗元和十四年（819年），韓愈因諫迎佛骨，由刑部侍郎貶為潮州刺史，治潮雖不足八個月，卻能勵精圖治，造福一方。他的功績包括驅鱷除害、釋放奴婢、獎勸農桑，而且捐出「己俸百千」，振興州學，追師興教。潮州後人感念韓愈，建立此祠，祠內保留四十面由歷代官員、文人墨客題詠的碑刻，是研究潮州歷史文化的珍貴資料。正殿中央塑韓愈像，身穿官服，手拿文書，兩旁塑侍從張千、李萬；正殿左側有碑刻「功不在禹下」，這本來是韓愈稱讚孟子傳播儒家思想功績的話，後來則用來讚頌韓愈。韓祠建築肅穆端莊，古木參天，每年三月木棉花開時節，景色最為怡人。站於韓祠最高處的平台俯瞰，韓江和廣濟橋盡入眼簾。韓文公祠位於潮州城東的韓山（筆架山），祠前廣場一座古書形狀的石雕上，刻寫韓愈《進學解》中的名言：「業精於勤荒於嬉，行成於思毀於隨」。潮州八景之一的「韓祠橡木」，便是當年韓愈親手種植的橡樹。

己略黃公祠——建於清光緒十三年（1887年），面寬十五點四米，進深二十五點七米，是潮州木雕藝術殿堂，體現了建築與藝術的完美結合。樑枋兩端，飾以形象各異的龍、鳳、獅等祥瑞動物；「銅雀台」、「張羽煮海」、「水漫金山」等戲曲傳奇和民間故事是木雕創作的主要題材，也有體現地方風光的作品如「韓江麗景」等。木雕採取圓雕、沉雕、浮雕、鏤空等不同技法，在外形、色彩上運用黑漆裝金、五彩裝金、本色素雕等手法，輕重有別，層次分明，有「潮州木雕一絕」之譽，是很多木雕師傅學藝的地方。

潮州開元寺——開元寺位於城區開元路，是四合院式的佛教建築群，古樸雅致，有「粵東第一古剎」的美名。而在全國，這是現存四大開元古寺之一。開元路原是一條古街道，現已改建成潮州出名的步行街。

　　龍湖古寨——這裏保留了古時潮州府的建築風格，所以有「潮州小城」之稱。寨內街巷分佈嚴格，三街六巷，各有規劃，設計有致。

　　道韻樓——道韻樓也稱為「大樓」，呈八角形，坐南朝北，是中國容量第一的客家土樓。樓內人數最多時超過六百人，直至現在仍有一百六十多人在此居住。

　　從熙公祠——位於一群古民居建築的正中間，這個民居群有一個共同的大門，門口寫着「資政第」三個大字，是清代旅居馬來亞的華僑陳旭年所建。祠堂門口的門樑和石壁上集中地表現了石雕藝術，祠內的木雕是潮州木雕的精華之作。

（二）汕頭市及周邊景色

　　南澳島——南澳島位於廣東和福建交界的海面上，島內在一千四百多種植物和多種野生動物；此島作為候鳥自然保護區，是候鳥繁衍生息的上佳之所。總兵府雄關鎮和長山尾炮臺等古蹟，是南澳島歷史的見證。黃花山國家森林公園、青澳灣旅遊區，有「潮汕屏障，閩粵咽喉」之譽。

　　礐石風景區——以海、山、石、洞和人文景觀等特色聞名，是一道不容錯過的風景線。包括六個景區：（一）嘯石景區；（二）塔山景區；（三）焰峰景區；（四）香爐山景區；（五）筆架山景區；（六）蘇安景區。

　　陳慈黌故居——始建於晚清宣統二年（1910 年），民國二十八年（1939 年）完工，是中國罕見的僑居建築群景區，有「嶺南第一僑宅」之譽。陳慈黌（1843—1921 年）是有名的米業大亨，業務分佈在泰國、新加坡和香港。故居的總體格局為潮汕大戶人家常見的四進「駟馬拖車」式，配以西式陽台、拱門、圓窗，以及精美的木雕、石雕、石刻、瓷磚花紋圖案，中西合璧。佔地二點五四萬平方米，共有廳房五百零六間，據說傭工在日出時把走廊內的窗口打開，然後順序再關上時剛好日落。到汕頭旅遊，陳慈黌故居是必去的景點之一，對外開放的展館，有「陳黌利家庭發展史陳列館」、「潮汕民俗館」、「潮汕民間工藝美術館」、「潮汕書畫藝術館」、「潮汕功夫茶館」、「潮汕音樂館」、「古瀛詩苑名家書法碑廊」、「潮汕風情攝影藝術館」等。

中山公園——位於汕頭市區中心，四面環水，有中山橋、月眉橋、迎春橋三座小橋，將公園與市區連在一起。為紀念孫中山而建，是汕頭市最大的娛樂公園，亦是中國南方頗具盛名的人工公園之一。

（三）揭陽市及周邊景色

進賢門——古揭陽城的標誌性建築，始建於明代天啟元年（1621年），距今有三百九十多年歷史。城樓位於榕城區進賢門大道起點，因通抵學宮，取增進賢士之意，故名為「進賢門」。座西向東，高二十米，寬十九米，甕門深八米，是潮汕古城門建築中的表表者。在明清時期，此處於擊析施更場所，每當晨曦初現，報曉號聲全城可聞。因而有「譙樓曉角」之稱，列為揭陽古八景之一。昔日揭陽的地方官赴任，為取個好兆頭，都要從進賢門走過，拜學宮、拜城隍後才上任。揭陽男子娶妻、學生升學，以及做生意，期望妻子賢惠、學子高中和生意興隆，都要在進賢門兜一圈，這個習俗仍然保持至今。

揭陽學宮——又稱「孔廟」、「文廟」，是揭陽古代最高學府，位於揭陽市韓祠路口東側，初創於南宋紹興十年（1140年）。現存建築，是清朝光緒二年（1876年）重修。學宮由二十一座單體建築構成，主體建築採用高台基宮殿式的三路五進、左右對稱建築佈局，具有明清古建築的風格和鮮明的潮汕古建築特色，是嶺南地區同類型歷史建築群規模最大、保存最完整的。學宮內有孔子、顏子、曾子、子思、孟子等先哲塑像，並設立四個專題展覽館和四個陳列廳。

揭陽城隍廟——這是揭陽市古建築的精華，作為歷史遺存，揭陽城隍廟結構獨特，有大殿、拜亭、三山門、石拱橋、夫人廳、養生池等；棟樑上面的雕刻刀路純熟，功力渾厚。

關帝廟——這裏有揭陽最美的木雕，其精美和複雜程度不比潮州的己略黃公祠遜色；前廳屋頂上八卦形的藻井，是內地廟宇中不多見的，上面雕刻了以歷史故事為題材的人物畫。

黃岐山景區——作為揭陽歷史文化名城的一個象徵，「黃岐晚翠」是揭陽八景之一。山林鬱鬱蔥蔥，巨石林立，主峰高二百九十三點一公尺，山下緩緩流過的是榕江北河。

（四）汕尾市及周邊景色

　　紅海灣遮浪半島旅遊區——是紅海灣海岸線最長的一段，而且是風景最好的，有供奉南海觀音的觀音廟，及 1911 年英國人建造的遮浪燈塔遺跡等。

　　鳳山祖廟——始建於明末清初，處處精工細作，有講究的石雕和木雕，正門外兩側的牆壁上各有一幅巨大的彩色石雕畫。從祖廟東邊的側門可進入後面的天后閣，信徒在這裏拜媽祖。[27]

潮汕地區的主要博物館

　　中國國家文物局、中國博物館協會編《中國博物館志》第十二冊（廣東卷．香港卷．澳門卷）由北京文物出版社於 2011 年出版，比較完整地介紹了粵港澳地區的主要博物館。廣東卷之中載錄潮汕地區汕頭、揭陽、潮州三市以及汕尾市十一間博物館的資料，包括：

　　（一）**潮州市**——潮州市韓愈紀念館、潮州市華夏歷史博物館；

　　（二）**汕頭市**——汕頭市博物館、汕頭市潮陽區博物館、汕頭市東征軍革命史跡陳列館、汕頭市海關史陳列館；

　　（三）**揭陽市**——普寧市博物館、揭陽市博物館、揭陽市丁日昌紀念館；

　　（四）**汕尾市**——海豐紅宮紅場舊址紀念館、海豐縣博物館。

　　韓愈刺潮是潮州史上的大事，潮州市韓愈紀念館可以說揭開關鍵性的歷史一頁；潮州市華夏歷史博物館，亦較集中展示潮汕地區與中原華夏歷史文化的淵源。丁日昌是近代名人，揭陽市丁日昌紀念館介紹了他的生平事跡和文物著作等。與現代史事相關的，有汕頭市東征軍革命史跡陳列館、汕頭市

27　關於潮汕地區的景色，參考侯勵英〈學術與文化——潮州考察之魅力〉，《歷史教育網絡》第 10 期（2012 年 6 月）及潮研社〈潮汕三市概況及旅遊景點〉，周佳榮、歐陽佩雯主編《中國名城與區域文化》（香港：香港浸會大學當代中國研究所，2004 年），頁 51 — 60；另參劉莉生、武仲林編著《廈深高鐵玩樂指南》及中國自然遊編委會編《中國自助旅遊全集》（台北：上奇時代，2013 年）。

海關史陳列館、海豐紅宮紅場舊址紀念館。至於市、區、縣的綜合性博物館，有汕頭市博物館、汕頭市潮陽區博物館、普寧市博物館、揭陽市博物館、海豐縣博物館。「潮汕三市」也好，「粵東四市」也好，區內的博物館都是保存潮汕文化和加以推介的重點單位，這方面仍有很大的發展空間。

上述潮汕地區的博物館，以汕頭市博物館的歷史最早，該館成立於1960年，館址設在中山公園內的農業展覽館。「文化大革命」期間，博物館停止工作；1973年恢復，以中山公園內的市歌舞團前樓作為臨時館舍。1978年遷回原先館址，1995年汕頭市委政府決定建設新館，至2004年基本建成，是一座集展覽、收藏、學術研究和辦公於一身的現代建築。2005年，汕頭市博物館正式加入廣東省博物館陳列展覽協作交流網絡。

海豐紅宮紅場舊址紀念館於1978年成立，基本陳列為「海豐農民運動史跡展」。海豐紅宮原為明代孔廟，始建於洪武十二年（1379年），明清兩代多次重修。1927年間，海豐人民三次舉行武裝起義，曾在孔廟召開海豐縣工農兵代表大會，當時會場內均刷成紅色，所以孔廟自此被稱為「紅宮」，又在緊挨紅宮的東側建成紅場。1985年，紅宮紅場舊址進行了全面修繕；1992年，紅宮系列建築物五代祠按原貌重建。

普寧市博物館於1979年開館，館舍是「八一」紀念館和「紅宮」，前者是「八一」南昌起義南下部隊指揮部軍事決策會議舊址修復而成的紀念館，後者是流沙人民公園內的革命紀念館。現時普寧市博物館有四個固定的陳列廳：（一）普寧人民革命鬥爭史文物陳列廳；（二）「八一」南昌起義「流沙會議」陳列廳；（三）莊稼陶塑藝術作品陳列廳；（四）館藏名家書畫陳列廳。

改革開放以後，1980年代有三間博物館出現。首先，汕頭市潮陽區博物館係由潮陽文化館分拆而成，現時位於潮陽區文化廣電新聞出版局四樓，文物展覽廳在對面的展覽樓樓下。其次，揭陽市博物館以揭陽學宮（揭陽孔廟）中路建築為館址，基本陳列有「揭陽出土文物展」、「科舉考試展」、「周恩來同志在揭陽革命活動事跡展」等。至於潮州市韓愈紀念館，坐落韓江東岸、筆架山（韓山）西麓，與潮州東城門隔江相望，中有湘子橋相通，依託潮州韓文公祠景區，集牌坊、碑廊、祠宇、庭園、涼亭、高閣、碧潤為一體，層次井然。基本陳列有「當代名家書法石刻展覽」、「歷代碑刻與韓愈治潮

業績」、「勤政廉政的唐代官員典範——韓愈」、「韓愈與潮州」等。

　　1990 年代開館的，有汕頭市東征軍革命史跡陳列館、揭陽市丁日昌紀念館。前者是汕頭市第一個革命史專題館，有「東征歷史陳列」；後者位於丁日昌舊居內，是一座典型的潮汕民居，展示近代洋務派官員丁日昌的生平、評價及丁氏後裔的文獻資料，現在也是揭陽民俗博物館。

　　進入二十一世紀以來，新建的博物館有三：其一，是潮州市華夏歷史博物館，分為中國歷代陶瓷展區、明清古家具展區、古玉器展區；其二，是汕頭海關關史陳列館，原是潮海關辦公樓，分「解放前的汕頭海關」和「當代汕頭海關」兩個展區，主要展示潮汕和粵東地區海關與貿易的歷史沿革及其變遷；其三，是海豐縣博物館，是在紅宮紅場舊址右側興建的新館，基本陳列有「海豐歷史的記憶」，展品分陶器、瓷器、玉器、銅器、石器、書畫、漆器、木雕工藝八大類（表 3-2）。[28]

表 3-2　潮汕地區博物館一覽表

名稱	類型	隸屬	開館日期	所在位置
汕頭市博物館	社會科學類歷史專題博物館	汕頭市文化廣電新聞出版局	1960 年	位於汕頭市中山公園西北側，韓江之濱
海豐紅宮紅場舊址紀念館	社會科學類革命史專題紀念館	汕尾市海豐縣文化廣電新聞出版局	1978 年 2 月	位於海豐縣城中心區，紅場路 23 號
普寧市博物館	地方綜合性博物館	普寧市文化廣電新聞出版局	1979 年 4 月	普寧市流沙西街道赤華路南段普寧市文化藝術館內
汕頭市潮陽區博物館	地方綜合性博物館	汕頭市潮陽區文化廣電新聞出版局	1982 年 5 月	位於汕頭市潮陽區市區中心文光塔下

---

28 關於潮汕地區的主要博物館，可參中國國家文物局、中國博物館協會編《中國博物館志》第十二冊【廣東卷・香港卷・澳門卷】（北京：文物出版社，2011 年）；〈潮汕博物館簡介〉，《香港潮汕學刊》第 6 期（2014 年 7 月），頁 27 — 28。

（續上表）

名稱	類型	隸屬	開館日期	所在位置
揭陽市博物館	地方綜合性博物館，國家三級博物館	廣東省揭陽市文化廣電新聞出版局	1985 年 1 月	揭陽市榕城區韓祠路頭學宮廣場北側
潮州市韓愈紀念館	社會科學類名人專題紀念館	潮州市文物旅遊局	1986 年 1 月 1 日	坐落廣東省潮州市韓江東岸，筆架山（韓山）西麓
汕頭市東征軍革命史跡陳列館	社會科學類革命史專題博物館	汕頭市文化廣電新聞出版局	1997 年 7 月	位於海濱鄒魯，百載商埠的汕頭市外馬路東段
揭陽市丁日昌紀念館	社會科學類名人專題紀念館	揭陽市文化廣電新聞出版局	1999 年春節	揭陽市榕城區丁日昌舊居內
潮州市華夏歷史博物館	藝術類傳統工藝專題博物館	該館董事會	2005 年 12 月 28 日	潮州市潮汕路浮洋路段，潮揭高速公路潮州落口附近
汕頭海關關史陳列館	社會科學類歷史專題博物館	汕頭海關	2008 年 10 月 22 日	坐落於汕頭市區西部舊城區的海濱路西延段
海豐縣博物館	社會科學類歷史專題博物館	汕尾市海豐縣文化廣電新聞出版局	2009 年 12 月 31 日	位於海豐縣城紅場路文化城內，坐落在紅宮、紅場舊址右側

潮汕地區的非物質文化遺產

　　潮州文化是由古代南粵土著文化、中原文化和海外文化相融合而形成的，今日所說的潮汕，指粵東四市（潮州、揭陽、汕頭、汕尾），以及梅州的豐順縣。非物質文化遺產（Intangible Cultural Heritage）包括五個方面：（一）口頭傳說和表述；（二）表演藝術；（三）社會風俗、禮儀、節慶；四、有關自然界及宇宙的知識和實踐；五、傳統的手工藝技能。至於廣東文化，主要由廣府文化、潮州文化、客家文化三大文化體系構成；廣東傳統非物質文化資源豐富，品類多樣，在有關方面的保護工作，一直走在國

家前列。本文介紹潮汕地區的非物質文化，分為國家級非物質文化遺產和省級非物質文化項目兩大類。

在《第一批國家級非物質文化遺產名錄》（2006 年 6 月 2 日公佈）中，廣東省有二十九項入選，屬於潮汕地區的，有潮州音樂、英歌（潮陽英歌）、潮劇、木偶戲（潮州鐵枝木偶戲）、粵繡（潮繡）、潮州木雕。在《第二批國家級非物質文化遺產錄》（2008 年 6 月 7 日公佈）中，廣東省有二十九項，屬於潮汕地區的，有潮州工夫茶藝一項。在《第三批國家級非物質文化遺產錄》（2011 年 6 月 10 日公佈）中，廣東省有七項入選。三批合計，廣東省共有六十五項，屬於潮汕地區的，有七項入選，音樂、舞蹈、戲劇、工藝美術和茶藝都有，洋洋大觀，盡顯潮汕文化特色。

2006 年至 2012 年間，廣東省先後公佈了四批省級非物質文化項目，汕頭有二十項，潮州有二十五項，揭陽有三十四項，汕尾有二十項，共計九十九項。具體內容如下：

（一）**潮州**——1.潮州剪紙藝術；2.潮州音樂；3.潮州饒平布馬舞；4.潮劇；5.潮州鐵枝木偶戲；6.潮繡藝術；7.潮州木雕藝術；8.潮州大吳泥塑；9.鯉魚舞；10.潮州歌冊；11.潮州花燈；12.楓溪瓷燒製技藝；13.畲族招兵節；14.饒平彩青習俗；15.潮州工夫茶；16.陳三五娘傳說；17.潮州麥稈剪貼畫；18.潮州彩瓷 19.嵌瓷；20.浮洋方潮盛銅鑼製作技藝；21.潮州抽紗刺繡技藝；22.潮州菜烹飪技藝；23.楓溪手拉朱泥壺製作技藝；24.潮州「出花園」；25.銅鑄胎掐絲琺瑯器製作技藝。

（二）**揭陽**——1.普寧英歌；2.鶴舞；3.惠來九鱷舞；4.龍舞；5.獅舞；6.拋鑼；7.潮劇；8.廣東漢樂；9.潮州音樂；10.揭陽鐵枝木偶戲；11.飄色；12.賽龍舟；13.神泉英歌；14.玉雕；15.嵌瓷；16.木雕；17.春節習俗；18.行彩橋；19.大溪宗祠祭典；20.三山國王祭典；21.擺豬羊習俗；22.豎燈杆升彩鳳；23.鑼鼓標旗巡遊；24.茶藝；25.老香櫞（佛手瓜）製作技藝；26.普寧豆醬製作技藝；27.貴政山茶葉陶罐製作技藝；28.揭陽醬油釀造技藝；29.揭西客

家紅酒釀造技藝；30.南枝拳；31.蘇六娘傳說；32.乒乓粿製作技藝；33.玉湖炒茶製作技藝；34.浦東牛皮鼓製作技藝。

（三）汕頭——1.潮陽民間剪紙；2.潮陽笛套音樂；3.潮州歌冊；4.潮陽英歌；5.潮南英歌；6.蜈蚣舞；7.鰲魚舞；8.潮劇；9.澄海燈謎；10.潮州音樂；11.抽紗；12.瓶內畫；13.嵌瓷；14.木雕；15.後宅元宵漁燈賽會；16.貴嶼街路棚；17.茶藝；18.陶瓷微書；19.廣德泰藥酒釀造技藝；20.太安堂中藥文化。

（四）汕尾——1.汕尾魚歌；2.海豐麒麟舞；3.滾地金龍；4.錢鼓舞；5.獅舞；6.飄色；7.泥塑；8.正字戲；9.西秦戲；10.白字戲；11.陸豐皮影戲；12.河田高景；13.南塘吹打樂；14.英歌舞；15.東坑地景；16.紫竹觀道教音樂；17.博美媽祖信俗；18.鳳山媽祖廟會；19.陸豐馬尾酒釀造技藝；20.陸河擂茶製作技藝。[29]

潮汕地區的非物質文化，根據其內容和形式，大致可以分為八個類別：民間傳說、音樂、舞蹈、戲劇、體藝雜技、工藝美術、茶藝美食、民俗。特別需要指出的，有以下幾項：

其一，是潮州音樂，曲目十分豐富，著名的有《昭君怨》、《寒鴉戲水》、《小桃紅》、《平沙落雁》、《鳳求凰》、《月兒高》、《玉連環》、《黃鸝詞》、《大八板》、《錦上添花》，稱為「潮樂十大套」。

其二，是雄渾的英歌，有「男子漢的舞蹈」之稱，潮陽英歌、潮南英歌、普寧英歌、神泉英歌等，均各具特色。

其三，是傳統戲劇，包括潮劇、木偶戲（潮州鐵枝木偶戲、揭陽鐵枝木偶戲）、陸豐皮影戲，正字戲、白字戲、西秦戲與花朝戲被稱為廣東的四大稀有劇種（表3-3）。[30]

旅遊潮汕地區時購買的特色手信，以潮繡、剪紙、木雕、抽紗等民間工藝為主。潮繡喜用金線，具有金碧輝煌的藝術效果；剪紙精巧秀麗、造型優

---

29 徐燕琳編著《廣東傳統非物質文化》（廣州：暨南大學出版社，2012年）；林倫倫主編《潮汕非物質文化遺產研究》（廣州：暨南大學出版社，2013年）。

30 〈潮汕地區的非物質文化〉，周佳榮、歐陽佩雯主編《中國名城與區域文化》，頁61—63。

美，還有吉祥如意的美好內涵；木雕以精雕細刻著稱，具鮮明的潮汕工藝特點和鄉土氣息；抽紗是在布料上呈現透空花紋圖案，形成清雅精緻的獨特風格。這些民間工藝產品，從不同角度反映了潮汕的風俗文化。

表 3-3　潮汕地區非物質文化一覽

類別	國家級非物質 文化遺產	省級非物 潮州
民間傳說		陳三五娘傳說
音樂	潮州音樂	潮州音樂；潮州歌冊
舞蹈	英歌（潮陽英歌）	潮州饒平布馬舞；鯉魚舞
戲劇	潮劇；木偶戲 （潮州鐵枝木偶戲）	潮劇；潮州鐵枝木偶戲
體藝雜技		
工藝美術	粵繡（潮繡）； 潮州木雕	潮州剪紙藝術；潮繡藝術；潮州木雕藝術；潮州大吳泥塑；潮州花燈；楓溪瓷燒製技藝；潮州麥稈剪貼畫；潮州彩瓷；嵌瓷；浮洋方潮盛銅鑼製作技藝；潮州抽紗刺繡技藝；楓溪手拉朱泥壺製作技藝；銅鑄胎掐絲琺瑯器製作技藝
茶藝美食	潮州工夫茶藝	潮州工夫茶；潮州菜烹飪技藝
民俗		畬族招兵節；饒平彩青習俗；潮州「出花園」

文化項目

揭陽	汕頭	汕尾
蘇六娘傳說		
廣東漢樂；潮州音樂	潮陽笛套音樂； 潮州歌冊；潮州音樂	汕尾漁歌；南塘吹打樂； 紫竹觀道教音樂
普寧英歌；鶴舞；惠來九鱷舞；龍舞；獅舞； 神泉英歌	潮陽英歌；潮南英歌； 蜈蚣舞；鰲魚舞	海豐麒麟舞；滾地金龍； 錢鼓舞；獅舞；英歌舞
潮劇；揭陽鐵枝木偶戲	潮劇	正字戲；西秦戲；白字戲； 陸豐皮影戲
拋鑼；飄色；賽龍舟；鑼鼓標旗巡遊； 南枝拳	澄海燈謎；後宅元宵 漁燈賽會；貴嶼街路棚	飄色
玉雕；嵌瓷；木雕；浦東牛皮鼓製作技藝	潮陽民間剪紙；抽紗； 瓶內畫；嵌瓷；木雕； 陶瓷微書	泥塑；河田高景； 東坑地景
茶藝；老香櫞（佛手瓜）製作技藝；普寧豆 醬製作技藝；貴政山茶葉陶罐製作技藝；揭 陽醬油釀造技藝；揭西客家紅酒釀造技藝； 乒乓粿製作技藝；玉湖炒茶製作技藝	茶藝；廣德泰藥酒釀造技藝； 太安堂中藥文化	陸豐馬尾酒釀造技藝； 陸河擂茶製作技藝
春節習俗；行彩橋；大溪宗祠祭典；三山國 王祭典；擺豬羊習俗；豎燈杆升彩鳳		博美媽祖信俗； 鳳山媽祖廟會

1 潮州市委市政府熱情接待潮屬社團總會訪問團全體成員

2 潮屬社團總會訪問團與揭陽市委市政府領導合照

1 訪問團遊覽湘子橋過十八梭船

2 潮州市人才工作（香港）聯絡站掛牌，陳峰教授（右）與
張延安副局長代表國際潮博和潮州市簽訂協定

1

1 汕頭海外聯誼會文化驛站（香港站）掛牌儀式
　2018 年 5 月 17 日在潮州會館隆重舉行
2 汕頭市委市政府領導接見潮屬社團總會訪問團

2

第四章 | **攜手並進**
潮港兩地交通和潮人在港活動

第一節　香港與潮汕地區的交通發展

香港開埠與時代變遷

　　清朝從 1757 年（乾隆二十二年）起，規定只准在廣州與外商進行交易。當時來華的西方國家中，以英國為首要。十八世紀後期開始，中國的茶葉、生絲等物品大量輸往英國；而英國只有少量毛織品和棉花輸入中國，為了改變這種逆差情況，遂向中國輸出鴉片。鴉片貿易不斷增加，引致中國白銀大量外流，造成銀貴錢賤、財政困難，並且嚴重影響人民健康。

　　1838 年（道光十八年），清政府命林則徐（1785 — 1850 年）為欽差大臣，赴廣東查禁鴉片，翌年將全部繳獲的鴉片在虎門海灘銷毀。其後中英關係惡化，清宣宗（愛新覺羅‧旻寧，1782 — 1850 年）下令停止兩國貿易，英國派海軍東來，遂啟戰端。英艦先是到廣州沿海，封鎖江面與海江；接着炮擊廈門，攻佔定海；再北上至天津白河口，向清政府投遞照會。清政府允在廣州議和，並派琦善（1790 — 1854 年）為欽差大臣赴粵。

　　1841 年（道光二十一年），英軍強佔香港，戰事再起，英軍攻陷虎門，炮轟廣州城，並先後攻陷廈門、定海、鎮海和寧波、上海。次年，着英（1790 — 1858 年）、伊里布（1772 — 1843 年）代表清政府與英國公使樸鼎查（港譯砵甸乍；Henry Pottinger，1789 — 1856 年）簽訂《中英南京條約》，清政府除賠償英國煙價、兵費外，並「割讓」香港（香港島）給英國，開放廣州、廈門、福州、寧波、上海五埠為通商口岸，英商貨物進出中國海關繳交的稅款由兩國協議。鴉片戰爭結束，但《中英南京條約》是近代中國史上第一個不平等條約，自此中國大門被打開，美國、法國等列強接踵而來。

　　1856 年（咸豐六年），英、法兩國聯合出兵攻打中國，史稱英法聯軍之役（亦稱第二次鴉片戰爭），清政府求和，於 1858 年（咸豐八年）與英、法、美簽訂《天津條約》，規定開牛莊、登州、台灣、淡水、潮州、瓊州、漢口、九江、南京、鎮江等為通商口岸，牛莊開埠時改為營口，登州開埠時改為煙台，潮州開埠時改為汕頭。其後戰事再起，英法聯軍攻入北京，清廷

再次求和，簽訂了《北京條約》，除賠償軍費和開天津為商埠外，並「割讓」九龍尖沙咀（九龍半島界限街以南土地）與英國。香港島與九龍半島之間的維多利亞港，是世界上三大天然良港之一，海港兩岸，自此均由英方管轄。

十九世紀末，列強爭相在華租借港灣和劃定勢力範圍。1898 年（光緒二十四年），中、英簽訂《展拓香港界址專條》，英國向清政府「租借」九龍半島由界限街以北至深圳河以南土地，連同鄰近島嶼在內，稱為「新界」地區，為期九十九年。香港島、九龍半島和新界地區，至此成為香港的三大組成部分。香港由於位處珠江口岸，擁有水深港闊的維多利亞港，加上較為完善的港口設施，使航運業漸具規模。在二十世紀初期，銀行業和商業活動續有發展。[1] 一般認為，十九世紀末至二十世紀中葉，是香港經濟的轉口貿易時代，亦即轉口港時代。

1950 年至 1960 年代末，香港經濟從轉口貿易轉向加工貿易，並發展成為一個以加工工業為基礎，以對外貿易為主導，且以多種經營為特點的工商業時代。時至今日，香港已成為亞洲的國際都會，又是世界金融中心之一，在中外貿易和文化交流等方面均擔當着重要的角色。百多年來，潮人一直是積極參與香港發展的重要社群。

汕頭建市與潮港交通

汕頭開埠前，潮州一帶的人，大都從饒平的柘林港、澄海的樟林港出國。1861 年汕頭正式建市後，開始有洋船出入，潮州人都假汕頭出境。由於交通方便，從此香港就成為潮人旅外的熱門地帶；海外潮僑常假道香港赴汕，往來頻繁。凡此種種，都造成汕頭的繁榮。1911 年廣九鐵路通車之後，汕頭赴廣州人士，可先乘船到香港，然後轉火車赴粵。香港成為汕頭與廣州的中轉站，亦促進了汕頭的發展。[2]

汕頭開埠後，怡和洋行、太古洋行、美孚洋行及德國魯麟洋行相繼在汕頭開設分行，外國輪船不斷出入汕頭海港，汕頭的土產和特產滔滔運港向外

1　周佳榮〈香港歷史發展概述〉，周佳榮、侯勵英、陳月媚主編《閱讀香港──新時代的文化穿梭》（香港：香港教育圖書公司，2007 年），頁 10 — 11。
2　趙克進〈香港潮商溯源〉，《香港潮州商會成立八十周年紀念特刊》（2002 年），頁 243。

廣東省及港澳地區圖

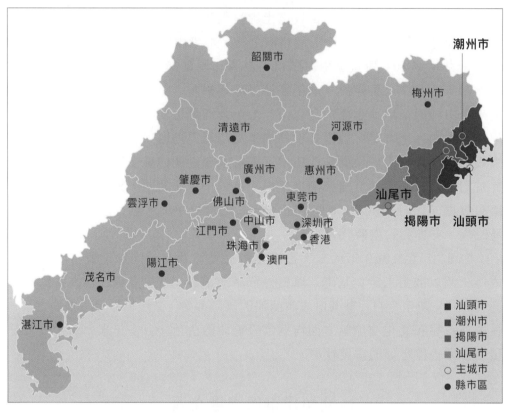

輸出，香港的洋貨亦源源運到汕頭，當時香港已有對汕的貿易商的出現。汕頭輸入香港的物品，以抽紗、瓷器、柑、蒜頭、海產雜鹹、涼果、神香等為大宗；而香港進口汕頭的商品，有肥田料、火柴、棉織品、化工原料、電器、機器、羽毛織品等等。

　　香港最早的汕頭辦莊，有馬廣利、顏和興、臣盛、添記、新順、趙文記、怡茂祥記、和茂號、香發莊等。早期的汕頭辦莊有一個叫做潮安堂的組織，作為同業聯絡機構，但該機構沒有註冊，亦無選舉，每年只擇日連袂往天后廟朝拜，然後大家吃餐晚宴。由於缺乏文獻資料，後來該機構的情況不得而知。第二次世界大戰後，汕頭辦莊的業務甚為發達，數目在一百家以上，各辦莊都鴻猷大展，駿業興隆。1946 年汕頭幫公會成立，後於 1969 年改稱香港汕頭商會。

第二節 潮人在香港從事的行業和活動

早期來港的著名潮人

潮州濱臨南海,與香港一衣帶水。十九世紀中葉以前,已有潮人來到香港地區生活,開始時都是一些務農人口,零星分散到來,他們居住於新界一帶,以潮籍客屬人為主。[3] 香港開埠初期,港島人口稀疏,經濟仍未發展,潮商經營的生意,大多與轉口貿易有關,原因是這些商人認識到香港地處華南要衝,可以作為南北貿易的轉運基地。[4] 據說最早來港的是陳開泰,較著名的有高滿華、陳煥榮、吳潮川等。

陳開泰(1807 — 1882 年),字亨亭,潮州沙溪仁里村人,出身農家,年輕時在鄉耕田,並讀書力求上進。1845 年棄農來港,初時到小食攤當僱工,隨後在港島三角碼頭附近搭草寮,白天賣涼茶,晚上教童蒙。稍有積蓄,便在現時的文咸西街開宜珍齋飲食店和宜珍齋餅店,由於價廉物美,生意蒸蒸日上。陳開泰因有較好的文化修養,受到第二任港督戴維斯(John Francis Davis,1795 — 1890 年)賞識,其子女學習中文,敦聘陳開泰為啟蒙教師。1848 年,陳開泰在西營盤蓋了一座四層樓房,把宜珍齋改為富珍齋糕餅店,是第一個在香港創業成功的潮州人。另設立富珍棧,經營旅社業,同治年間(1862 — 1875 年),山西冀寧按察使陳占鰲、潮州總兵方耀都在富珍棧住過。富珍齋傳至嫡孫陳煥夫、陳子衡時,因日軍佔領香港,方始停業,經營逾九十年。

陳開泰又與澄海劉某、海陽林香溪合股,創立義順泰行,經營南北行進出口貿易。居港二十多年,1871 年以年逾花甲,事業後繼有人,遂萌發落葉歸根之念,回鄉擇地營造家園,並建祠堂及富珍家塾。其家族人才輩出,幼女陳舒志(1880 — 1957 年),1912 年在汕頭創辦坤綱女子小學,開潮汕女學之先聲;其孫陳煥夫、陳景端,在二十世紀初葉是香港碩彥,二人均

---

3 陳煥溪著《潮人在香港》,頁 4。
4 陳荊淮〈香港潮商沿革述略〉,《潮州史志資料選編‧史事考述》(潮州:潮州市地方志辦公室,2004年),頁 218 — 219。

為籌建旅港潮州八邑商會的發起人和首屆會董，陳煥夫蟬聯會董達十二屆，並當選為第六屆副會長。陳開泰的曾孫陳中明（1910 — 1994 年）是新加坡知名企業家，曾任新加坡潮安會館主席、名譽主席。[5]

繼陳開泰之後，潮州人高元盛在文咸西街創元發行，但經營欠善，乃將元發行頂讓給高滿華。[6]高滿華（1820 — 1882 年），原名滿和，號楚香，澄海縣玉窖人，農夫出身，略通文墨。他在鴉片戰爭前已越洋到暹羅（今泰國）謀生，曾做苦力、伙頭，有了積蓄之後，便購紅頭船航行潮州與暹羅之間，自任船主，人稱「滿華船主」。他經營的暹羅大米，主要輸往中國華南地區。高滿華於 1850 年到香港，接手元發行作為他經營中暹貿易的中繼站。他又在暹羅創元發盛，擁有輾米廠五家，並將白米運來香港，交元發行發售。1882 年高滿華逝世後，元發行由次子高舜琴（學能）繼承，並把業務發揚光大。[7]

高舜琴在潮州曾考中舉人，1892 年曾任東華醫院主席。1870 年至 1930 年間，許多大人物都曾在店中作客，尤其是來往廣州、潮州之間的官員，到香港後，常假此為旅舍，包括洋務運動時期的朝廷大員丁日昌（1823 — 1882 年）、兩廣總督岑春煊（1861 — 1933 年）等。1893 年中，新科翰林、後來成為著名教育家的蔡元培（1868 — 1940 年）亦曾在元發行小住。

南北行的另一個拓荒者是陳煥榮，饒平縣隆都（今屬澄海）人。他在鴉片戰爭後離鄉，在紅頭船（廣東屬遠洋船）上當船工，後來自購帆船，販運於汕頭、上海、青島、天津以及東南亞各地之間，成為著名的紅頭船船主。

5　陳啟川〈旅港潮商先驅陳開泰〉，《潮州史志資料選編‧海外潮人》（潮州：潮州市地方志辦公室，2004 年），頁 17 — 19。

6　關於元發行創立的歷史，學界存在不同的說法。第一種說法認為元發行是高元盛所創，後來頂讓給高滿華；第二種說法比較普遍，認為元發行是高滿華所創。此外，還有第三種說法，認為元發行不是高滿華創立的，他只是派往香港掌理元發行的人。元發行的業務後來由高滿華的子孫繼承，可見他斷不只是掌理的人員；元發行不是高滿華所創，則與第一說不謀而合。高伯雨〈從元發行盛衰看南北行〉：「南北行街早期最老的字號，以元發行為首屈一指。它本是道光末葉香港開埠不久，澄海人高元盛先生所創的，到咸豐三四年間，因營業不振，盤給先祖楚香先生經營，大加整頓。」載氏著《聽雨樓隨筆》壹（香港：牛津大學出版社，2012 年），頁 305。高伯雨（1906 — 1992 年）是高楚香之孫、高舜琴之子，其說應該可信。

7　趙克進〈香港潮商溯源〉，《香港潮州商會成立八十周年紀念特刊》（2002 年），頁 244。

陳煥榮土名亞佛，人稱「船主佛」。1851 年，他在元發行附近搭蓋棚廠，創建乾泰隆行，作為他進行南北貿易的中轉站。十九世紀末，陳煥榮之子陳慈黌（1843 — 1921 年）在暹羅和香港開創黌利棧。陳慈黌的侄孫陳庸齋（1889 — 1958 年），曾作為香港潮州八邑商會駐汕代表之一，協助商會辦理「八二風災」賑災事務。[8]

元發行和乾泰隆行創立之初，現時中環海旁以西的華人聚居地，都是簡陋棚屋，這兩間商號的規模是空前的。當時也只有元發行和乾泰隆行有能力大批量進出口暹羅大米，因而開創了香港早期華人的主要商業——南北行的先河，並且為此後的華人商業活動奠定了基礎，還標誌着香港開埠前開闢的暹、叻（新加坡）、汕海運貿易線，已初步形成為香、暹、叻、汕區域貿易體系。高滿華、陳煥榮兩個家族，隨後都因積極參與這個區域貿易而成為巨富；陳氏家族更保持了百年不衰的紀錄，其乾泰隆行成為今日香港最具悠久歷史的華人商店。

此外，還有一家由潮安人柯振捷（斗南）和王某合股的合興行，當時在南北行的地位僅次於元發行和乾泰隆行，堪稱鼎足而三。五十年後，合興行改組，歸王某承受，改名承興行。王某就是王少咸的先輩。這一時期的商號，還有義順泰行、怡豐行、順發行、怡泰行等三十餘家。[9]瓷器商人吳潮川在南北行也有名望。吳潮川，潮州楓溪人，楓溪出產瓷器，他知道瓷器乃家庭必需品，於是到南北行街開利豐亨行，主要銷售潮州瓷器。吳潮川第三子吳鏡堂，曾任潮州商會第十三屆副會長。

南北行公所的成立

1868，香港第一個較具規模的華人團體——南北行公所成立，由於開南北行辦莊的商人大多是潮汕人（約佔總數百分之七十），因此，率先開闢南北行轉口貿易的潮商，成為香港轉口港地位的奠基者之一。潮籍人士在南

8　袁偉強〈陳黌利家族發展史及其社會功績〉，《潮州史志資料選編·海外潮人》，頁 22 — 29。

9　陳庸齋〈香港百年來潮商之沿革〉，《旅港潮州商會三十周年紀念特刊》（香港：旅港潮州商會常務理事會，1951 年），頁 6；並參高伯雨〈從元發行盛衰看南北行〉，載氏著《聽雨樓隨筆》壹，頁 305。但高氏此文中，「合興行」誤植「台興行」。

北行佔有相當重要的地位，早在香港開埠不久，他們便在今日文咸西街一帶從事經營，直至現在。[10] 文咸西街之所以有南北行街的別稱，乃因該街自早期以來就是南北大商行聚集之地。最大的商行經營米業，蓋「米為日用所必需，且民以食為天，故港地曩年商業精華，即在南北行，亦即我潮人營業精華者也。顧昔日潮人之南北行營業茂盛，每家一年營業而論，間有二千餘萬元以上者，則其為數，頗足豪矣。查米之來源，暹羅、安南、仰光三地，直接運港。蓋昔日潮人先從南洋發達，然後再分號於香港，以作發售之機關。故香港潮人南北行之營業，以米為大宗也。」[11]

南北行組成了一個貫通南方與北方的貿易網，「南方」是指星、馬、泰、越南、印尼、柬埔寨、菲律賓、緬甸以至印度等國家和地區；「北方」是指中國大陸，包括汕頭、廈門、福州、溫州、上海、漢口、青島、天津、煙台、台灣以至日本等。南北行從南方辦來樹膠、木材、藤、白米、椰油、皮革，而從北方運來藥材、京果、生油、豆類、土產等，南北洋的土產貿易，均以香港為集散總匯。越來越多的潮人「來往東西洋，經營南北行」，以香港為活動中心的潮人商幫逐漸形成。

在南北行的歷史上，稱得上經典行號的，以元發行開其端，繼後有乾泰隆、裕德盛、廣德發、金裕豐、金成利、廣源盛、李炳記、鬯利棧、義順泰、和記行、明順行、順成、公同泰、豐昌順、元成發、泰順昌、四維公司、廣美盛、榮豐隆、利豐亨、南泰行、香溪公司、永興行等。重要人物除南北行的開拓者陳開泰、高滿華、陳煥榮、陳慈鬯、吳潮川外，還有高舜琴、陳春泉、蔡杰士、陳殿臣，以及近代的馬澤民、林子豐、陳漢華等，他們都享譽香江。

南北行在 1914 年至 1918 年第一次世界大戰期間，業務很盛；第二次世界大戰結束後，1945 年至 1950 年間，業務尤為蓬勃，各行各業都欣欣

---

10 湯秉達〈南北行業的今昔〉，《香港潮州商會六十周年紀念特刊》（香港：香港潮州商會，1981 年），頁 142。

11 賴連三著，李龍潛點校《香港紀略（外二種）》（廣州：暨南大學出版社，1997 年），頁 57。按：賴連三著《香港紀略》（上海：萬有書局，1931 年）有五章，當中第二至四章依次為〈潮人事跡之徵述〉、〈潮人社團之成立〉、〈潮人聞名之采集〉，是記述早期潮州人在香港發展的重要史料，關於 1920 年代至 1930 年代初的情況尤為詳細。該書初版印數甚少，香港大學圖書館有藏，近年有李龍潛點校本行世，較易入手。

向榮。1951 年至 1960 年間，由於受禁運影響，業務略差，南北行公所的潮州籍會員僅有十餘家。1970 年代以降，情況較為好轉；其後曾因亞洲金融風暴，令南北行營運出現困難。在 1990 年代，南北行公所的潮籍會員，有乾泰隆、鉅發源、大洲進出口公司、同福行、南泰行、星洲貿易公司、香生行、振利成、廣隆行、嘉元行、聯記號、興泰行、暹羅貿易有限公司、志昌行十四家。[12]

南洋辦莊與潮商來港

　　香港的潮州人，除了「南北行」外，又有經營南洋各地業務的「南洋辦莊」。南洋即現時的東南亞地區，南洋辦莊包括三條貿易線：一是經營泰國業務的「暹羅莊」，二是經營星馬業務的「新加坡莊」，三是經營越南業務的「安南莊」。當中以「暹羅莊」冒起較早，範圍亦大，1939 年暹羅改稱泰國，所以暹羅莊亦稱「泰國莊」。在香港，凡營出口雜貨者皆稱為「莊口」，在 1930 年代，約共有二百餘家。

　　（一）叻莊／新加坡莊：潮州人富拓荒精神，早於宋末元初，便有人飄洋過海，到南洋群島謀生和發展。香港開埠後，為潮州往返南洋一帶提供了更大方便。新加坡和馬來亞的潮僑，有悠久的歷史。早在 1822 年，澄海縣月浦鄉人余有進赴新加坡謀生，靠種植甘蜜成功致富。潮州采塘鎮人陳旭年（1827 － 1902 年），小時家貧，後遠渡新加坡，靠販布疋維持生活，由於結識了當地一位貴族，得到十條水港的主權，三十九歲時成為柔佛州最大的港主，富甲一方。1883 年，陳旭年在新加坡大興土木，興建了一座中國式的「資政第」，是當年新加坡潮僑四大房屋之一。[13]

　　在香港開埠和汕頭建市之先，新加坡只靠紅頭船往來，想享用故鄉土產並不是一件容易的事；當時洋貨都掌握在洋人手裏，購買洋貨亦不便宜。香港開埠後，星馬與香港有洋船航行，新加坡的華僑才能享受到潮州土產和華洋百貨，造成香港與新加坡之間的生意十分興旺。新加坡辦莊於 1930 年成

12　趙克進〈香港潮商溯源〉，《香港潮州商會成立八十周年紀念特刊》（2002 年），頁 244。

13　〈柔佛華僑僑長陳旭年〉，《潮州史志資料選編・海外潮人》，頁 20。

立「新加坡幫協進會」，1950 年代初有三十六家潮籍會員，當中與潮州商會關係密切的司理，有合順的洪祥佩、鉅發源的陳漢華、燦然的蔡章閣等。[14]

新加坡方面最早來港創辦公司的是林子明（1888 — 1983 年），他創設林德利有限公司，經營百貨及化工原料，又曾代理意大利金章牌家庭電器。其子林繼振為掌舵人，林氏曾任新加坡駐港商務專員。企業家連瀛洲，擁有華聯銀行、酒店和地產，他認為香港是亞洲金融中心，所以來港開創華聯銀行。

（二）安南莊：安南莊的創設稍遲，大約在 1900 年始陸續建立，初時出口貨僅有茶葉、藥材及雜貨等，入口貨物則為越南土產。第一次世界大戰爆發後，旅越潮僑乘時經營，創設商號，業務與日俱增，漸有進展，出入口貨物的種類亦較前龐雜。安南盛產稻米，是魚米之鄉，在第二次世界大戰前，安南莊的業務非常蓬勃。

戰後，安南脫離法國獨立，1954 年南部成立「越南共和國」（通稱南越），首都設於西貢；北部稱為「越南民主共和國」（通稱北越），首都設於河內。其後越戰爆發，美國派兵協助南越作戰，連年戰火，至 1973 年美軍撤退。1976 年，南越、北越合併為「越南社會主義共和國」。香港的安南莊因受越戰影響，業務甚為困難。安南莊在旺盛時期，有益利莊、聯興昌、美豐莊、偉星公司、百和祥、信成號、源益、森元、怡南興、萬益、瑞榮豐等字號。越戰結束後，越南當局為搞好經濟，歡迎外商投資和貿易，情況較前好轉。

（三）暹羅莊 / 泰國莊：在東南亞諸國之中，泰國是潮人最多的國家，並且掌握了泰國經濟的實權，泰國首都曼谷曾有「小潮州」之稱。潮人雖然歸化泰國，但婚喪喜慶，四時八節，仍不忘祖國傳統，家居甚至掛中國字畫，喜吃潮州菜餚，常飲潮州功夫茶，保持家鄉的習俗。在泰國做出入口的商行，多屬潮人開辦，香港開埠後，他們來港採辦家鄉土產和歐美、日本貨物；1950 年代香港工業發達，棉織品、油漆、塑膠、布疋、棉紗、電器、雨傘、陶瓷等大量輸入泰國。抗日戰爭時期，經營暹羅業務的商號頗盛，香

---

14 〈新嘉坡幫〉，《旅港潮州商會三十周年紀念特刊》（1951 年），「香港潮人商業概況」，頁 4 — 5。

港淪陷時大都停辦，戰後相率復業和新設者甚夥。1946 年，組成香港暹羅幫公會。[15]1946 年至 1966 年間，是暹羅莊的黃金時期，香港的暹羅辦組織有「香港泰國進出口商會」，高峰時期有會員八十多家。

第二次世界大戰結束後，香港與南洋貿易鼎盛。最早來港創業者，應推羅瑞興，並由羅鷹石來港掌舵，經營洋雜、疋頭貨品。迨至 1960 年代，港泰貿易萎縮，羅鷹石轉而投資地產，創設「鷹君地產公司」，後來把公司上市，成為地產界巨擘。經營百貨入口的曼谷協成昌公司，其東主李漢錦鑑於香港是亞洲經濟中心，委派其六弟李漢忠來港開設協興行，經營百貨貿易。迨至 1970 年代，因港泰貿易式微，李漢忠另創豪華製造廠，由商業轉營工業。泰國建生公司的掌舵人陳秋春，來港創設維興公司，經營港泰貿易；至 1970 年代，其婿池振榮轉營工業，創設榮興金屬廠，生產小五金。此外，尚有明成發來港創辦辦莊，泰國通泰（一九五六）有限公司來港創設國泰有限公司，經營五金並代理日本電動工具。

泰國華僑於 1940 年代來港作企業投資者，以陳弼臣為最著名。陳弼臣（1910 — 1988 年），潮陽人，早年家貧，遠渡泰國謀生。初任泰國森興隆木行為高級僱員，因勤勞拼命為公司工作，後來被擢升為經理。不久乃自行創業，他所創辦的盤谷銀行，成為泰國最大的民營銀行，分行遍設東南亞各國。陳弼臣來港創設香泰有限公司，經營白米及南北行業務，成績驕人，並加入汕頭銀行為大股東。1959 年創辦亞洲保險公司，後又開設盤谷銀行香港分行。陳弼臣在香港的事業，以其長子陳有慶為掌舵人。1990 年，陳有慶將其投資的亞洲銀行（即香港汕頭銀行）及亞洲保險公司、乾昌證券公司等，合併為亞洲金融集團。1993 年，陳有慶任集團董事長，並在深圳設立分行。

泰國華僑黃子明是寶光集團的創辦人。黃子明（1919 — 2003 年），潮州人，在曼谷開創通城鐘錶行，經營手錶，並代理美都、精工錶；迨後投得海島燕窩開採權，成為巨富，並將賺得的資金買入大量地產，成立曼谷置地有限公司。1963 年，黃子明到港創立寶光製造有限公司，製造鐘錶及零

---

15 〈暹羅幫〉，《旅港潮州商會三十周年紀念特刊》（1951 年），「香港潮人商業概況」，頁 5。

件，規模很大；1967 年，黃氏在新蒲崗建工廠大廈。1972 年，寶光集團在香港上市；1979 年寶光將美漢地產公司售給佳寧，獲得八億元。1981 年，取得運動用品 PUMA 港澳代理權，後又取得該商標的中國代理權。1985 年，在港拓展手錶零售，開創「時間廊」，其後「時間廊」在泰國、新加坡均有開設。黃氏同時在港發展飲食事業，創設暹羅燕窩潮州酒家、金島潮州酒家。

泰國華僑謝氏家族建立的「正大卜蜂集團」，在港亦拓展其業務。1922 年，澄海人謝易初（1896 — 1983 年）赴泰謀生，於 1930 年創立正大菜種行。謝氏的第二代亦能克紹箕裘，於 1953 年創立正大卜蜂集團，經營菜種、農肥、農藥、膠袋、麻袋，並從事禽畜、蔬菜之研究。1965 年開始向海外拓展，謝大民來港設立貿易公司，又把業務發展至中國和印尼。1970 年與美國公司合作，生產佳種家禽，令企業起飛，至 1987 年在港成立卜蜂國際。1988 年，卜蜂國際在香港上市，當時在中國內地，該機構已擁有飼料廠三家和肉類加工廠四家。1988 年在港收購上市公司裕華公司，易名為正大國際；1993 年，又將正大國際易名為東方電訊。

（四）其他：在 1960 年代，亦有柬埔寨潮籍華僑文裕順來港創業，開設財務公司，發展金融事業。後又創設金榮船務公司，經營交通事業；又在香港仔黃竹坑蓋建工業大廈，並將該大廈地下及二樓作為紡紗廠。楊啟仁原籍潮州，是土生土長的柬埔寨華僑，在金邊市開設興興錶行，並代理星辰錶。1968 年，楊氏來港創設冠亞商業有限公司，選辦名錶付運到柬埔寨，並在港設手錶廠。1973 年，楊氏接眷來港定居，其後因赤柬屠城，楊氏在柬埔寨的財產蕩然無存，在港的業務亦幾癱瘓，因得銀行支持始度過難關。1977 年，其工廠生產的手錶銷路暢通；1987 年，楊氏將冠亞商業上市，翌年在東莞生產廉價手錶，行銷內地。[16]

早期潮商經營的行業

二十世紀初，香港社會已經初步形成了一些以潮商為主的行業，除南北行外，主要有米業、藥材業、瓷器業、紙業、茶業、菜種業、涼果業、柴炭業、

16　趙克進著《香港潮商簡史》（香港：香港潮州商會，2001 年），頁 110 — 114。

餅食業、匯兌業和批業等。這些都是潮汕原有一定基礎的行業，所以潮人經營起來較為便捷和順暢；這些行業，也大多與香暹叻汕貿易線有關。當中除了米業外，其他各業在香港經濟生活中，並非佔有重要地位。

　　1950 年代香港的轉口港地位一落千丈，大大影響了以經營香暹叻汕貿易線為主導的潮商經濟，部分潮商轉而向其他經濟領域尋求出路，輕工業成為他們的主要目標。香港潮商經辦近代工業的歷史，可以追溯到 1901 年在九龍城開設的豐昌順電機織染廠，和 1907 年在銅鑼灣電器道開設的裕全隆罐頭公司，1950 年代潮商在新興的輕工業當中的地位並不起眼，但進入 1960 年代，尤其是在 1970 年代，香港四大輕工製造業——塑膠業、紡織製衣業、鐘錶業、電子業當中，都可以看到潮商工業家迅速興起。在香港經濟轉型的關鍵時刻，香港潮商經濟作為現在國際經濟社會的一個組成部分，其傳統和經營方式、業務範圍和管理模式等，均出現了深刻的變化。

　　1980 年代開始，香港經濟朝着多元化、國際化的方向發展；到了二十一世紀，香港已成為世界的金融中心、工業中心、貿易中心、航運中心、旅遊中心和訊息中心。長期以來，在香港經濟迅速發展過程中，潮商擔當着舉足輕重的角色，近年且在動員參與社會活動和支持特區政府依法施政等方面多所努力。[17]

17　周佳榮〈香港潮商與南北行發展〉，《香港潮汕學刊》第 6 期（2014 年 7 月），頁 1—2。

第三節　潮人在港辦學和潮屬社團學校

早期香港的潮僑學校

　　潮州人不論家境貧富、不論學歷高低，一般都較重視子孫後輩的教育；香港潮州商會孜孜以辦學為念，實亦與此有關，但這是二十世紀以來的事，早期旅港潮人對於教育問題並不重視。林子豐說：「大家都知道南北行曾經是潮人的黃金時代，譽滿中外，潮人不少人在這裏成功，亦不少人在這裏失敗；雖然成敗利鈍，乃極平常的事，這其中實亦有教育成敗的因素」。[18] 旅港潮州八邑商會成立不久，即有小學之設，但因限於課室，規模甚小。不過商會自始即確立教育為社團事務的一部分，意義是很重大的。

　　潮人在港創辦的學校為人稱道者，應推 1926 年由曹善允（1868 — 1953 年）等所倡設的民生書院，該校聘潮人教育家黃映然（1891 — 1991 年）為校長，校務蒸蒸日上，不但潮籍學生就讀該校者眾，四方學子亦聞風而至，校舍一再擴展，該校嘉林邊道的校舍，不少為潮人所捐建。其後繼任校長的陳先澤、鍾香舉、陳伯民及監督林樹基（1917 — 1995 年），都是黃映然的高足，當中除陳伯民外，皆為潮人，可見民生書院與潮籍人士有密切的關係。[19]

　　1937 年中日戰爭爆發前後，內地逃難來港者為數甚眾，隨着人口激增，教育亦見發達。1938 年，洪高煌（1902 — 1972 年）於利園山創辦嶺英中學，汕頭礐光中學亦來港設校，其後續有王永載任校長的南華附中，鄧緝熙的南僑小學，一時頗有蓬勃之勢。香港淪陷時期，各校或遷徙、或停辦；戰後復員，嶺英中學遷回利園山舊址，培僑中學於 1946 年創辦，校務發展甚速。南僑小學在衞城道舊址復校，增辦中學，且在荃灣創設分校，但該校後來轉手和結束。南華附中復校後，人事屢易；鍾魯齋接任校長後改為南華書院，及至鍾氏去世後亦停辦。1948 年至 1957 年間，王澤森先後創辦香港

18　林子豐〈潮人與教育〉，《香港潮州商會成立四十周年暨潮商學校新校舍落成紀念特刊》（香港：香港潮州商會，1961 年）。
19　同上註。

新法英文專修學校、新法英文書院及中文中學等，並擔任香港英文私立學校協會會長，在學界和政界都很活躍。[20]

　　第二次世界大戰結束後，香港的潮僑教育發展得很快，公眾主辦的有旅港潮州商會的潮商中學、附屬小學及分校，旅港潮州同鄉會的潮州公學及分校，九龍潮州公會在尖沙咀、九龍城、深水埗的三個義校，以及香港德教會的義校；私人倡辦的，有嶺英中學、南僑中學等。高中、初中、小學、幼稚園所收學生原非少數，有的更附設免費貧民識字班及英語夜校（如潮商中學），有的設免費學額，附辦義務夜校（如潮州公學）；但因經濟問題和人事變遷，這些學校或辦或停，學額仍然不足，學生亦因家境或工作關係而出現輟學現象，義務教育收效不大，職業教育更付闕如。

　　論者認為，義務教育與職業教育未見蓬勃，不能不說是一個很大的缺憾，潮籍旅港先邑呼籲群策群力，為潮僑謀福利，因而建議：（一）擴大義務學校的組織；（二）潮僑公私各校附設義務夜學及識字班，使日間為生活不能入校者多一求學機會；（三）舉辦職業學校，使潮僑子弟獲得謀生技能，如設初級土木工程、汽車駕駛、機械、無線電作業等科；（四）潮僑公私各中學附辦職業班，如會計、簿記、打字、方言、外國語等等。[21]

潮人重視興學育才

　　據統計，1960 年代初，潮人在港九辦理的學校，公私合計約有三十間以上。當中有校譽甚佳的名校，亦有一些被批評為「學店」的私校，但在教育趨向普及的時期，參差不齊是無可避免的現象，無論如何，這些學校都承擔着各自的角色。由幼稚園、小學、中學至大專院校，以及特種學校，中、英俱備。「潮州商會和潮州公會所辦的中學，都有了簇新寬敞堂皇的自建校舍，亦有個人捐建的呂明才紀念學校，個人創辦的院校，洋洋大觀，可謂為我潮生色不少。」[22] 到了 1960 年代中，潮屬社團興辦的幾間學校，自建校舍先後完成，規模宏大，學費廉宜，收錄學生不分籍貫，對於普及教育和救

20　陳煥溪著《潮人在香港》，頁 136。
21　馬璧魂〈潮僑教育感言〉，《旅港潮州商會三十周年紀念特刊》（1951 年），頁 10。
22　同上註。

濟失學，意義至為明確。潮僑學校連同潮籍人士所辦理的學校，已接近四十間。[23]

至於在香港辦教育，應該本着甚麼宗旨，林子豐說：「倘若我們的教育目的只是配合其實際需要，養成一班人習練一些英語，了解一些英國統治香港的法律，從事商業謀生，適應了香港社會之所需就夠，反而對本國文化，棄如敝屣，甚至數行書札，亦不能為，這一努力，對於香港社會之貢獻，並無益處，反而弊多於利。」他明確地指出：

> 無論目前與將來香港社會所需，決不是只需能懂英文，能說英語的人，因為香港是中西文化接觸交流的地區，亦是中、英兩民族傳統文化交流與接觸匯點。香港的教育應該是文化教育，不是語言教育；而是人材教育，不是職業教育。在香港的中國人應先認識本國文化，才能領略英國文化，中西並舉，方能成為通才。

在 1960 年代初，在港潮人約有六十餘萬，佔香港總人口五分之一，是香港社會發展的原動力之一。「要保持我們在香港商業的優秀地位，必須趨時適勢，提高智識和文化水準，是則教育的發達固然可喜，教育之精神何在，亦值得我們大大的研討。」[24]

亦有潮籍人士提出發展教育的新方向，強調工業教育的重要性，「以潮僑在香港所具有的超卓工業地位，需用工業專材，也在不少，應當由工業界和熱心教育人士發動籌辦工業學校，既可儲材自用，亦可為社會造就人材，一舉兩得，意義重大。……潮僑賢達們，應當發揚一貫熱心興學的精神，促成工業學校的開辦，以配合當前社會的迫切需求，為潮僑教育道路奠定新的里程碑。」[25]

香港潮屬社團創辦的學校

時至今日，香港潮屬社團創辦的學校，計有：香港潮商學校、港九潮州

---

23 〈香港潮僑之教育事業〉，《潮僑通鑑》第二回，頁 10 — 13。
24 林子豐〈潮人與教育〉，《香港潮州商會成立四十周年暨潮商學校新校舍落成紀念特刊》（1961 年）。
25 〈香港潮僑之教育事業〉，《潮僑通鑑》第二回，頁 11 — 12。

公會中學、荃灣潮州公學、潮州會館中學、港九潮州公會馬松深中學,分佈於港島、九龍和新界的沙田、荃灣區(表4-1)。以下是這些學校的概況:

表4-1　香港潮屬社團創辦學校一覽

學校名稱	學校地址	創辦年份	辦學社團
香港潮商學校	香港薄扶林道79B	1923	香港潮州商會
港九潮州公會中學	九龍旺角洗衣街150號	1961	香港九龍潮州公會
荃灣潮州公學	新界荃灣海壩街80號	1965	荃灣潮汕福利會
潮州會館中學	新界沙田馬鞍山恆安邨	1987	香港潮州商會
港九潮州公會馬松深中學	新界沙田博康邨	1989	香港九龍潮州公會
香港潮陽小學	新界天水圍天耀邨第三期	1993	香港潮陽同鄉會
潮陽百欣小學	元朗天水圍天華路55號	2005	香港潮陽同鄉會

(一)香港潮商學校(Chiu Sheung School, Hong Kong)——旅港潮州八邑商會於1923年創辦的學校,1924年2月開課,初名旅港潮州八邑學校,校址設於港島干諾道西29號三樓。1928年在永樂西街增設分校,作為高年級課室,原址供低年級使用。香港淪陷期間停辦。第二次世界大戰後復校,將干諾道西29號商會會址闢為課室,1946年9月1日開學典禮,至1947年間,因學生人數增加,乃於石塘咀皇后大道西564至570號開設分校。1949年在分校開辦中學。後因原有校舍不敷使用,商會決議在薄扶林道建新校舍,樓高五層,於1961年秋季落成啟用。有標準課室二十四間,供小學上、下午校使用,上午校由香港潮州商會自辦,下午校由政府津貼。全校四十八班,共有學生二千一百多名。潮商學校舊址則用作開辦英文中學,直至1968年底止。

在此之前,香港潮州商會利用薄扶林道潮商學校東翼空地,擴建為中學校舍,於1964年9月落成啟用。中學部共有十二班,小學部上、下午班於1966年起均成為政府資助小學。中、小學及夜校,共有學生三千一百餘

人。[26] 1988 年，中學部開始遷往新界馬鞍山新校舍，並命名為潮州會館中學。薄扶林道原有中學部校舍進行內部裝修，增加小學特別室、新啟導班課室等。

香港潮商學校秉承創校校訓「禮、義、廉、恥」教育香港新一代，營造愉快、整潔和健康的學習環境，培養學生在德、智、體、群、美全面發展，創造和諧共融校園。香港潮屬社團創辦的學校之中，以該校歷史最為悠久，2008 年舉辦創校八十五周年紀念開放日，2013 年舉行創校九十周年校慶嘉年華。現時校監是吳茂松，校長是詹漢銘。

（二）港九潮州公會中學（Hong Kong & Kowloon Chiu Chow Public Association Secondary School）——1948 年香港九龍潮州公會成立，在尖沙咀、九龍城、深水埗等地設立義學，先後入學者達二千多人次。1957 年 8 月校舍在九龍旺角洗衣街 150 號建成，原有夜學三義校隨即遷入新址；初時為小學，後來逐漸擴充，1961 年增建中學部，1982 年轉為政府津貼中學。1998 年獲政府批准，增建禮堂大樓，於 2001 年落成。港九潮州公會中學秉承潮籍人士治事勤謹樸實的精神，以「崇德廣業」為校訓，配合資訊科技的發展，培育莘莘學子，使成為敬愛祖國、品格高尚、操守廉潔、知識淵博、五育俱備的良好公民。現時校監為馬介欽博士，校長為陳淑英。

（三）荃灣潮州公學（Tsuen Wan Chiu Chow Public School）——1965 年由荃灣潮州福利會創辦，校址在新界荃灣海壩街 80 號。該校的校訓是「孝禮勤誠」，其辦學宗旨以儒家思想為基礎，啟迪學生認識生命的意義，建立正確的人生觀及價值觀，促進學生五育均衡發展，發揮學生的潛能——發揚優質教育，培育社會英才。現時校監為蔡文治，校長為林傑虎。

荃灣潮州公學的面積約四千二百平方米，設施包括課室二十四間、禮堂兩座、操場兩個、圖書館及特別室，計有電腦室、教學資源室、學生活動室、加強輔導室、學生輔導室、音樂室、英語活動室、救護室，以及支援有特殊學習需要人士的設施，駐校言語治療師及遊戲治療師，為有需要的學童提供支援服

---

26 〈潮州商會擴建中學落成，昨舉行開幕典禮〉，《華僑日報》，1966 年 9 月 24 日。

務。室內均有冷氣設施，此外有花卉園藝場、噴水池、草坪及跳遠沙池。

（四）潮州會館中學（Chiu Chow Association Secondary School）——原為香港潮商學校中學部，設於港島薄扶林道。1986年，香港政府教育署撥給新界沙田新區馬鞍山恆安邨中學校舍；1987年落成，命名為潮州會館中學。1988年起，潮商學校中學部逐批遷到馬鞍山新校舍上課。

潮州會館中學的校訓是「敦品勵學」，教育理念基礎是「成功教育」。校方相信每一位學生都有成功的潛能，都有成功的願望，所以，校方會盡全力，幫助學生在多元化的學習經歷中，學會學習，建立自信，爭取成功，回饋社會。

該校面積約五千平方米，課室、特別室及禮堂均安裝空調，並全面網絡化，有投影機及屏幕等資訊科技設備。學校並獲優質教育基金贊助，設置多媒體學習中心、圖書館資訊室、工藝與設計科電腦繪圖室。現時校監為陳幼南博士，校長梁鳳兒女士。該校旨在秉承傳統，為社會、為國家培育人才。

（五）港九潮州公會馬松深中學（Hong Kong and Kowloon Chiu Chow Public Association Ma Chung Sum Secondary School）——1989年由港九潮州公會開辦，創辦人是馬松深，校址在新界沙田博康邨。該校秉承潮籍人士治事勤謹樸實的精神，以「崇德廣業」為校訓，配合資訊科技的發展，培育莘莘學子，使成為敬愛祖國、品格高尚、操守廉潔、知識淵博、五育俱備的良好公民。辦學目標是為不同社會階層人士的子女提供學習機會，讓不同能力的學生均能享受一個充實而愉快的中學生活，為社會培育不同方面的人才。校監為馬介欽博士，校長陳智聰。

港九潮州公會馬松深中學有課室二十四間，特別室包括音樂室、視覺藝術室、電腦室、地理室、科學實驗室（物理、生物、化學、綜合科學各一）、學生活動室、英文角和圖書館。2015年停辦。

（六）香港潮陽小學（Chiu Yang Primary School）——香港潮陽同鄉會興辦，1993年秋開學，校址在新界天水圍天耀邨第三期，是該區頗有名氣的小學。設有錄影室、視藝室、常識室、舞蹈室、語言室、電腦室、音樂室、多用途及英語閱讀室、圖書館及輔導室。現時校監為蔡少偉博士，校長為伍玉芬女士。

（七）潮陽百欣小學（Chiu Yang Por Yen Primary School）——香港潮陽同鄉會興辦，2005 年 9 月開學，校址在元朗天水圍天華路 55 號。設有錄影室、多媒體學習室、電腦室、音樂室、舞蹈室、英文室、常識室、視藝室、足球場。現時校監為陳智文先生，校長為羅宇彤先生。

潮商捐資在港興學

香港有不少由潮商捐資興建的學校，及以潮籍家族或創辦人命名的，例如香港呂興合長記銀莊有限公司捐資在港興學育才，創辦多間中學、小學和幼稚園，包括聖公會呂明才中學（華富邨）、聖西門呂明才工業中學（屯門）、浸信會呂明才中學（沙田瀝源、香港仔）、路德會呂明才中學（荃灣象山邨）、路德會呂祥光中學（屯門安定邨）、呂郭碧鳳中學（觀塘）、聖公會呂明才紀念小學（堅尼地城）、路德會呂祥光小學（屯門安定邨）、宣道會呂明才小學（啟業邨）、浸信會呂明才小學（沙田第一城）、中華傳道會呂明才小學（青衣島）、浸信會呂明才幼稚園（柴灣）、浸信會呂郭碧鳳幼稚園（愛群道、屯門田景邨、沙田廣林邨、華富邨、大埔富亨邨）。呂氏家族中，呂高文為香港潮州商會永遠名譽會長，呂高華為商會會董。捷和鄭氏家族捐資在港興學育才，包括鄭植之中學（新界）、宣道會鄭榮之中學（沙田大圍）等。鄭植之曾任潮州商會第十九屆會長，鄭翼之曾為商會資深會董，並為商會名譽顧問，1984 年捐款一千二百萬元予城市理工學院（現為香港城市大學）。任合興果子廠實業有限公司為香港潮州商會商號永遠會員，1980 年代初捐款創辦邱金元職業先修學校（沙田第一城）及邱子田紀念中學（屯門）。香港潮籍社團總會永遠榮譽會長李嘉誠博士捐款予香港高等院校甚多，包括東華三院李嘉誠中學（粉嶺祥華邨）、香港大學、香港中文大學、香港浸會大學、香港理工大學、香港公開大學等。[27] 其他，還有廖寶珊紀念書院、林大輝中學等。

---

27 〈香港呂興合長記銀莊有限公司捐資興學育才簡表〉、〈捷和鄭氏家族捐資興學育才簡表〉、〈任合興果子廠實業有限公司捐資興學育才簡表〉、〈李嘉誠先生其他教育方面捐贈簡表〉，《香港潮州商會成立七十周年紀念特刊》（1992 年），頁 170 — 172；並參周佳榮著《香港潮州商會九十年發展史》，頁 59 — 60。

1 接待汕頭市青年聯合會代表，賓主合照

2 婦女委員會訪問潮汕三市，在揭陽樓前合照

1

2

_1_ 第二十四期粵東地區高級管理人員研討班結業典禮合照
_2_ 潮州市陳偉南文化館動工，陳偉南先生坐像揭幕

1

2

1 潮屬社團總會出席汕頭海聯會八屆二次會議，與嘉賓大合照
2 潮屬社團總會主辦「師友傳承」交流團，在潮州百師園合照

第五章 | 敦睦鄉誼

香港潮屬社團的創辦及其變遷

　　早期來港的著名潮人都集中在南北行一帶經商，南北行公所成立時，潮汕人士約佔七成，而且出力甚多。第一個純潮商的商業團體是聚和堂，約建於 1870 年。當時省港潮商在廣州建立潮州八邑會館，香港、廣州、佛山、汕頭各潮商行號貨捐銀五萬餘兩，其中香港的二十五家南北行潮商就繳了三萬餘兩，此外還墊借給會館一萬餘兩。南北行商人高滿華、陳春泉、陳煥榮等均參與其事，潮州八邑會館的物業由聚和堂管理，設有正副值理。每年由四家商行輪流擔任，包括港商三家和省商一家；1930 年前，由南北行的元發行、乾泰隆行、裕德盛行、元成發行、承興行五家充任值理，其餘行號為副值理。

　　1899 年，長洲惠潮府與寶安會所及東莞會所合辦國民學校於香港離島長洲，是現時所知，潮人在港辦學的濫觴；長洲惠潮府於 1996 年公司註冊，地址在長洲新興街 94 號三樓。從聚和堂的創建和長洲惠潮府參與辦學，說明了潮人在港成立社團和學校，發端於十九世紀後期，時值清朝末年。二十世紀以降，隨着香港社會的發展和工商行業的需要，約在 1910 年代中，即民國初年，有匯兌同業的成立，「為潮人組織」[1]，按照其性質推斷，相信不是純粹的潮人社團。1921 年旅港潮州八邑商會（現稱香港潮州商會）的成立，是一個劃時代的開端。潮人獨資設立學校，也是 1920 年代的事。隨後有暹莊和叻莊創辦的團體及 1930 年成立的香港潮商互助社。[2]

　　近百年來，在香港出現的潮屬社團不下百餘個，有的持續發展，日益壯大，也有此消彼長的情況，其發展大致可以分為三個階段：（一）初創期，1921 年至 1945 年第二次世界大戰結束，但在日佔時期，潮屬社團的活動幾陷於停頓；（二）發展期，1945 年戰後復員至 1997 年香港回歸前，戰前主要的潮屬社團逐漸恢復活動，新辦的社團有如雨後春筍；（三）興盛期，1997 年香港回歸祖國以來，此前已成立的潮屬社團繼續運作，甚至更趨活躍，社團與社團之間加強聯繫和合作，並且出現了十幾個新的潮屬社團。

1　賴連三著《香港紀略》：「匯兌同業，成立於十餘年前，為潮人組織，唯無固定地址。初無基金，至第四周年，方有基金。推舉為理事者，稱曰正副值理也。然匯兌既有同業，則聲應氣求，其益於匯兌方面者，自不待言也。」（頁 65）

2　第一篇研究香港潮州人及香港潮州商會的博士論文是 Douglas Wesley Sparks, *Unity is Power: The Teochiu of Hong Kong* (The University of Texas at Austin, 1978)，當中對香港潮人盂蘭勝會亦有專章介紹。

第一節　香港潮屬社團初創期（1921－1945）

旅港潮州八邑商會創立

　　1906 年英國工黨成立，影響及於香港，工會和商會的組織，有如雨後春筍。當時旅港潮人方養秋、蔡杰士、陳殿臣、鄭仲評、王少平鑑於時代需要，而廣東在港的他縣人士已先後成立工商組織，因而倡議成立旅港潮州商會，以維護潮商公益。但因潮商已組有聚和堂，保守者認為無須另組團體。及至 1918 年第一次世界大戰結束後，組織商會的條件趨於成熟，在眾多潮籍鄉親和商界鉅子的支持下，籌辦潮州商會的建議終於付諸實際行動。1921 年 2 月 21 日，假座皇后大道中杏花樓開籌辦會議；同年夏再次開會，定會名為「旅港潮州八邑商會」，八邑是指潮安、潮陽、揭陽、饒平、澄海、普寧、惠來、豐順八縣，當時並未包括大埔、南澳兩縣在內。[3]

　　旅港潮州八邑商會標誌着香港潮商集團正式形成，其經濟進入一個嶄新階段，並且很快就成為潮人往來家鄉與世界各地的一個橋頭堡，作用十分重大。商會旋覓得干諾道西 29 號四樓為會址，徵得會員二百五十一名，由會董選出蔡杰士、王少平為首屆正副會長，陳殿臣、方養秋為名譽會長。成立時提出的宗旨為「聯絡鄉誼，研究商務，促進貿易，協助社會家鄉公益以及共謀同人福利」。[4]1923 年，旅港潮州八邑商會向香港政府註冊署註冊；同年 2 月 9 日，成為有限公司。至 1925 年，會董會以每屆任期一年時間短促，負責會務者難展抱負，於是提議修改會章，獲得通過後，由第五屆開始，每屆任期改為二年。

　　1920 年代，除了旅港潮州八邑商會外，還有一個旅港潮州總工會，兩會於 1924 年合力創辦潮州義山，設於香港島雞籠環山地，時稱「潮州八邑山場」。其後陸續擴建第二、第三墳場，至 1935 年，領得鴨脷洲山地一段，作為雞籠環山地遷葬之用。旅港潮州總工會的會務於 1928 年停頓後，於

3　周佳榮著《香港潮州商會九十年發展史》，頁 62。
4　關汪若〈會史紀要〉，《旅港潮州八邑商會三十周年紀念特刊》（1951 年），頁 2。

1930 年改組為旅港潮州同鄉會，接辦潮州義山，尤見熱心毅力。[5]

旅港潮州八邑商會為教育子弟，於 1924 年 2 月開辦學校，其初設於干諾道西 29 號三樓，1928 年在永樂西街增設分校，作為高年級課室，原址則供低年級使用。1929 年，學校隨同商會遷往德輔道西 87 至 89 號四樓；但中學的設備不若小學般簡單，試辦兩年後開銷大增，且因升讀中學的人數不多，權衡利害，結果校董會議決於 1931 年停辦中學，專辦完全小學。1941年底太平洋戰爭爆發後，香港淪陷，學校停辦，至 1946 年復校，即現時的香港潮商學校。

1920 年代成立的潮屬社團

繼旅港潮州八邑商會之後成立的潮籍社團，是 1929 年創辦的嶺東華僑互助社，為一般海內外殷實僑胞所組織。1931 年春，該社鑑於港汕兩地宜有機關，藉資融洽，乃於 1931 年特設駐港辦事處，徵得潮人林子實出而負責，主持一切。有成立宣言，章程亦甚完備，於華僑方面，裨益良多。[6]

當時潮人出外到南洋謀生，人數最多的是在暹羅，其次是到叻坡（新加坡）。在 1920 年代末至 1930 年代初，香港出現了暹莊和叻莊成立的團體；此外，有香港潮商互助社和旅港潮州同鄉會的創辦。但 1930 年代，舉世都動盪不安，經濟恐慌蔓延到世界各地，戰爭的腳步亦已漸漸迫近了。

暹莊和叻莊成立的團體

1929 年，香港暹莊成立聚益堂；1930 年，香港新加坡幫成立協進會。這兩個團體，是由潮汕籍人士經營的暹莊和叻莊（新加坡莊）分別組織的。在當時香港的潮商團體中，聚益堂於社會上頗負聲名。旋以港暹輪船水腳日增，各暹莊乃聯絡資本，組織輪船公司，名曰「聚益」。[7] 戰後有香港暹莊

5　賴連三著《香港紀略》，頁 81。

6　賴連三著《香港紀略》，頁 65。

7　賴連三著《香港紀略》，頁 64 — 65。

同益互助社，社址在干諾道西 34 號四樓，亦於 1929 年註冊成立[8]，很可能就是由聚益堂改稱的社團。

香港新加坡幫協進會由本港潮商楊達三、洪鶴友、陳子吾、鄭澤琴、蔡希光、陳楨祥、鍾子言、林鶴雲等發起，目的是為各新加坡莊同人謀求集體公益和互助團結。1941 年日軍陷港，會務被迫停頓，直至 1947 年始告復會，於 1948 年重新註冊，會址在香港干諾道西 29 號二樓。1954 年修改會章，理監事會任期由每年一屆改為二年一屆。[9]香港新加坡幫協進會的會員概以商號為單位，各會員商號須指定一人或二人為代表參加；成立時只得會員十餘家，其後增至二十餘家。戰後復會，一度增至四十餘家。其組織採理監事制，由會員大會選舉理事九人、監事三人，分別組織理事會和監事會；再由理事中互選正副理事長各一人，常務理事兼總務、財務部長、商務部長三人，由監事互選監事長一人，理監事任期為每年一屆。1954 年修改會章後，任期改為兩年一屆。戰後該會與廣益商會聯合成立「港星貨運調節聯合辦事處」，專門向各輪船公司交涉有關船期、儎腳等問題。該會為了維護一部分經營鮮菓菜蔬付星業務的會員商號權益，在理事會下另成立菓菜組。[10]

香港潮商互助社成立

1930 年 2 月 21 日，香港潮商互助社成立，原名聚益互助社，是一部分暹羅莊口買賣手組織，附設於聚益堂內，同年 7 月 23 日正式更名為香港潮商互助社。會址設於永樂西街 136 號 3 樓。創辦人有王芷軒、陳遜予、溫國英、李琴芝、黃萼坡、郭柏熏、楊馨園、李紹鷹等三十七人，第一屆主席為王芷軒。該社「以聯絡潮僑感情，增進商業學識，各本互助精神，共謀社員幸福及發展一切公益事宜為宗旨，對於政黨宗教概不涉及。」成立翌年組織商品調查組，刊行「行情紙」，發給社員商號，甚受歡迎。1934 年，由於社員激增，社址不敷應用，乃搬至永樂西街 144 號 2 樓辦公。

8　〈香港潮僑事業概況‧社團事業〉，《潮僑通鑑》第四回，第二篇，頁 33。
9　〈香港潮僑社團概況〉，《香港潮僑通鑑》（香港：香港潮州通鑑社，1964 年），頁 56 — 58；第四回，第二篇，頁 24。
10　〈香港潮僑之社團事業〉，《香港潮僑通鑑》第二回（香港潮州通鑑社，1966 年），第二篇，頁 19。

1933 年 3 月，香港潮商互助社捐港幣二千元給潮僑籌賑會賑濟災民。1934 年 6 月，租船往石澳海灘舉行海浴會，音樂隊沿途奏樂助興，此後每年都舉行一至數次。1937 年 3 月，邀請澄海和潮陽的樂社來港，參加英王喬治六世加冕遊藝活動，轟動一時。1938 年，接受南僑小學校長的邀請，承任該校校董，並捐助港幣五百元。該社向以發揚互助精神、致力社會福利為主旨，時至今日是歷史僅次於香港潮州商會的本地潮籍社團。

戰後初期，香港潮商互助社對於辦理救濟工作更見積極，尤以歷年舉辦的籌募寒衣遊藝大會、義演潮劇等活動，成績一年比一年進步，募得款項購備大量寒衣及棉氈。除由該社全體理監事親自到港九新界各地區派發之外，另委託各區街坊福利會代為派送。此外，對於臨時緊急救濟工作，亦多所致力，如各地區發生風災、火災以至意外爆炸等，該社均迅速施以救濟。[11]

旅港潮州同鄉會成立

旅港潮州同鄉會是由旅港潮州總工會改組而成的。1928 年間，由於環境變遷，總工會會務停頓，旅港潮州同鄉中的熱心人士，於是有同鄉會的組織，1930 年夏，召集同人大會，選舉職員，並於 7 月 13 日舉行開幕禮，正式成為旅港潮人各界的總機關。

旅港潮州同鄉會「以聯絡鄉誼感情，贊襄社會公益為宗旨」，會址在德輔道西 53 號四樓。章程用委員制，成立時的監察委員長為陳庸齋，執行委員長為蔡秉臣，文牘為林少石，會計為鄭穀田。該會章程已甚完備，共有八章：（一）總綱；（二）會務設施；（三）會員義務及其權利；（四）職員之組織及其職務；（五）選舉及任期；（六）開會；（七）財產之保管及處置；（八）附則。對於其會務進展，我們所知甚少；而奠定本港潮州同鄉會的規模，則意義是很重大的。正如論者指出：「夫人群之愛鄉也，先於愛國；行遠必自邇，理有固然。未有不愛其鄉，而號於眾曰吾能愛國者。然則，愛國觀念，以愛鄉為基礎，擴而充之，以成社會而立人群。則同鄉會之創設，

---

11 〈香港潮僑之社團事業〉，《潮僑通鑑》第二回，第二篇，頁 18。

豈無故哉。」[12] 創辦團體、奠立會基固然困難，維持和推進會務亦不容易，在戰爭動盪時期，這些潮屬社團都面臨困厄的命運。

香港淪陷期間的社團狀況

　　1941 年，旅港潮州磁業公會成立，由於是在太平洋戰爭爆發前夕，其活動情況已無可考。該公會與戰後於 1947 年 7 月成立的香港潮州磁業商會有無關係，是否其前身組織，因缺乏記載，有待查證。1941 年 12 月 8 日，日本發動太平洋戰爭，香港亦受到日軍攻擊，十八日後，於 12 月 25 日淪陷，自此進入「三年零八個月」黑暗日子。香港淪陷期間，本地各個大小社團或陷於停頓狀態，或只勉力支撐，直至戰爭結束後才逐漸恢復。

12　賴連三著《香港紀略》，頁 80 — 86。

第二節　**香港潮屬社團發展期** (1945 — 1997)

戰後初期成立的潮屬社團

1945 年 8 月中旬，第二次世界大戰後，各地交通往來率先恢復，旅港潮僑萬勝航業工商聯合總會即於此年成立。翌年 2 月，香港汕頭進出口商會成立，是戰後初期興起的一個潮商組織，反映了當時香港與汕頭關係的密切；3 月，旅港潮陽同鄉協進會成立，後改稱旅港潮陽同鄉會，是香港潮陽同鄉會的前身。此外，有港九搬運行李業工商總會的組織。

（一）香港汕頭進出口商會——1945 年 11 月 20 日，和平後第一艘由汕頭抵港的永生輪，載來汕頭土特產甚多，但船公司收費過昂，經貨主交涉結果，才減為百分之七十七收費。1946 年 1 月 16 日，怡生輪由汕頭來港，因為當時社會秩序尚未恢復正常，致各貨主受到嚴重損失，汕頭幫商界人士為維護同業利益，咸感有成立公會的必要，於是推舉三泰公司、聚興行、啟昌行、生興、澤記、仁興行、南合行、洽源行、興發行、陳萬大行、公興十一家商號成立籌備委員會，進行工作，於 2 月 15 日成立「香港汕頭幫公會」。1957 年，更名汕頭進出口商會；1969 年，改稱香港汕頭商會至今。[13]

（二）旅港潮陽同鄉協進會——1946 年 3 月成立，其初稱為旅港潮陽同鄉協進會，從事辦理家鄉救濟、教育、建設等事項，地址在干諾道西 29 號四樓。是時適值抗戰勝利之初，全國復員，旅港同鄉鑑於兵燹之後，社會元氣損耗，加以天災頻仍，民生凋敝，百廢待舉，為拯縣民於水火之中，以及扶持地方建設，經潮陽旅港僑領馬澤民、蕭眉珊等的倡導，成立同鄉組織，從事救鄉工作。1950 年遷至干諾道西 73 號二樓，改稱旅港潮陽同鄉會，自此廣徵會員和擴大業務，辦理同鄉福利事業，如救濟東頭鄉火災、運米急賑潮陽同鄉及於每年夏季設中醫贈醫施藥予同鄉貧病者。1950 年及 1951 年，連續籌募棉衣贈送予港九貧僑；此外還替同鄉排難解紛，謀福利工作不遺餘力。

---

13 〈本會簡史〉，《香港汕頭商會五十三周年紀念特刊》（香港：香港汕頭商會，1998 年），頁 33。

（三）港九搬運行李業工商總會——香港為亞洲交通樞紐，搬運業隨而興盛，執業搬運工作於九龍尖沙咀碼頭皇家橋、九龍倉閘口及九廣鐵路車站等處，潮僑人士因人數最多而成為一幫。復員初期，搬運從業員原有一部分發起組織「港九搬運行李業工商總會」，於 1946 年奉准註冊成立。至1949 年 1 月，香港政府勞工處社團註冊官為整理港九社團組織，乃將原名改為「港九搬運行李業工會」，重新組織。同年 7 月，九龍警司碧箋為防止尖沙咀碼頭、火車站至九龍倉一帶散工苦力滋擾旅客，曾兩度召見該會負責人，指示改革辦法多項，飭由該會統一管理上述地區的搬運從業員，並規定由 8 月 1 日起，搬運從業員須一律穿着該社製定的制服，劃一收費；更指示以「港九搬運社」名義，在火車站門側掛牌工作，自後秩序井然，旅客稱便。社址設於九龍廣東道 2 號六樓。會員與會員之間，經常取得密切聯繫。交換工作經驗，發揮合作與服務精神。1946 年有值得注意的一事，即旅港潮州八邑商會更名旅港潮州商會。1945 年 11 月，旅港潮州八邑商會議決參照內地商業組織法，進行修訂會章；翌年 1 月，會名刪去「八邑」二字，使更能配合新時代的形勢。

1947 年，香港暹羅幫公會成立。其後鑑於暹羅改國號為泰國，為使該會名稱符合現實情況起見，經會員大會決定，於 1957 年 2 月更名為香港泰國進出口商會。該會宗旨，主要為聯絡同業感情，促進團結及維護會員福利等項，會址在香港德輔道西 44 號三樓。該會組織採理監事制，由會員選出理事十九人組成理事會，選出監事五人組成監事會。理事會互選正副理事各一人，其下設總務、財務、福利、聯誼、商務五股，各股設主任，由常務理事兼任，監事會互選一人為監事長。理監事的任期均為一年。

香港九龍潮州公會成立

1947 年間，潮州遭遇丁亥水災，風災相繼疊至，災情嚴重；省港海外關心桑梓災情，咸施以援手，於是組織救濟水災委員會，發動募捐。該會推選黃兆東、馬璧魂、周亮星、顏麗波、周振德、張中畊、陳逸岩、連英賢、楊益雄、朱榮庭、周松江諸人為九龍方面募捐委員會，分頭奔走呼號，得到同鄉紛紛解囊，集腋成裘，成績理想，令災民得涓滴草青，濟燃眉之急。經

此一役，九龍各同鄉深感需要團結起來，才可收事半功倍之功，贊成組織同鄉團體以資領導。1948 年元旦，成立「潮州公會籌備委員會」，以全體發起人為籌備委員，推選黃兆東、馬璧魂、張中畊、周振德、顏麗波、陳逸岩、朱榮庭為常務委員，由黃兆東為召集人，經多次會議商討，訂出會章，並於 3 月呈香港華民政務司備案。8 月 1 日召開第一次會員大會，選出第一屆理監事。同年 9 月 4 日，在香港大華酒家舉行成立大會暨就職典禮，定名香港九龍潮州公會；後為配合會務發展，向香港政府申請為有限公司，於 1958 年 1 月 25 日獲批准，並改為會董制。

1947 年 7 月，香港潮州磁業商會成立，上文已有提及，反映了磁業在潮汕產品中佔一席位。磁業亦即瓷業，香港潮商經營的品種以潮州瓷器為主，香港由初時的轉運站發展成為外銷基地，大部分轉銷東南亞各地。1948 年，另有香港批業同業公會成立。潮汕是著名僑鄉，僑批款項和購貨匯款常經香港轉駁，潮商在匯兌業和批業這兩個行業中，佔有一定地位。總的來說，1940 年代後半是潮屬社團迅速發展的一個階段，戰前一些已創立的社團相繼重組，又有一些新的社團組成。其間正值內地國共內戰，香港社會亦受影響，1949 年 10 月 1 日，中華人民共和國成立後，華人社會的形勢亦相應有所改變。

1950 年代成立的潮屬社團

1950 年代中出現的一個潮籍社團，是香港九龍榕江福利會。當時揭陽旅港人士數逾十萬餘眾，如何聯絡鄉誼與謀求同鄉福利，一向是鄉人關心的問題，1955 年間，蔡六、孫潮欽、張季輝、陳水、黃漢亭、張振恭、劉先遠、袁木和、林錫豪、黃鐘烈、朱雄芝、陳娘榮、孫振勤、郭榮欽、柯木輝、林元喜、孫振春、刑同響、林錦泉、莊琳承、李明光、楊君正、柯成榮等二十餘人發起倡導，遂有榕江福利會的籌設，但其初以經濟及會址等問題，推進工作遲緩。至 1958 年，得鄧緝熙熱心策劃，奔走聯絡，邀得旅港邑彥及僑領參加，並於皇后大道西設立會址，雛形始告完成，隨於翌年召開會員大會，選出第一屆理監事，蔡六為理事長，袁時芳為監事長，正式宣告成立，並擴大徵求會員，參加者日眾。第二、第三屆會長為杜思顯，會務漸有發展，原

址不敷應用，乃遷進灣仔利東街 46 號六樓自置會所辦公。

顧名思義，香港九龍榕江福利會是個同鄉福利機構，故會務推動首重福利事業，會員福利、同鄉福利以至社會一般福利均為工作對象。主要辦理的措施計有：（一）1962 年 9 月 1 日，颶風溫黛襲港，破壞嚴重，新界一帶農場受災尤烈，該會同鄉居住新界者甚眾，特發動同人捐集款項救濟，並向受災同鄉及會員致送慰問金。（二）1962 年 12 月間，該會於九龍土瓜灣海心廟舉辦為期一個月的遊藝大會，籌募福利基金，購買寒衣、棉被、毛氈等物送交社會福利處，代為派發給貧寒人家，及在九龍福華村火災中受災的同鄉；1964 年九龍黃大仙竹園村發生火災，其中潮籍災民甚多，該會將一批衛生衣及毛巾、牙刷、口盅等，按有需要人數派贈。（三）會員之獲享遐齡者，其大壽必予慶祝，藉此發揚孝道，達成互助互濟之旨，並組成「福壽小組互助委員會」。（四）聘請醫務顧問，設立會員診療所，備有會員診療車，推展義務診療工作。[14]

1950 年代後期，有兩事值得注意：一是旅港潮州商會於 1956 年更名為香港潮州商會有限公司，二是香港汕頭幫公會於 1957 年更名為香港汕頭進出口商會。新的社團有二：其一是僑港潮汕文教聯誼會，1958 年 8 月成立，在 1960 年代是潮籍文教界人士凝聚力量的一大團體，至 1970 年代中仍甚活躍；其二是香港潮僑食品業商會，1959 年 6 月 6 日成立，會務逐漸發展，成為業界代表之一。

僑港潮汕文教聯誼會的活動

1950 年代開始，潮州文化教育界人士僑居港九的人數日增，但因散處各方，接觸機會極少，為聯絡感情及促進鄉誼，實有組會之必要；若進而求事業之協作與互助，或共同努力文教工作，貢獻社會，更有賴成立團體以為領導。普寧傅尚霖、惠來方乃斌等有見及此，爰於 1957 年春聯名函邀潮汕文教同仁於 2 月 6 日假座九龍大華酒家舉行春節聯歡聚餐。大家交換意見後，一致決定組織「僑港潮汕文教聯誼會」，即席推定林子豐、洪高煌、傅尚霖、

---

14 〈香港潮僑事業概況．社團事業〉，《潮僑通鑑》第四回，第二篇，頁 29 — 30。

饒宗頤、王澤森、羅純仁、方乃斌、陳頌禮、馬奕成、鄭守仁、趙鳳十一人為籌備委員會委員，並以林子豐、王澤森、羅純仁為召集人；稍後又加推林雁峰、楊家理、鄭或、佘陽、丘松生、陳亦修、陳志鴻、洪德身等為籌委，積極展開籌備工作。

僑港潮汕文教聯誼會（Cultural and Educational Association of Chiu-Chow and Swatow Residents Limited）的組織章程，於第一次會員大會提出討論、修正及通過，至 6 月 16 日獲社團註冊處發給註冊證，立案手續乃告完成。為取得各僑領的協助和支持，聘請顏成坤、鄭克堂、方繼仁、鄭植之、陳漢華、林振聲、馬錦燦、陳守智、蔡貞人、翁廷芳、林樹基、林友卿、陳漢榮等為顧問。該會宗旨是聯絡鄉誼、研究學術，為文化教育上之貢獻而努力；組織採理監事制，由會員大會選出理事七人成立理事會，理事會設理事長一人、副理事長二人；監事九人成立監事會，監事會設監事長一人、副監事長二人。又設會長一人、副會長二人，對外代表該會，對內領導理監事會推進會務，全部職員任期兩年。1958 年 8 月 17 日，假座嶺英中學舉行成立大會暨第一次會員大會。

該會為發揚敬老尊賢的優良傳統精神，於 1961 年 3 月 12 日假座九龍潮州公學舉行招待潮籍耆英大會，參加者有八十多位年齡由七十歲至一百歲的耆英，節目包括歡迎會、聚餐、致送敬老禮品等，濟濟一堂，備極熱鬧。該會為鼓勵潮籍子弟勤奮向學起見，先後於 1961 年 4 月 9 日、1962 年 8 月 19 日及 1963 年 8 月 18 日舉行過三次招待港九大專院校及中英文中學潮籍畢業生歡迎會。此外，又多次舉行歡讌鄉彥，及於 1964 年 6 月創辦《僑港潮汕文教聯誼會會刊》等。該會會刊第二期於 1966 年 8 月出版，第三期於 1974 年 10 月出版。1970 年，經第六屆理監事努力捐獻及同鄉賢達慷慨解囊，購置九龍亞皆老街 9 號啟運大廈三樓為會所，並請陳煥章撰寫〈僑港潮汕文獻聯誼會會所落成碑記〉。[15]

---

15 《僑港潮汕文教聯誼會會刊》第三期（1974 年），頁 331。

潮僑塑膠廠商會成立

從 1950 年代開始，香港潮商經歷了艱難的工業化過程。到了 1960 年代，新一代潮商工業家的興起，呈現風起雲湧之勢，並且在商界嶄露頭角。1960 年代最早成立的潮屬社團是潮僑塑膠廠商會，即現時潮僑工商塑膠聯合總會的前身。香港塑膠工業自 1948 年萌芽後，繼以蓬勃發展，成為本港重要工業的一環，各式各樣的塑膠製成品遠銷至世界各地市場。從事塑膠工業的潮籍人士，設廠生產的不下數百家，而從事本行業的人連同家庭手工婦女在內，為數更為龐大。業內人士遂有以潮僑塑膠廠家為會員單位，籌組潮僑塑膠廠商會的倡議，推定朱中武、楊學光、陳世光、陳木清、劉漢宣、柯梓珊、翁銘堅、莊孫標、陳璧良為籌備委員，由朱中武、楊學光分別任正副主席。

該會由開始籌備及至向社團註冊官申請註冊，為時僅數月，1961 年 4 月 15 日宣告成立，假石塘咀舉行慶祝成立暨第一屆理監事就職典禮。翌日假金陵酒家召開理監事座談會時，曾木溪倡議自置會所，獲得同人贊成，乃於 5 月 20 日理監事特別聯席會議通過組設籌建會所委員會，推選朱中武、楊榮光、陳世忠、李嘉誠、陳培、曾木溪、龔廷芳、劉漢宣、林山、陳永鎮、翁銘堅、劉業成十二人為委員；後經一致贊成，購德輔道西 406 號 D 四樓為永久會所，並將建委會名額擴充至二十五人，包括全體理監事及候補理監事。至 1962 年 10 月，新會所取得入伙紙，進行裝修，並於 1963 年 1 月 16 日舉行開幕典禮。及至 1965 年，因感會所地點稍遜，乃籌款購置另一新會所，地址為中環租庇利街富興大廈六樓。[16]

潮僑塑膠廠商會以聯絡潮籍塑膠廠商感情、謀求同業間的互助及福利為宗旨，組織採理監事制，由會員大會選舉理事十五人、候補理事四人組織理事會，互選正理事一人及第一、第二副理事長各一人，總務、財務、交際、調查、福利、康樂六組，每組正副主任各一人；監事七人、候補監事二人組織監事會，互選正監事長一人及第一、第二副監事長各一人，稽核、審查兩組，每組正副主任各一人。理監事的任期為一年。會所附設西醫贈診所，對於會員家屬員工特別優待，同時辦理戒毒醫療業務，協助政府推行掃毒運

---

16 〈香港潮僑事業概況‧社團事業〉，《潮僑通鑑》第四回，第二篇，頁 20。

動，促進大眾保健福利，足見該會於推進社會工作方面不遺餘力。此外，設有會員諮詢處，解答有關法規、稅例、商業常識等問題，及輔助產品外銷。

相繼成立的潮屬社團

1959 年，荃灣潮州福利會成立，設於荃灣雅麗珊服務中心二樓，以聯絡鄉誼、促進福利為旨趣。荃灣自發展成為衛星城市之後，潮籍人士在該區經營工商業及居住者與年激增，非正式估計，當時約有二萬餘人，該會的組成，正可負起團結互助的任務。該會在推展同鄉福利工作方面甚為積極，尤以創建荃灣潮州公學一舉最受讚揚，該校於 1965 年 10 月 1 日落成啟用，校址位於海壩街。

繼 1961 年潮僑塑膠廠商會成立之後，1962 年香港長洲鄉親會成立，地址在長洲新興街，正、副理事長為林岱立、陳家業，正、副監事長為黃桂欽、張淦潮。在 1960 年代中已成立的潮僑社團，還有：（一）香港惠潮手車工會，會址在香港灣仔春園街 17 號四樓；（二）港九潮僑工商友誼會，會址在九龍尖沙咀海防道 35 號三樓；（三）港九飲食業潮籍職工會，會址在九龍深水埗福榮街 48 號六樓。1960 年代中成立的有：（一）大埔潮州同鄉會成立，蔡木遂為創會會長；（二）潮僑花炮會，1965 年成立，地址在元朗大馬路 2 號 B；（三）新界惠州潮州同鄉聯誼會，1966 年成立，會所在元朗大馬路 77 號二樓。

1967 年，元朗區潮州同鄉會由永遠會長黃松泉太平紳士領導成立，創會宗旨為愛國愛港愛家鄉，聯繫及團結潮人鄉親，互相照應，共謀福祉。同年，旅港惠來同鄉會籌備註冊立案成立大會，後改名香港惠來同鄉會，於長沙灣道正輝大廈購置永久會所，後再購置九龍新蒲崗彩虹道 110 — 114 號新蒲崗大廈 A 座二字樓 5 — 6 室為會所。

1960 年代後期，還有三事可注意：第一，是沙田潮僑福利會有限公司於 1968 年註冊成立；第二，是香港汕頭進出口商會於 1969 年自置會所於干諾道 40 至 41 號東江大廈十三樓，並改名香港汕頭商會，註冊為有限公司，由理監事制改為會董制；第三，是潮僑塑膠廠商會的組織於 1969 年由理監事長制改為會長制。

宗教和慈善社團的盛行

戰後初期至 1960 年代，潮屬宗教和慈善社團組織日趨盛行。至 1960 年代後期，計有：（一）旅港潮州普慶念佛社，社址在九龍深水埗汝洲街 142 號；（二）潮州從德善社，社址在長發街 20 號四樓；（三）香港德教總會，會址在香港西環朝光街 2 號，德教會在 1960 年代出現盛狀，計有：（1）德教會紫香閣，地址在香港西環朝光街，石澳設有分閣；（2）德教會慈心閣，地址一在九龍明倫街 24 號 A 四樓，另一在九龍大南街 307 號；（3）德教會慈悲閣，地址在九龍大南街 307 號；（4）德教會紫青閣，地址在香港西營盤水街口；（5）德教會紫高閣，地址在香港高街；（6）德教會紫生閣，地址在香港大道西；（7）德教會紫因閣，地址在香港鳳輝台；（8）德教會紫蘭閣，地址在九龍北帝街；（9）德教會紫上閣，地址在新界上水墟；（10）德教會紫音閣，地址在新界沙田；（11）香港德教紫靖閣，地址在香港德輔道西 79 號四邑大廈八樓。[17]

德教以儒、釋、道、耶、回五教同揚，逢初一、十五舉行扶乩，尊人倫，重五常，以儒學作根基，以文字為誨導，致力服務社會，贈醫施藥，行善積德，克盡所能。1970 年代以後，部分轉移至台灣和東南亞，團體數目漸減。2014 年，香港德教紫靖閣舉行創閣五十一周年暨第二十三屆閣董就職典禮，由永遠名譽閣長姚中立主持閣董監誓儀式，許瑞良第六次蟬聯新屆閣長。紫靖閣開設中西醫診療所，亦已四十多年。

基督教方而，在 1960 年代後期，潮語教會是很盛行的，生命堂方面有：（一）尖沙咀生命堂，地址在尖沙咀寶勒巷 25 號；（二）香港生命堂，地址在香港中環些利街 20 號；（三）九龍生命堂，地址在九龍嘉林道 39 號。浸信會方面有：（一）潮語浸信會佈道所，地址在香港筲箕灣西灣河街 25 號二樓；（二）深水埗潮語浸信會，地址在九龍深水埗福榮街 40 號二樓；（三）何文田潮語浸信會，地址在九龍何文田梭椏道 1 號；（四）旺角潮語浸信會，地址在九龍彌敦道金輪大廈三樓；（五）九龍城潮語浸信會，地址在九龍衙前圍道 55 號 A。

---

17 〈香港潮僑事業概況‧社團事業〉，《潮僑通鑑》第四回，第二篇，頁 34。

　　潮人生命堂是潮汕長老會及浸信會的教牧、信徒南下香港所組成的，為一具有潮汕方言特色的獨立教會。原來 1909 年潮汕來港從事抽紗業的商人，大多出身於潮汕長老會，此因抽紗技術乃由該會女傳教士傳授而至，故來港的抽紗商人多為基督徒，具有「同鄉、同業、同信仰」的特質，與中國傳統商幫風習並無二致。創會之始，乃因 1909 年在長老會醫療傳教士懷敦幹（George Duncan Whyte，1879 — 1923 年）的呼召下，在港經營抽紗業的潮汕信徒，組成旅港潮人基督教會，至 1923 年始稱「旅港潮人中華基督教會」，及至戰後潮汕信徒包括浸信會會友，相繼南下香港，該會由是得以擴充及發展，遂於 1947 年改稱「基督教潮人生命堂」。以香港堂、尖沙咀堂及九龍城堂三大堂為基礎，逐漸發展至今，有筲箕灣、華富村、荃灣、牛頭角、慈雲山、觀塘等 14 個堂會，並成立聯會及差會，成為本港著名的潮語教會（表 5-1）。

　　至於潮語浸信會則始源於林子豐，其父林紹勳原為潮汕美北浸信會牧師。林子豐於 1920 年代南下香港，任職南北行的廣源盛行，成為南北行潮幫商人，經營米業。其後自行開設四維公司，經營煤炭、米業、船務，又增設嘉華銀行，繼而發展貨倉、凍房、電筒製造業，業務一日千里，由是致富。早年來港，首先加入堅道香港浸信會，1936 年遷居九龍城，協助母會發展九龍城基址，促成九龍城浸信會的立會及建堂。至 1940 年又創設浸信會潮語堂於蒲崗山，是為九龍城潮語浸信會。復於觀塘、牛頭角、博愛村、竹園、橫頭磡等潮人聚居地區建立佈道所，逐漸發展成為獨立的潮語教會，並建立潮語浸信會聖工發展聯會，自成一系。林子豐日後且參予創立浸會學院、浸會醫院，並出任培道中學校監、培正中學校長、浸信會聯會主席等，對於本港浸信會的傳道及教育事工貢獻至大。[18] 時至今日，香港共有十八間潮語浸信會（表 5-2）。[19]

---

18 李金強〈香港潮人教會及潮人社團〉（講話），《香港潮汕學刊》第 2 期（2013 年 6 月），頁 1 — 2。關於潮人生命堂，詳參李金強、陳潔光、楊昱昇著《福源潮汕澤香江：基督教潮人生命堂百年史述 1909 — 2009》（香港：商務印書館，2009 年）；關於林子豐，可參周佳榮〈香港浸會大學創辦人和首任校長——林子豐博士事略及其訓勉〉，《香港潮汕學刊》第 1 期（2013 年 3 月），頁 6 — 7。

19 香港教會網頁 http://www.hkchurch.org/Search/top.asp；香港華人基督教聯會 http://www.hkcccu.org.hk/index.html。

表 5-1　香港基督教潮人生命堂一覽

名稱	地址
基督教香港潮人生命堂	中環些利街 20 號
基督教九龍城潮人生命堂	九龍城嘉林邊道 39 號
基督教尖沙咀潮人生命堂	尖沙咀寶勒巷 25 號
基督教筲箕灣潮人生命堂	筲箕灣東大街 108A 景輝大廈地下 B 座
基督教迦密村潮人生命堂	何文田迦密村 7 號
基督教豐盛潮人生命堂	紅磡新柳街 5 號地下
基督教新蒲崗潮人生命堂	新蒲崗崇齡街 67 號 2 樓 A 座
基督教華富村潮人生命堂	華富村華明樓 125 — 134 號地下
基督教荃灣潮人生命堂	荃灣川龍街 133 號 2 樓
基督教慈雲山潮人生命堂	慈雲山鳳德道 47 號安利大廈三樓 B — E 座
基督教牛頭角潮人生命堂	牛頭角定安街 73 號一樓
基督教沙田潮人生命堂	沙田廣源村世界龍崗學校黃耀南小學
基督教西灣河潮人生命堂	西灣河海澄街海澄大廈 4 字樓 1 號
基督教樂傳潮人生命堂	尖沙咀柯士甸路 20 號保發商業大廈 12 樓

表 5-2　香港潮語浸信會一覽

名稱	地址
筲箕灣潮語浸信會	筲箕灣南康街 18 號高層地下
九龍城潮語浸信會	九龍城衙前圍道地下 55A
觀塘潮語浸信會	觀塘翠屏道 11 號
博愛潮語浸信會	慈雲山毓華里 22 號嘉喜大廈二至三樓
博愛潮語浸信會東頭堂	黃大仙東頭邨振東樓地下 10 號

（續上表）

名稱	地址
旺角潮語浸信會	旺角弼街 56 號基督教大樓六樓
勝利道潮語浸信會	大角咀杉樹街 4 — 16 號金基大廈 2 樓
沙田潮語浸信會	大圍村南道 71 — 75 號滿華樓 A 座地下
青山道潮語浸信會	深水埗長沙灣道 137 — 143 號長利商業大廈 2 字及 3 字樓 B 室
灣仔潮語浸信會	灣仔謝斐道 98 — 108 號仁文大廈 1 字樓
荃灣潮語浸信會	葵涌打磚坪街 93 號維京科技商業中心 B 座 3 — 4 樓
何文田潮語浸信會	旺角旺角道 1 號旺角道壹號商業中心 12 樓
牛頭角潮語浸信會	牛頭角定富街 49 — 51 號地下
牛池灣竹園潮語浸信會	牛池灣村金池徑 20 — 28 號二樓
香港（西區）潮語浸信會	西環堅尼地城李寶龍台 16 — 18 號
上環潮語浸信會	上環德輔道西 58 號永勝大廈 3 樓 A — C 座
深水埗潮語浸信會	深水埗南昌街 203 號昌華樓 3 樓 B — J 座
元朗潮語浸信會真理堂	元朗壽富街 71 號元發樓三樓 4 — 7 座

1970 年代成立的潮屬社團

1970 年代，香港潮商在很多領域都取得驕人成績，當時成立的潮籍社團亦多，原有潮屬社團也有較大發展。1970 年，香港潮僑聯誼會成立。1971 年 4 月 29 日，香港潮州會館落成啟用；同年，牛頭角潮僑聯誼會成立。1972 年，香港潮僑公益協進會成立；同年，粉嶺潮州會館落成啟用。

香港潮州會館位於港島西環德輔道西 81 至 85 號，樓高十一層，面積達四千呎，香港潮州商會自用三層，其餘出賃，所得款項作為興學、濟貧、贈醫等福利事業之用。多年來香港潮僑所企望的會館終於實現，饒宗頤教授為撰〈香港潮州商會創建潮州會館碑記〉。在此前後，長洲潮州會館已於 1969 年落成開幕，新界粉嶺潮州會館繼於 1972 年落成啟用，香港共有三個潮屬會館。香港潮州會館落成後，香港潮州商會首長及多位商界中人曾發

起「潮州總會」。

　　論者指出，會館成立的基礎是地緣性和商業性。會館的地緣性，是指會館成員之間的凝聚力來自地緣關係，即籍貫的同一和鄉土的認同；地緣的紐帶自然而然地把來自同一個地方的客商們聯繫在一起，形成有某些特定的經營範圍、經營網絡和經營風格的地域性的商幫。會館的建立，標誌着商幫在商業都市的地位穩固，同時也成為商幫展示本幫經濟力量和地方文化成就的場所。商會作為一種業緣組織，在功能上並不能夠替代會館；會館關注的重心則轉向利益的保障，尤其是以慈善事業為主的種種行為。[20] 在很多地方，會館的建立通常早於商會；香港的情況與此相反，商會成立後才籌建會館。當中原因頗多，一則香港位於潮商往來路線的中繼站，與早期往來於香港的不少人士相同，視香港為旅居之地，本地成立的社團常以「旅港」為名，改稱「香港」是在戰後的事；二則香港地價物價高昂，籌建會館需要眾多人力物力，加上戰爭和政權更替等原因的影響，直至 1960 年代末、1970 年代初才得以把建設會館的宏願付諸實現。

　　1973 年 10 月 25 日，香港潮州市同鄉總會成立，並購得干諾道西 42 號高富大廈七樓全層及三樓第一座為永遠會所。同年，潮州公和堂聯誼會成立。1974 年，香港泰國進出口商會、潮州南安堂福利協進會、紅磡三約潮僑盂蘭友誼會成立。1975 年 8 月，香港菴埠同鄉會成立。同年另有兩個社團成立：（一）西貢區潮州同鄉會，會址在西貢普通街 21 號；（二）僑港潮州普慶念佛社成立，社址在九龍黃大仙 5615 號地段馬仔坑道 20 號。

　　1977 年，香港九龍潮州公會自置會所。1978 年，香港潮陽同鄉會購得永樂街 157 至 163 號二、三樓為永久物業，並在二樓創辦不牟利的潮陽托兒所。1979 年，旅港普寧同鄉聯誼組成立，後改名香港普寧同鄉聯誼會。

1980 年代至香港回歸前成立的潮屬社團

　　1980 年代以降，香港潮商發展迅速，在各行各業之中，潮商都很活躍。隨着人口增長，地緣性的潮屬社團相繼出現。1981 年 4 月 9 日，旅港澳頭

---

20 黃挺、陳利江著《潮州商幫》，頁 93 — 94。

同鄉會成立。原先為「行船館」組織，館址位於西營盤正街 13 號四樓，館名「萬合華」；其後萬合華結束，同鄉會購置西營盤德輔道西 203 號五樓為會址，正名為旅港澳頭同鄉會，後購得西邊街 2 號悅心大廈 5 字樓 C 室為會址。

1982 年，香港九龍揭陽同鄉總會第一屆會董就職。1978 年中國內地改革開放之初，前揭陽領導提議，在香港榕江福利互助會的基礎上，重組創立香港九龍揭陽同鄉總會。在鄭翼之、邱子文及眾會董贊助下，購置位於九龍彌敦道 564 號三樓的會址。1988 年，香港饒平同鄉會正式成立。該同鄉會籌委會於 1981 年春成立，1987 年 1 月註冊為有限公司。

1990 年代前期，這趨勢仍然強勁。1992 年，旅港潮陽同鄉會更名為香港潮陽同鄉會；翌年秋，該會興辦的香港潮陽小學在天水圍天耀邨正式開學。2005 年，該會在天水圍天華路開辦潮陽百欣小學。1993 年 6 月，潮汕三市政協香港委員聯誼會成立。這是由於潮汕行政區域調整，在香港的市政協小組由原來的一個分為三個，分別隸屬汕頭、潮州、揭陽三市，陣容也較前擴大。為了更好地匯集在外鄉親力量，溝通三市聯繫和協調，共商潮汕地區發展，因此從實際出發，率先在香港成立跨地區的聯誼組織。創會會長是陳偉南。1995 年，香港普寧同鄉聯誼會正式註冊成立。

第三節　香港潮屬社團興盛期（1997年以來）

香港回歸後興起的潮屬社團

1997年7月1日，香港回歸祖國，實行「一國兩制」，香港特別行政區成立。回歸後最早成立的潮屬社團，是香港澄海同鄉聯誼會。潮汕地區的主要縣市，至此在香港都有同鄉會、聯誼會的組織。

2000年，國際潮汕書畫總會成立，這是現時本港具代表性的潮汕文化藝術團體，而且比較活躍，在凝聚潮汕書畫家和傳承文化等方面，都作出貢獻。在眾多潮屬社團之中，這是少數冠以「國際」名稱的社團之一，此亦顯示香港在作為國際金融中心和工商業城市之外，實已具有為人所忽略的國際文化都會和藝術活動平台的角色。

2001年1月8日，海外潮人企業家協會正式註冊成立。2001年10月，香港潮屬社團總會成立，成為團結全港各大潮屬社團和眾多潮籍鄉親的平台，象徵着新世紀一個劃時代的開始。2004年5月，國際潮青聯合會（International Teochew Youth Federation）成立，會址設於香港德輔道西81—85號潮州會館九字樓。2005年6月8日，香港潮人深水埗同鄉會成立。2008年2月4日，香港潮汕同學會成立。

香港各區潮人聯會相繼成立

2008年6月7日，九龍東潮人聯會成立。在此之前，聯會已於觀塘舉行「新春祈福大會」。2010年12月17日，舉行新置會所啟用典禮。同年12月29日，九龍西潮人聯會成立。在五年之間，會員達一萬六千人，會務發展受到各界的肯定。香港揭陽僑聯聯誼會亦於2008年成立。2009年初，新界潮人總會成立。由新界地區一批熱心社區事務、關心家鄉發展的潮籍知名人士發起，在短短兩年間，會員包括團體會員人數已達二萬餘人，會務進展迅速。

2010年，香港區潮人聯會成立。其創會宗旨是敦睦鄉誼，服務社會，團結各界人士，加強與友好社團的交往合作。該會聘請知名人士擔任榮譽／名譽職銜，立法會議員、區議員擔任顧問，一方面提高聯會的層次，而又有

廣泛的草根基層。

2011 年 5 月 24 日，潮汕文化協進會成立。2012 年 8 月 25 日，香港惠來商會成立。2014 年有兩個潮屬社團成立，一是香港揭東商會，另一個是揭港青年學生交流協進會。近期國際潮籍博士聯合會的活動和香港潮汕客屬聯誼總會的成立，都是值得注意的。

國際潮籍博士聯合會的活動

2013 年 8 月，國際潮籍博士聯合會在香港發起；10 月 4 日，潮籍博士專家學者交流會及晚宴在潮州會館大禮堂舉行，國際潮籍博士聯合會理事長、香港潮屬社團總會主席陳幼南致歡迎詞，另有多位來賓發表了意見。同年 11 月 7 日，國際潮籍博士聯合會在汕頭成立；翌日，在廣東省第五屆粵東僑博會開幕式上正式揭牌。這是首個以籍貫為紐帶的高端智庫，彙聚了散居世界各國各地各學科、各領域的知識精英和領軍人物。理事長陳幼南表示，該會致力推動和支持世界各地潮人的教育事業，加強人才庫和智力成果轉化服務板塊的建設。[21]

2013 年舉行的「第一屆國際潮籍博士論壇」，是以「食品藥品行業發展研討」為主題。2014 年 11 月 22 日，「第二屆國際潮籍博士論壇」在深圳五洲賓館舉行，由國際潮籍博士聯合會理事長、香港潮屬社團總會主席陳幼南擔任主席，來自海內外的潮籍博士和專家學者等三百多人，濟濟一堂，共同探討「寬頻網絡下的大數據及移動互聯網應用模式」。陳幼南在論壇開幕式上致辭時指出，互聯網正在全球範圍掀起一場影響人類所有層面的深刻變革，背後呈現出的將是新的一場商業模式的改變和思維的變革，全球移動化商機的到來，大家正是站在一個新時代的前沿去迎接未來的挑戰。大會有見及此，邀請行業權威專家和傑出人士共同探索相關議題，如大數據技術、雲計算、移動支付、通訊服務等領域，結合各自的專業研究和實踐進行探討和分析，為參加者注入新思維。「第三屆國際潮籍博士論壇」於 2015 年在

---

21 〈香港潮籍社團文教活動匯報〉，《香港潮汕學刊》第 4 期（2013 年 12 月），頁 35 — 36。

北京舉行，主題圍繞經濟方面。[22]

2015 年 7 月，為響應國家「大眾創業，萬眾創新」的號召，國際潮籍博士聯合會與廣州潮籍博士團在廣州舉辦了一個以「博士群體的創新創業」為主題的座談會，有一百多名潮籍博士和專家學者進行了交流。國際潮籍博士聯合會理事長陳幼南指出，博士群體是創新創業的重要骨幹力量，要敏銳地把握世界科技創新發展的趨勢，勇立潮頭，有所作為，與會團體並且要配合國家「一帶一路」的發展戰略，充分發揮平台支撐作用，推動社會進步。與會人士一致認同，潮籍博士要有世界觀，要與其他族群人士親密合作，共同服務整個國家及社會。會上同時舉行了國際潮籍博士聯合會廣州辦事處、廣州潮籍博士團的揭牌儀式。[23]

2015 年 8 月，國際潮籍博士聯合會理事長陳幼南率團訪問廣東省潮人海外聯誼會，與該會會長蔡東士和常務副會長許德立、黃偉鴻、紀力清、林惠俗等舉行座談。陳幼南邀請該會首長出席 11 月的北京高端經濟論壇，蔡東士希望兩會日後保持來往及推動交流合作。另外，身兼國際潮團總會信息委員會主席的陳幼南，又率領代表團訪問中山大學新華學院，並舉行國際潮團總會信息委員會諮詢交流會。來自海內外潮籍博士團體、專家教授及各學科、領域的知識精英和領軍人物二十餘人出席了會議，大家圍繞着高校創新創業教育及人才培養、學校未來發展規劃等課題進行交流。[24]

回歸以來潮屬社團的新趨勢

從二十一世紀初至今，香港的潮屬社團大致上包括以下幾類：第一類是全港性的綜合性社團，早年以商會為主，以及會館、公會、互助社等，香港潮屬社團總會成立後，名副其實地起着總會的領導作用，在不同社團之間，具有一定的協調功能，並且發揮着團結的力量。第二類是業緣性的社團，在一般的工商社團之外，還有食品業、塑料廠的組織，以及文教、文化社團等。第三類是地緣性組織，包括潮汕地區各縣市的同鄉會、聯誼會等。第四類是

---

22 〈第二屆國際潮籍博士論壇深圳舉行〉，《文匯報》，2014 年 11 月 28 日，頁 A19。

23 〈港穗潮籍博士交流創新創業〉，《文匯報》，2015 年 7 月 24 日，頁 A21。

24 〈陳幼南率團訪中山大學新華學院〉，《文匯報》，2015 年 8 月 8 日，頁 A11。

宗教性的社團，包括德教、潮人教會及潮僑盂蘭勝會等。第五類是血緣性的社團，如潮汕地區人士成立的宗親會。論者指出，由於創立時宗旨不同，所代表的階層不同，加上領導層的政治取向不同，以及價值觀不同等元素，因而有各自的獨立性。[25]

1980 年代後期起，有潮屬工商界慶祝中華人民共和國國慶籌委會的成立，最初是由數十年來一直高舉愛國旗幟的香港汕頭商會牽頭組織，而由各界知名人士組成籌委會，後來則多推舉香港潮州商會當屆會長擔任籌委會主席。香港回歸前夕，籌委會決定由香港潮州商會協調此項活動，並由原先的「工商界」改為「各界」，邀請工商界以外的知名人士成為籌委會委員。[26]香港潮屬社團總會成立後，在這項工作中擔任重要的角色。

1997 年以來，香港平均每年約有一個潮屬社團成立，足以說明香港與內地的聯繫密切了，本地潮籍人士加強了跟家鄉的往來和交流。有幾點應予特別指出：第一，香港潮屬社團總會的創辦，促進了香港各大潮屬社團及眾多潮籍人士的團結，在更大程度上，發揮了這些團體和精英的社會功能；第二，香港區、九龍東、九龍西、新界各區，都分別有潮籍鄉親組成聯會，現時十八區之中，也陸續出現潮籍社團，反映本地潮人居住和活動的分佈是遍及全港的；第三，文教團體迅速增加，不讓工商社團專美，同學會、青年學生交流團體的出現，是值得注意的現象；第四，潮汕地區同鄉會、聯誼會和商會趨於活躍，也是可以預期的；第五，在全球化趨勢下，以香港為主要活動平台的國際潮籍社團正日漸增加。

近幾年來，陸續有新的潮屬社團在香港創辦，包括香港潮文化發展總會、新界東潮人聯會、香港汕頭濠江同鄉總會和香港潮人文藝協會潮劇傳承中心，這些團體都已加入香港潮屬社團總會，成為團體會員。

香港潮州會館主席許學之於 2015 年度董事年會中致辭說，潮州會館作為香港潮州商會和香港潮屬社團總會以及多個國際性潮籍社團秘書處所在，對全球潮籍社團的發展起着十分重要的中樞作用，支持本港以至全球潮籍

---

25 〈透析香港潮籍社團的社會地位和影響——特別策劃：海外潮人和潮團的偉業‧香港篇（一）〉，載《世界潮商》總第 31 期（2010 年 3 月）。
26 同上註。

社團的工作，是香港潮州會館的責任，未來亦將繼續承擔及做好這方面的工作。[27]

　　現時香港潮屬社團總會、香港潮州商會、香港潮汕同學會、國際潮團總會常設秘書處、國際潮籍博士聯合會與國際潮青聯合會、國際潮學研究會、國際潮商經濟合作組織秘書處等都設於香港潮州會館內，潮州會館成為聯繫各個潮屬社團的樞紐。

---

27 〈潮州會館開董事年會〉，《文匯報》，2015 年 9 月 12 日，頁 A13。

第六章 | 扎根香港
香港潮屬社團總會的團體會員

　　香港潮屬社團總會成立時有二十多個團體會員，2019 年 8 月已增至四十二個，其中有的創辦逾九十年，有的則是新近才組成的；規模大小、會務性質和活動地區等，也各有不同。大致來說，可以分為三大類：

　　第一類是工商文教團體及行業，共十五個，計有：香港潮州商會、香港汕頭商會、香港潮商互助社、潮僑工商塑膠聯合總會、潮僑食品業商會、慈雲閣有限公司、海外潮人企業家協會、國際潮汕書畫總會、香港惠來商會、香港潮汕同學會、香港揭東商會、揭港青年學生交流協進會、香港德教紫靖閣、香港潮文化發展總會、香港潮人文藝協會潮劇傳承中心。

　　第二類是潮人綜合社團及地區聯會，共十五個，計有：香港九龍潮州公會、九龍東潮人聯會、九龍西潮人聯會、香港區潮人聯會、新界潮人總會、新界東潮人聯會、大埔潮州同鄉會、元朗區潮州同鄉會、長洲潮州會館、香港潮人深水埗同鄉會、新界粉嶺潮州會館、香港潮僑聯誼會、荃灣潮州福利會、香港潮僑公益協進會、香港柴灣潮僑工商聯誼會。

　　第三類是潮汕各地聯誼會及同鄉會，共十二個，包括：潮汕三市政協香港委員聯誼會、香港潮陽同鄉會、香港潮州市同鄉總會、香港九龍揭陽同鄉總會、香港惠來同鄉會、香港普寧同鄉聯誼會、饒平同鄉會、香港葦埠同鄉會、香港澄海同鄉聯誼會、旅港澳頭同鄉會、香港揭陽僑聯聯誼會、香港汕頭濠江同鄉總會。

　　上述分類只為行文方便而設，根據社團名稱雖可知其大端，使用字眼則間或有所異同，例如：港九新界各區潮人聯會，也有稱為潮人總會的；潮汕各地同鄉會，有的名為同鄉聯誼會。總之，各個社團都是本於不同行業、地域、專職、群組而創立的，而其促進業務、聯繫鄉親以及共同為社會繁榮而作出努力和貢獻，各個潮籍社團的宗旨基本上是一致的。

第一節　工商文教團體及行業

香港潮州商會

　　香港潮州商會（Hong Kong Chiu Chow Chamber of Commerce）成立於 1921 年，是香港歷史最悠久及最具代表性的潮屬工商團體，以敦睦鄉誼、促進工商、弘揚文化、服務社會、興學育才、扶貧救災為宗旨，會員來自香港各行各業的潮籍精英。現時會址在香港德輔道西 81 至 85 號潮州會館大廈九字樓。

　　商會在香港開辦學校，在各大專院校及商會屬下學校設立獎助學金，興建潮州義山，編印潮州文獻，積極參予各項社區活動，推動公益及慈善事業，建立及資助各種文教基金。多次捐贈巨款支援各地賑災，動員會員及鄉親支持政府依法施政，促進與內地及海外工商團體之間的緊密聯繫。在潮汕家鄉及內地各省市偏遠地區捐辦多間光彩學校，並捐資助建各種文教體育、醫療衛生等大型建設。

　　香港潮州商會積極為會員及鄉親拓展商機，推動國際貿易。1981 年與東南亞各同鄉團體創辦「國際潮團聯誼年會」，先後主辦首屆及第八屆年會，使潮籍鄉親從地區性合作走向國際性合作。商會的青年委員會於 1999 年主辦首屆「國際潮青聯誼年會」，並發起「國際潮青聯合會」。商會同時亦協助「國際潮團總會」秘書處及「國際潮青聯合會」秘書處的工作。[1]

　　商會為了全方位促進會員及鄉親攜手團結，共同建立一個繁榮安定的香港，先後在 1992 年及 2012 年增設了青年委員會、婦女委員會、公民事務委員會及文化事務委員會，在保持商會優良傳統特點的同時，亦貫徹商會與時俱進的新作風。[2] 2011 年，吳巧瑜在武漢大學完成了題為《民間商會社會治理功能的變遷研究——以香港潮州商會為例》的博士論文，通過香港潮州商會在不同時期的合法性、內部治理結構、社會網絡、外部制度環境四大

1　〈香港潮州商會簡介〉，網址：http://chiuchow.org.hk/about.asp?id=25。
2　〈香港潮州商會簡介〉，《文匯報》，2012 年 11 月 21 日，頁 A31。

變量，對潮州商會治理功能的變遷作了探討。[3] 2012 年 7 月，周佳榮著《香港潮州商會九十年發展史》出版，[4] 陳幼南〈序〉指出，此書「不但可以讓更多潮籍鄉親窺一斑而見全豹，了解我們祖先在香港艱苦奮鬥，獲得成功的歷史，更可以讓香港市民了解一個有近百年歷史的工商團體，如何在遠離家鄉的地方，踏實苦幹，立志建樹，甚至創造出影響全球的奇蹟。」7 月 18 日至 24 日，在香港貿易發展局主辦的「2012 香港書展」期間，香港潮州商會於香港會議展覽中心舉行了《香港潮州商會九十年發展史》新書發佈會及潮州木雕藝術展覽。

2012 年 11 月 21 日，香港潮州商會第四十八屆會董就職典禮暨 2012 年度慶賀鄉彥聯歡晚會於香港會議展覽中心舊翼二樓會議廳舉行。會長周振基致辭說，該會迎合時代變遷，不斷朝着國際化、年輕化及專業化的方向發展會務，令邁向百年的商會繼續展示年輕、生氣和活力。[5]

2013 年 2 月，香港潮州商會在潮州會館舉行新春團拜，饒宗頤以墨寶「貞固幹事」贈予商會會長周振基，寓意「守持正道、堅定不移、一定成功」。周振基致新年賀辭時，回顧了第四十八屆會董會就職以來的工作，例如營造全新的潮州會館面貌，包括翻新大禮堂、地下大堂及為天台增設舒適設施等，並將商會歷史大事照片排於當眼處，使賓客及會員感受到百年商會的新風氣及新活力。[6] 2014 年 4 月 25 日，香港潮州商會隆重舉辦「周恩來在潮汕」大型圖片展覽，周恩來曾經四次到潮汕，對潮汕有深遠影響，展覽開幕儀式邀請周恩來侄女周秉德主禮，並在商會大禮堂展出一個月，然後移師嶺南大學和香港教育學院繼續展出。這個展覽讓參觀者對周恩來事跡有更多認識，

3　王思斯〈《民間商會社會治理功能的變遷研究》評介〉，《香港潮汕學刊》第 3 期（2013 年 10 月），頁 23 — 24。

4　周佳榮著《香港潮州商會九十年發展史》共分九章：一、〈弘揚與承傳：香港潮州商會九十周年會慶紀盛〉；二、〈家鄉與四海：潮人在香港的工商和文教活動〉；三、〈奠基與立業：香港潮州商會的早期歷史（1921 — 1930 年）〉；四、〈戰火與淪陷：動盪時期的香港潮州商會（1931 — 1945 年）〉；五、〈復興與建設：香港潮州商會的再出發（1946 — 1971 年）〉；六、〈發展與鞏固：煥然一新的香港潮州商會（1972 — 1997 年）〉；七、〈溝通與開拓：香港回歸祖國以來的香港潮州商會（1997 — 2012 年）〉；八、〈本地與全球：香港潮州商會促進國際潮人活動〉；九、〈回顧與前瞻：秉承商會宗旨和傳統繼續邁進〉。賴志成的書評，載《香港潮汕學刊》第 2 期（2013 年 6 月），頁 9 — 12；周俊基的書評，載《香港中國近代史學會會刊》第 11 期（2014 年 2 月），頁 58 — 61。

5　〈潮州商會新屆會董就職〉，《文匯報》，2012 年 11 月 22 日，頁 A18。

6　〈潮州商會癸巳新春團拜〉，《文匯報》，2013 年 2 月 16 日，頁 A12。

亦有助於培養香港青少年的愛國愛港情操。[7]

　　香港潮州商會第四十九屆會長為張成雄，副會長為胡劍江、林宣亮、陳智文、馬鴻銘、黃書銳及高佩璇。商會共有一百三十八名會董，下設十五個部及委員會。近年來，會務不斷朝着專業化、年輕化、國際化的方向發展。[8] 2015 年 1 月 17 日，香港潮州商會義工團啟動禮暨社會服務日在遮打花園舉行，商會青委會副主任黃進達任義工團團長，商會會長張成雄及友好社團首長逾三百人出席了典禮。啟動禮後，義工隨即出發往西環及黃大仙探訪貧困家庭和獨居長者，為他們送上關心和慰問。[9] 5 月 29 日，商會會長張成雄一行拜訪香港公開大學，受到該校校長黃玉山等熱烈歡迎，致謝商會不少成員的支持，特別是副會長高佩璇對該校作出的貢獻。張成雄致辭表示，商會將繼往開來，在各大學設立各項獎學金，建立資助各種文教基金，希望為香港的教育事業出一分力。[10]

　　2016 年 4 月，香港潮州商會永遠榮譽會長許學之率團出席第十屆中國（河南）國際投資貿易洽談會，強調河南位處國家中部，是「中原經濟區」主體，在國家促進中原崛起戰略中佔有非常重要的地位，在「一帶一路」戰略中扮演重要角色。香港潮州商會不斷朝專業化、年輕化及國際化方向發展，聯繫全球數千萬潮籍鄉親，今後會呼籲更多潮人到河南興業，實現雙贏。[11]

　　2017 年間，香港潮州商會假座會展中心舊翼演講廳舉行題為「回顧過去、展望未來」的潮商論壇及於香港大會堂音樂廳舉辦「潮劇文化晚會」，弘揚潮汕文化。[12]

　　香港潮州商會第五十屆會董會，會長為胡劍江，林宣亮、陳智文、馬鴻銘、黃書銳、高佩璇、鄭敬凱任副會長，於 2016 年 9 月 1 日視事，就職典禮於 2016 年 11 月 8 日舉辦。

7　周振基〈發刊詞〉，《周恩來在潮汕》（香港：香港潮州商會，2014 年），頁 1。

8　〈香港潮屬社團總會成員簡介——香港潮州商會〉，網址：http://www.fhkccc.org.hk/fhkccc/membershow.asp?id=40。

9　〈潮州商會義工團社區送暖〉，《文匯報》，2015 年 1 月 20 日，頁 A17。

10　〈潮州商會訪公開大學〉，《文匯報》，2015 年 5 月 30 日，頁 A21；〈本會訪問公開大學〉，《香港潮州商會會訊》第 102 期（2015 年 7 月），頁 15。

11　〈許學之率潮商赴豫投洽會〉，《文匯報》，2016 年 4 月 13 日，頁 A24。

12　〈香港潮州商會〉，《香港潮屬社團總會會訊》新 17 期（總第 31 期，2018 年 1 月），頁 44。

香港潮州商會選舉第五十一屆會董會，林宣亮當選新屆會長，陳智文、馬鴻銘、黃書銳、高佩璇、鄭敬凱、蔡少偉任副會長，新屆會董會於 2018 年 9 月 1 日起視事。林宣亮表示，該會將繼續推廣「敦睦鄉誼、促進工商、弘揚文化、服務社會、興學育才、扶貧救災」的宗旨，與時俱進，加強與世界各地潮籍鄉親的商貿交流。[13]

香港汕頭商會

香港汕頭商會（Hong Kong Swatow Merchants Association Limited）於 1946 年 2 月 15 日成立時稱為香港汕頭幫公會，時值日本戰敗投降之後，汕港航運恢復，但貨物起卸秩序紊亂，同業之間頻生糾紛，為維持提貨秩序，便由陳遜予、陳子吾、劉筱銘等倡議成立公會，旨在促進同業團結，互助合作，得到同業支持，乃推選陳遜予為理事長，聘邱亦山為秘書，當時商號會員約四十餘家，會址附設於永樂街香港潮商互助社內。

至 1957 年，為配合發展需要，再由陳遜予、劉筱銘、邱亦山、陳子吾等着手進行整頓會務工作，修改會章，為求中英文名稱一致，更名為香港汕頭進出口商會（Hong Kong Swatow Importers & Exporters Association）。除徵求商號會員外，兼收個人會員，徵得黃光炎、莊佐賢、李仰光、張中畊等百多位新會員，一時人才濟濟，為會務發展奠下基礎。當時並另租永樂西街 173 號四樓為會址。

1969 年，自置會所於干諾道西 40 至 41 號東江大廈十三樓，改名為香港汕頭商會，註冊為有限公司，由理監事制改為會董制。1981 年再擴置鄰座干諾道西 42 至 44 號高富大廈十三樓，使會所更具規模。

1997 年香港回歸祖國後，香港汕頭商會堅決維護《基本法》和「一國兩制」方針，支持香港特區政府依法施政，為香港持續繁榮穩定而努力。現時該會會員逾千，除商號會員外，大部分為個人會員，包括潮籍工商界及其

---

13 〈香港潮州商會林宣亮當選會長〉，《香港潮屬社團總會會訊》新 20 期（總第 34 期，2018 年 10 月），頁 54。

他專業界等人士，人數比創會時增長三十餘倍。[14]

　　2014 年 8 月 21 日，香港汕頭商會於灣仔佳寧娜酒家設宴恭賀受勳鄉彥，包括榮譽會長劉宗明、會董鄭錦鐘、當屆名譽會董方平獲頒銅紫荊星章，永遠名譽會長陳統金、議員陳財喜、會員張詩培獲榮譽勳章，立法會議員陳恒鑌獲委任為太平紳士。9 月 22 日，舉行第三十三屆、第三十四屆會董會交接典禮，新一屆會董會主要首長包括：會長葉振南，常務副會長林鎮洪，副會長孫志文、王文漢、陳燦標、林雪英、李志強、黃琰、吳漢忠、陳少洪、陳基凱、吳庭輝等。[15]

　　2015 年 2 月，香港汕頭商會於會所舉行乙未羊年新春團拜，葉振南回顧過去一年會務，指出在公益事務和發展新會員方面，都取得佳績。他又強調汕頭商會是愛國愛港社團，積極支持特區政府依法施政。[16] 3 月 18 日假灣仔會展舊翼會議廳舉行「慶祝香港回歸祖國 18 年、創會六十九周年暨第三十四屆會董就職典禮會員聯歡宴會」，有逾千人出席。會長葉振南在致詞中談及未來青年工作，期望廣大青少年一同加入，該會為此成立了「香港汕頭商會之友」，吸納非潮籍青年才俊參加。還成立「義工團」，招收青年義工為香港弱勢社群做實事；加強商會青委會工作，推動一眾青委為香港、為家鄉作貢獻。[17] 六十多年來，香港汕頭商會高舉愛國主義旗幟，聯繫和團結潮屬愛國社團和潮籍鄉親，對維護及促進會員的權益與團結，做了大量工作，並取得豐碩的成果。

　　2015 年 10 月 1 日，葉振南在該會舉行的國慶酒會上表示，「一帶一路」及亞洲基礎設施投資銀行的實施，必將為未來發展提供新動力，香港汕頭商會將繼續凝聚社會各界助推國家改革發展，並以實際行動支持特區政府依法施政。[18]2016 年 4 月 7 日至 9 日，會長葉振南率團參加河南省人民政府在

---

14 〈香港潮屬社團總會成員簡介——香港汕頭商會〉，網址：http://www.fhkccc.org.hk/fhkccc/membershow.asp?id=43。

15 〈香港汕頭商會慶祝香港回歸祖國十八周年、創會六十九周年第三十四屆會董就職典禮會員聯歡宴會〉，《文匯報》，2015 年 3 月 18 日，頁 A17；〈香港汕頭商會簡介〉，網址：http://www.hkswatow.com.hk/about.html。

16 〈汕頭商會慶羊年，祝會務生意旺〉，《文匯報》，2015 年 2 月 28 日，頁 A15。

17 〈汕頭商會就職，葉振南膺會長〉，《文匯報》，2015 年 3 月 19 日，頁 A19。

18 〈汕頭商會酒會賀國慶〉，《文匯報》，2015 年 10 月 2 日，頁 A24。

鄭州召開的「2016 豫港澳合作發展對接會」暨黃帝故里拜祖大典。

7月30日一連五天，由青年委員會主導的「尋找家鄉的故事——香港汕頭商會青年潮汕文化學習之旅」，考察了汕頭、潮州、揭陽三地。2016年，香港汕頭商會舉行第三十四屆、第三十五屆會董會交接儀式，上屆會長葉振南移交會印予新膺會長林鎮洪。2017年，慶祝創會七十周年，逾八百位政商賢達歡聚一堂，同年並舉辦「粵東四市訪問團」。2018年5月31日至6月2日，會長林鎮洪率領代表團前往柬埔寨參觀訪問，拜訪柬華總會及潮州會館，就投資商機合作與柬華總會會長方僑生等互換意見。第三十六屆會董會，孫志文任會長。[19]

香港潮商互助社

香港潮商互助社（Hong Kong Chiu Cow Merchants Mutual Assistance Society Ltd.）成立於1930年，向來以「團結、互助、贈醫施藥、濟困扶危、造福社群、敦睦鄉誼」為宗旨。早期每年均舉辦「急賑」，為痛失家園的木屋區災民伸出援手；1958年創設西醫診療所，為社員及普羅大眾治病，只收廉宜費用（現時仍維持收四十元包兩天藥，社員只收二十元），廣受歡迎，平均每天就診約六十多人，每年就診達一萬七千多人次。

香港潮商互助社的主要社務包括以下各項：（一）保護社員權益；（二）成立保險部，代理保險業務；（三）創立行情部，刊行「行情紙」；（四）投身慈善事業；（五）組建音樂隊；（六）創設西醫診療所。[20]

2000年，香港潮商互助社在北角敦煌酒樓舉行成立七十周年暨第四十八屆理事就職典禮社員聯歡大會。2002年4月10日，舉行香港干諾道西70至72號金佑商業大廈二字樓新址落成慶典。

2006年起，香港潮商互助社擴大服務，聯同香港潮屬社團總會及社會

---

19 〈香港汕頭商會〉，《香港潮屬社團總會會訊》新15期（總第29期，2017年7月），頁42；新19期（總第33期，2018年6月），頁43；新20期（總第34期，2018年10月），頁56。

20 吳巧瑜著《互助揚仁愛：香港潮商互助社的發展變遷及其地方治理功能》（深圳：海天出版社，2012年），頁46－57。書首有陳偉南的〈序〉，正文分為八章，依次為一、〈淵源與背景〉；二、〈創立與發展〉；三、〈抱團取暖，團結互助〉；四、〈組建音樂部，濟困扶危〉；五、〈創設西醫診療所，贈醫施藥〉；六、〈提供公共服務，造福社群〉；七、〈加強與內地交流，敦睦鄉誼〉；八、〈愛國愛港愛鄉〉。

福利署中西區及離島區福利辦事處，實行官、商、民合作，開展「中西區長者健康計劃」，為經濟困難的二千五百位長者提供普通科門診；還有「同夢者圓計劃」，特別照顧扶助獨居長者並幫助他們實現夢想。此計劃由 2008 年 1 月份開始，先後獲批發的單位有：長洲溫浩根長者鄰舍中心、救世軍港澳軍區華富長者中心、香港傷健協會坪洲長者中心、中西區及離島區社會保障辦事處、明愛莫張瑞勤社區中心、香港家庭福利會等。因而於社福署中西區及離島區跨界別策略研討會上，獲得「凝聚官商民、攜手共扶弱」獎勵；另外，又獲香港社會服務聯會頒授「同心展關懷」良好標誌。

2009 年 7 月，香港潮商互助社獲香港特區政府核准為「完全不牟利慈善團體」，標誌着該社的慈善事業進入新里程。本地以外，對潮汕家鄉以往多次遭受強台風襲擊，尤其是近年各省市遭受嚴重雪災、四川省大地震、台灣「八・八風災」等，該社都迅速捐款，以物資援助受災災民及興建房屋，彰顯「一方有難，各方支援」的香港精神。[21]

2013 年 9 月 30 日，署理理事長楊劍青率領該社首長及理事一行五十多人，前往香海正覺蓮社位於粉嶺佛教寶靜安老院及佛教寶靜護理安老院，慰問及探望長者，並捐贈醫療設施。2014 年 12 月 17 日至 19 日，香港潮商互助社理事長陳賢豪率團訪問潮汕三市，一行四十餘人獲三市領導高規格接待，並冀該會鄉賢再接再厲，為促進家鄉和香港社會發展再獻新猷。訪問團順道遊覽汕頭天壇花園、潮州淡浮院、揭東華僑博物館、揭陽樓、遠東國蘭園等名勝，親身感受家鄉的巨大變化，同時又回味那一分熟悉的風土人情。[22] 第五十五屆理事會就職典禮於 2014 年 5 月 25 日舉行，成員包括：理事長陳賢豪，副理事長孫志文、鄭敬凱、林國光、孫淑強。

2016 年 5 月 15 日，在第五十六屆理事就職典禮上，連任理事長的陳賢豪致辭表示，該會一直堅持提供優質醫療服務，如近年的「中西區長者健康服務計劃」及與社署合辦的「同夢者圓計劃」，均為有經濟困難的長者提供醫療服務和生活所需，更將濟困扶危的抱負伸展至內地，今後將繼續秉承

---

21 〈香港潮屬社團總會成員簡介——香港潮商互助社〉，網址：http://www.fhkccc.org.hk/fhkccc/membershow.asp?id=44。

22 〈香港潮商互助社理事長陳賢豪率團訪潮汕三市圓滿成功〉，《文匯報》，2014 年 12 月 31 日，頁 A17。

優良傳統。該社又與眾多青年團體合辦「香港青年工商界基本法與社會繁榮定安」講座，透過活動加強年輕一代對香港基本法的了解。[23]12月12日，潮汕慈善之旅「廣東皓業青花彩瓷訪問團」一連三日在汕頭展開訪問。

2016年，香港潮商互助社音樂部舉辦「潮人潮語潮音樂」活動，宣揚潮汕地區的優秀傳統文化，使更多香港市民尤其是年輕一代加深對潮州戲曲音樂的認識。

2017年10月3日，舉行第五十六屆、第五十七屆理事交接儀式，新屆理事長孫志文從上屆理事長陳賢豪手中接過印信，正式履新。2018年3月20日至6日，理事長孫志文、音樂部主任陳賽君率領訪問團都汕頭市，在「老媽宮戲臺」演出潮州大鑼鼓、《京城會》、《藏書》等節目。5月16日，舉行慶祝成立八十八周年暨第五十七屆理事就職典禮，新任理事長孫志文致辭表示，同仁秉承立社的服務宗旨「團結互助，扶危濟困」，積極參與各項社區活動，為香港社會的和諧穩定做出積極貢獻。[24]

潮僑工商塑膠聯合總會

潮僑工商塑膠聯合總會（Chiu Chow Ind. & Comm. Plastic United Ass. Ltd.）是繼香港潮僑塑膠廠商會之後，由創會會長李嘉誠等發起，於1960年9月創立，為香港政府註冊的非牟利工商業機構。該會本着敦睦鄉誼、服務會眾的宗旨，努力為會員同業謀求權益，與友好商會及政府有關部門建立緊密聯繫，協助政府宣傳政令、法例，如防火、廉政等；舉辦工業展覽會及技術研討會，提供貿易發展契機及提高會員工業產品的品質；在社會公益及福利事業上亦做了大量工作，如支援內地扶貧、捐款救災等均取得可觀成績。此外，每年組團到海內外各地考察工商業發展，觀摩各地最新技術及管理，汲取先進經驗，提升本行業的競爭力，拓展新市場及擴大銷路等。

1980年代，隨着香港工業北移，該會會員亦相繼赴內地投資設廠，至今已有數百家廠商，在國內僱用員工達數十萬眾。因此，加強與內地有關部

---

23 〈潮商互助社理事就職〉，《文匯報》，2016年5月17日，頁A16。

24 〈香港潮商互助社〉，《香港潮屬社團總會會訊》新17期（總第31期，2018年1月），頁47；新19期（總第33期，2018年6月），頁44。

門的聯繫，協助會員與內地部門間的溝通，促進內地特別是廣東省各地與香港有關文化、教育、商貿的交往和合作，加強與各地社團、鄉彥的聯繫和交流，是該會一直以來的工作方針。

2002 年，香港潮僑工商塑膠聯合總會購置尖沙咀柯士甸路 3 至 3A 號富好中心二字樓作為新會所，佔地二千八百餘呎，使會務更興隆昌盛。現時該會有數百家公司、企業、廠商等團體會員，均屬塑膠工業、玩具製造及原材料、進出口貿易等業務，具備房地產開發、金融投資、服裝皮革、電訊業、珠片飾品等多元化經營模式，亦集塑膠電子製品、玩具電器工業、印刷包裝、機械設備製品、塑料化工銷售等在內的跨行業綜合性團體。[25]

第二十三屆會董會成員包括：會長林鎮洪，常務副會長許瑞勤、張敬川、陳燦標，副會長溫開強、張業泉、朱兆明、趙俊強、胡澤文、陳偉泉、沈振權，總務部長許澤明、陳林，財務部長張國光、吳強，福利部長陳厚威、盧子明，公共關係部長黃家豪、趙志雄，組織部長楊劍青、蕭思敏，康樂部長黃進達、謝國洪，宣傳部長陳彬、楊志華，中國部長吳家豪、李志強，會計部長楊堯舜、鍾朝實，審核部長陳孝生、李業裕，工業安全部長楊啟輝、林振元，訓練設計部長許義良、劉林美芬，青年部長朱健豪、林海江，研究部長陳澤高、韋少勤，出口促進部長陳敏儀、紀逢龍，會籍部長陳燕雄、許華尚，調查統計部長吳春靈、楊啟德等。[26]

2015 年 3 月，潮僑工商塑膠聯合總會於尖東潮州城舉行新春團拜，會長林鎮洪回顧過去一年，該會曾組團赴汶萊旅遊考察，加強同仁間的友誼及了解當地投資環境；亦積極參與各友好社團、商會的各類活動及公益慈善事業，贏得良好口碑。他又強調，經濟發展需要穩定的政治環境，該會堅決支持特區政府依法施政，表達商界希望社會穩定的強烈願望，共建美好未來。[27]
2016 年 4 月 15 日，舉行總會成立五十五周年紀念暨第廿四屆會董就職典禮及丙申年會員聯歡大會，第廿四屆會長許瑞勤在就職典禮上致詞。9 月 25

25 〈香港潮屬社團總會成員簡介──香港潮僑工商塑膠聯合總會〉，網址：http://www.fhkccc.org.hk/fhkccc/membershow.asp?id=45。

26 〈香港潮僑工商塑膠聯合總會──本屆會董會成員〉，網址：http://www.chiuchau.com.hk/CurrentCommitteeMember.html。

27 〈潮僑工商塑膠聯總春茗〉，《文匯報》，2015 年 3 月 3 日，頁 A30。

至 28 日，舉辦潮汕三市訪問團。

2018 年春，潮僑工商塑膠聯合總會由會長許瑞勤率團訪深圳同興國際集團有限公司暨深圳同興興業公司，該公司是一所具規模的國際大廠，生產各類金屬合金剃刀。同年 4 月 26 日，潮僑工商塑膠聯合總會、潮僑塑膠廠商會舉行慶祝成立五十七周年暨第二十八次會董聯席會議，會長許瑞勤致辭表示，該會已從單一的塑膠行業商會發展成為集各行各業的工商業團體，會務更廣闊，業務更多樣化，在香港工商業團體中佔重要席位。9 月 12 日至 17 日，該會組織緬甸佛國「一帶一路」考察團，赴緬甸探索投資環境，並遊覽緬甸神石山神奇大金石、仰光大金塔、水中佛塔及全世界最大臥佛寺等著名景點。[28]

2018 年 12 月 18 日，舉行第二十五屆會董選舉，胡澤文為會長，陳燦標、朱兆明、沈振權為常務副會長，許義良、楊劍青、黃德財、朱俊豪、黃家豪、陳妙香、許華尚、張敬慧、黃秋如為副會長，2019 年 1 月正式履行會務工作。4 月 15 日舉行成立五十八周年暨第二十五屆會董就職典禮。[29]

香港潮僑食品業商會

1959 年 6 月 6 日成立的潮僑食品業商會（Chiu Chow Overseas Food Trade Merchants Association Limited），宗旨是奉行法令、忠心本職、團結同業、增進鄉誼、互助商務發展、共謀同業福利。在同人一致努力下，會務漸趨發展，曾於 1960 年 3 月 10 日開辦西醫診療所，為同業職工家屬謀福利，使患病者獲益不鮮。復於 1960 年 8 月 19 日，與港九飲食業潮籍職工會在香港政府勞工處勞資關係組簽訂《勞資協約》十一條，奠定勞資關係相安融洽的基礎。[30]

香港潮僑食品業商會會址初設於九龍彌敦道 508 號十四樓前座，至

28 〈潮僑工商塑膠聯合總會〉，《香港潮屬社團總會會訊》新 18 期（總第 32 期，2018 年 4 月），頁 52；新 19 期（總第 33 期，2018 年 6 月），頁 46；新 20 期（總第 34 期，2018 年 10 月），頁 58。

29 〈潮僑工商塑膠聯合總會〉，《香港潮屬社團總會會訊》新 21 期（總第 35 期，2019 年 1 月），頁 55；新 23 期（總第 37 期，2019 年 7 月），頁 43。

30 〈香港潮僑之社團事業〉，《潮僑通鑑》第二回，頁 15。

1966 年自置九龍彌敦道 512 號彌敦大廈六樓前座作為會址。商會是一個愛國愛港愛鄉的社團，特別是近幾年來，在支持香港特區政府依法施政和協助內地賑災捐款，以及在堅持食物安全、保持香港美食天堂聲譽上，都是同業賴以發揮作用的平台。[31] 2016 年，該會舉行成立五十六周年暨第十四屆會董就職典禮，首席會長許義良表示，該會旨在增進鄉誼，互助商務發展，共謀同業福利 [32]。

2019 年，潮僑食品業商會慶祝舉行成立六十周年暨第十五屆會董就職典禮，曾永浩獲委任為新一屆首席會長，常務會長方永昌，會長陳丁洲、黃業坤、羅偉儀、陳少洪、孔斐文、廖基榮等。[33]

慈雲閣有限公司

慈雲閣有限公司（Tak Kau Chi Wan Kok Limited）成立於 1980 年代，是香港一家骨灰龕營運商及慈善機構。創辦人兼永遠名譽主席是林世鏗，副主席是葉慶忠，現任主席是連增傑，地址在九龍慈雲山道 150 號。曾於玉樹地震發生時，捐出港幣一百萬元；並在中國內地的廣東省等地，參與公益事業。

慈雲閣是位於慈雲山的一座廟宇，創建於 1970 年代。原址前身為招利伯廟，根據〈招利張老伯史略〉碑記所載，招利伯姓張，名老蓀，字招利，南宋時人，曾隨岳飛征戰，後岳飛被秦檜所害，他逃難到南方潮州府落籍，曾向天許願以身保鄉里，死後歷次顯靈，得封為城隍，並立有「招利祠」祀奉。

慈雲閣是德教的山門，因此閣內供奉的多是道家神祇。德教是中國古代的宗教，初以先賢孔子的儒家思想及老子的道家思想為其道德準則與信仰教化的標準，後來再融匯佛教、耶教、回教三大宗教經典要義，作為德教的教義。山門是中國寺院的正門，又稱三門，象徵佛教的「智慧、慈悲、方便」

---

31 〈香港潮屬社團總會成員簡介——香港潮僑食品業商會〉，網址：http://www.fhkccc.org.hk/fhkccc/membershow.asp?id=46。

32 〈潮僑食品業商會會慶暨新屆會董就職〉，《香港潮屬社團總會會訊》新 11 期（總第 25 期，2016 年 7 月），頁 25。

33 〈潮僑食品業商會〉，《香港潮屬社團總會會訊》新 21 期（總第 35 期，2019 年 1 月），頁 57。

三種解脫煩惱的法門；三門亦指空、無相、無作，稱為三解脫門，由此而入，喻意身入空門，則可脫離俗世煩囂。慈雲閣設有展示八仙和龍王等四十多位神明雕像的「古國神廊」，「招利祠」就在慈雲閣內。

慈雲閣 B 座及 E 座設有四萬九千四百多個骨灰龕位和一千一百八十多個神祖靈位，是經發展局確認符合地契規定用途的私營龕場；2011 年，慈雲閣向城市規劃委員會申請將三層高的 A 座改作骨灰龕，完成後可提供三萬零三百八十八個骨灰龕位。但慈雲山居民向城市規劃委員會請願，反對慈雲閣增加骨灰龕位。原因是慈雲山道已不能負荷掃墓人士所帶來的交通流量，而化寶爐煙囪排出的廢氣會影響附近校園裏學童的健康。

海外潮人企業家協會

2001 年 1 月 8 日，海外潮人企業家協會（The Overseas Teo Chew Entrepreneurs Association Limited）正式註冊成立，其宗旨為「網羅更多企業精英互展所長，增進友誼，共創商機」，會址在香港柴灣創富道 8 號三樓。至今會董數目，已增至五十多位。該協會是由一群不同行業、不同背景的潮籍企業家組成，包括港汕商界一些德高望重的領袖。

在 2013 年周年會員大會上，主席鄭敬凱表示，一個協會的成功，不能單靠少部分會員的努力，在會務不斷發展的同時，要培養青年領袖，注入新的活力，所以他呼籲有專業知識的年輕一代加入。2015 年，舉行成立十四周年暨新一屆會董就職典禮晚宴，新任主席蔡少偉。

2017 年中，蔡少偉連任第八屆會董會主席，副主席張敬川、周厚立、陳育明、林淑怡，秘書長林月萍，副秘書長林恩俊。[34]

國際潮汕書畫總會

國際潮汕書畫總會成立於 2000 年，創會會長是楊文波；其宗旨是傳承中國書畫藝術，以弘揚潮汕人文精神為己任。會址在九龍觀塘巧明街 109 號

---

34 〈海外潮人企業家協會〉，《香港潮屬社團總會會訊》新 15 期（總第 29 期，2017 年 7 月），頁 46。

榮昌工業大廈十字樓 C — F 座。該會以香港為基地，舉辦各項藝術活動和書畫展覽，積極促進與潮汕三市的文化交流；自成立以來，分別在北京、廣州、潮汕和香港為賑災義賣籌款，廣泛贏得各界好評。[35]

2013 年 10 月 4 日，國際潮汕書畫總會假座香港大會堂低座一樓展覽廳舉行第六屆理事會就職典禮暨會員作品展，陳偉南任首席會長，吳哲歆任會長。潮屬各有關社團首長以及鄉親會員、書畫界嘉賓等，近三百人出席；為期三日的書畫展，共展出會員作品近二百幅。2014 年 9 月 4 日，舉行「慶祝中華人民共和國成立六十五周年及歡度中秋佳節暨第七屆理事就職典禮」；吳哲歆連任會長；同年，在中央圖書館展覽館舉行「香港畫家聯會會員作品展 2014」。展出作品逾五百幅，既有寫意山水之作，亦有寫實與抽象結合的油畫。該會編印的《四海潮聲報》，主要報道會務消息及刊登會員作品。2016 年 1 月，總會的書畫家一連二十多天在九龍新界街頭即席揮毫，為市民送上新年揮春，別有一番心意。

2018 年春，國際潮汕書畫總會舉行第八屆會董就職典禮及「翰墨煥彩中國心」會員作品開幕式，展出逾百位會員的作品，會長吳哲歆致辭。[36]

香港惠來商會

香港惠來商會（Hong Kong Huilai Chamber of Commerce Limited）成立於 2012 年 8 月 25 日，初時會址在新界大圍成運路 1 — 7 號交通大廈三樓 1 室。商會的宗旨是在團結惠籍旅港商人的基礎上，服務會員、協助和支援會員把事業做強做大。第一屆會董會成員包括：會長何寶元，常務副會長林景隆、林八弟、黃雍、林凱璇、吳光霖、方祥庭，副會長方輝昇、方俊宏、余毛、張漢飛、鄭文傑、何明雄、林資健、林任子等。

香港惠來商會現時會址在九龍新蒲崗大有街 34 號新科技廣場 13 樓 19 室，該會強調其原則是：遵守香港特別行政區法律，擁護「一國兩制」，團結居港惠籍人士，以新任行政長官在施政報告中提出的「適度有為，穩重求

---

35 〈國際潮汕書畫總會簡介〉，網址：http://gallery.artron.net/2765/g_infor2765.html。

36 〈國際潮汕書畫總會〉，《香港潮屬社團總會會訊》新 18 期（總第 32 期，2018 年 4 月），頁 57。

變」為工作指標，積極承擔社會責任，為構建和諧社會作出應有的貢獻。「有思想、有道德、有社會責任感、不畏艱難、永不放棄、感恩奉獻，傳承家鄉文化和弘揚商會精神。」奮鬥目標是「以開拓求金，以創新圖強，展身國際商海，成為商界的一支勁旅，成為香港社團創新崛起的新興力量。廣交朋友，攜手同進，和諧共贏，打造成具有影響力的商會，做到信譽度第一，幫助會員解決問題第一；會員對商會的滿意度第一；商會的管理水平和工作效率第一。發揮惠、港、穗三地橋樑紐帶作用。」[37]

2016 年 9 月 9 日，香港惠來商會第二屆會董就職典禮假龍堡國際酒店舉行。林八弟膺新屆會長，執行會長張漢飛，常務副會長林凱琅璇、吳光霖、何明雄、方汝新、黃東周，副會長鄭文杰、余毛、張文宗、方森群、熊德貴、何嘉濤、林偉森、王晨峯、朱坤明、林圖富，秘書長謝佳垚等。[38]

香港潮汕同學會

香港潮汕同學會（Hong Kong Chiu Chow Student Association）成立於 2008 年 4 月，成員是來港就讀深造的潮汕地區的學生，包括香港大學、香港中文大學等十二所高等院校的在校生及畢業生。

香港潮汕同學會成立十一年來，同學會秉承「凝聚鄉情、關愛互助、弘揚文化、共謀發展」宗旨，不斷壯大，已有近千名會員。這個潮籍精英學子的大家庭，為會員提供各類資訊和實踐拓展的機會，並實施了「導師計劃」，邀請不同領域的專業人士擔任導師，在學業、就業及生活上給予指導，助同學更好地適應及融入香港社會。

香港潮汕同學會過往舉辦了多場「港潮文化教育系列交流活動」，促進港潮兩地青年學生的交流。同學會的成立，為香港潮屬社團帶來了知識化、年輕化的新氣息。

香港潮汕同學會原先隸屬於香港潮屬社團總會公關部，2012 年 5 月發

---

37 〈香港潮屬社團總會成員簡介 —— 香港惠來商會〉，網址：http://www.fhkccc.org.hk/fhkccc/membershow.asp?id=164。
38 〈香港惠來商會新屆會董隆重就職〉，《香港潮屬社團總會會訊》新 12 期（總第 26 期，2016 年 10 月），頁 41。

展成為總會的團體成員之一。

香港潮汕同學會歷任執委會主席有陳永華、蔡澤芸、鄭子彬、沈務耀、陳川、林旻、李典。

2019 年 1 月 12 日，香港潮汕同學會舉行換屆儀式。第十一屆執委會主席黃澤祺，副主席黃輝穎、陳秭含、林許彥。十年來，同學會秉承「凝聚鄉情、關愛互助、弘揚文化、共謀發展」宗旨，不斷壯大，至今已有近千名會員。[39]

香港揭東商會

香港揭東商會成立於 2014 年 7 月，宗旨是「同心同德，愛國愛港」，弘揚中華文化精髓，鞏固香港核心價值，促進本港與內地的經濟文化交流；同時發揮工商專業人士的特長，服務會員及廣大香港市民。

2014 年 11 月 20 日，該會在香港仔珍寶海鮮坊隆重舉行第一屆會董會就職典禮暨國慶六十五周年晚宴。會董會包括創會主席王錫廷，創會會長黃祥漢，常務副主席陳玉賢、陳俊達、彭灝、王澤生、徐澤明等；會董會架構（榮譽級）包括首席永遠榮譽會長蔡志明，永遠榮譽會長王昌耀、王文漢，榮譽會長林興識、孫振光、林榮森、王郁平、高樂光、何悅明等。王錫廷致辭時表示，該會成員包括揭陽市揭東區政協委員及工商專業人士，旨在廣泛團結香港各界人士及鼓勵會員發揮自身優勢，貫徹「一國兩制」方針，為服務家鄉、建設香港作出貢獻。[40]

2017 年 11 月 20 日，香港揭東商會舉行成立三周年活動，創會主席王錫廷和創會會長黃祥漢，向新任榮譽會長王嘉昌、會長陳昌傑、黃智湧、林柏齡、馬鎮基、許小潔等鄉賢頒發了委任證書，隨後大家高歌一曲《我來自潮州》。[41]

---

39 〈香港潮汕同學會換屆〉，《香港潮屬社團總會會訊》新 22 期（總第 36 期，2019 年 4 月），頁 17。
40 〈香港揭東商會會董就職典禮〉，《香港潮屬社團總會會訊》新 5 期（總第 19 期，2015 年 1 月），頁 24。
41 〈香港揭東商會歡慶成立三周年〉，《香港潮屬社團總會會訊》新 17 期（總第 31 期，2018 年 1 月），頁 52。

揭港青年學生交流協進會

揭港青年學生交流協進會成立於 2014 年，會長為馬軼超。同年 12 月 26 日，該會一行三十九人以「尋找家鄉的故事」為主題活動，在普寧市政協副主席黃普權、普寧市教育局副局長陳創鈺及揭陽市委等領導陪同下，到普寧華僑中學參觀莊世平博物館，受到該校校長李文旭等的熱烈歡迎。

馬軼超表示，這是一次尋根之旅，目的是讓香港新一代青少年更深入地了解莊世平先生平凡而光輝的一生，更好地了解家鄉，增強了香港青少年對國家和民族的認同感，亦加深了揭港兩地間的友誼。

香港德教紫靖閣

香港德教紫靖閣創立於 1962 年，以道德為經，慈善為緯，奉行孝、悌、忠、信、禮、義、廉、恥、仁、智十大綱領，弘揚中華德教，每年舉辦盂蘭勝會。善業方面，開設中西醫診療所，普施中西醫藥，對社會公益克盡所能。閣員最初時只幾十人，現已增至逾千人。

2017 年底，德教紫靖閣舉行創閣五十五周年暨第二十五屆閣董就職典禮，許瑞良第八次蟬聯新屆閣長，永遠名譽閣長姚中立和黃景熙主禮。2018 年春，在戊戌年新春聯歡晚宴上，閣長許瑞良為來賓送上新春祝福，並以發揚德業善務互勉，教導人們在日常生活中要分辨善惡、正邪、是非、真偽；要順敬雙親、劬勞報恩；以手足情深，恭兄友弟；以履約崇實，言出必行；以儉樸不苟，清白毋貪；以天道博愛，毋輕傷殘等。[42]

香港潮文化發展總會

2017 年 7 月 11 日正式成立，創會宗旨是「傳承、弘揚中國傳統文化，加強社區的凝聚力，促進香港與內地的文化交流」。該會活動主要是以免費的義教方式，不定期在社區開班授課，包括中國傳統漢族音樂——被稱為「東

---

42 〈香港德教紫靖閣〉，《香港潮屬社團總會會訊》新 17 期（總第 31 期，2018 年 1 月），頁 53；新 18 期（總第 32 期，2018 年 4 月），頁 59。

方交響樂」的潮州大鑼鼓，中樂器如二胡、椰胡、古箏及其他，以及毛筆字、國畫、烹飪等等。副會長兼秘書長吳靜玲表示，不定期免費開班是希望有更多人認識並傳承傳統潮州音樂文化。[43]

香港潮文化發展總會的本土青年鑼鼓隊及青年義工團，成立以來參與多場慶回歸二十周年活動表演及社區鑼鼓巡遊，探訪老人院及與社區長者互動活動，在社區舉行和參加足球賽、羽毛球賽，出訪「潮州、汕頭訪問交流團」等。會員大部分為青年會員，為年輕朋友提供一個有朝氣和活力的平台。[44]

2018年12月，香港潮文化發展總會、香港九龍潮州公會主辦的「傳統潮文化同樂日」假九龍秀茂坪露天廣場舉行，約有各界街坊友好四千人參加，藉此推廣潮汕文化和凝聚社區正能量。總會執行主席吳靜玲表示，此項活動是「鄉、港連心計劃」之一。總會的大鑼鼓深造提升學習班（第一期）開班儀式，2019年6月25日在汕頭文化藝術學校舉行，十多名骨幹成員參加了為期三日的學習課程，汕港學員還攜手演繹了傳統優秀曲目。[45]

香港潮人文藝協會潮劇傳承中心

新近於2019年加入香港潮屬社團總會成為團體會員的香港潮人文藝協會潮劇傳承中心，會長林雪芸，會址在九龍觀塘道460－470號觀塘工業中心二期五樓R室。該中心於2019年6月10日舉行揭幕儀式，潮劇名家姚璇秋、方展榮、鄭健英等來港現場授藝，並作為藝術顧問指導香港的潮劇傳承工作。香港潮人文藝協會會長林雪芸向有推動香港潮劇傳承和持續發展的願望，廣東潮劇院院長蔡少銘予以支持，在「共建人文灣區」背景下，籌組潮劇傳承中心的計劃於是得實現。

---

43 〈潮文化總會傳承潮州音樂文化〉，《香港潮屬社團總會會訊》新17期（總第31期，2018年1月），頁53。

44 《香港潮屬社團總會第九屆會董就職典禮》（2018年），頁112。

45 〈香港潮文化發展總會〉，《香港潮屬社團總會會訊》新21期（總第35期，2019年1月），頁61；新23期（總第37期，2019年7月），頁49。

第二節 **潮人綜合社團及地區聯會**

香港九龍潮州公會

香港九龍潮州公會（Hong Kong & Kowloon Chiu Chow Public Association）創於 1948 年 9 月 4 日，簡稱港九潮州公會。當時港九的潮籍工商界知名人士，鑑於九龍自開埠以來，潮僑聚居日眾，認為有成立一個公會的必要，以增進潮州人的福利為宗旨，包括協助同鄉解決子弟的教育問題，為同鄉介紹職業，排難解紛及調解商業上的轇轕等等，於是有香港九龍潮州公會之設。

成立之初，香港九龍潮州公會特聘顏成坤、馬澤民為永遠名譽會長，陳漢華、鄭植之、林子豐、林俊璋、馬錦燦、廖寶珊、陳弼臣、連瀛州、張蘭臣等為名譽理事長。第一屆至第五屆採理監事制，理監事每屆任期二年。第一屆正副理事長黃兆東、周振德、張中畊，正副監事長馬璧魂、顏麗波；第二屆正副理事長為馬璧魂、張中畊、連樑全，正副監事長黃兆東、顏麗波；第三屆至第五屆正副理事長均為馬璧魂、張中畊、連樑全，正副監事長黃兆東、顏麗波、張海蟬聯。該會於 1958 年 1 月 25 日經香港政府註冊批准為有限公司，故自第六屆起改為會董制，由會員大會推舉會董七十名組織會董會，再由會董會推選正副主席三名、常務會董八名。

香港九龍潮州公會為協助解決貧苦子弟的教育問題，成立翌年，分別於 1949 年 5 月，11 月及 1950 年 1 月，次第在九龍油麻地庇利金街、九龍城龍崗道、深水埗南昌街三地設立三所夜學義校，由馬璧魂義務擔任三校校長兼校監。後來該會同人以三校分散管理較為困難，為謀久遠計，乃進行籌建港九潮州公學校舍，推顏成坤為主任會員，姚佑波、馬澤民、馬璧魂為副主任委員。1955 年間，向當局申請領得九龍洗衣街內地段 6384 號，面積五萬平方呎，並募得港幣七十萬元，於 1957 年 8 月建成潮州公學校舍，原有三所夜學義校隨即遷入新址。其後更擴充發展，於 1960 年增辦中學。[46]

---

46 〈香港潮僑社團概況〉，《香港潮僑通鑑》，頁 54 — 55。

該會成立初期，於理事長下設總務、財務、調查、商務、聯誼、統計六部，由理事長及六部長共七人為當然常務理事，組織常務理事會；全部理事十五人，任期一年。第三屆以後，進行修改會章，常務理事中各部門有所調整，取消統計部，增設福利部，並把每屆任期由一年改為二年。組織方面亦略有調整，在會員大會下設理事會、監事會和顧問。理事會設理事十五名，候補理事五名，互選理事長一名、副理事長二名，正副理事長為當然常務理事，並選常務理事六名兼任總務、財務、商務、福利、聯誼、調查六部的正部長，另由六名理事兼任六部的副部長。監事會設監事五名、候補監事三名，並互選監事長一名。[47]

1977 年，香港九龍潮州公會自置寬敞會所，會員人數近二千。2007 年香港回歸祖國十周年，該年在大嶼山寶蓮禪寺大佛舉辦「佛光照耀香港，離島區全民舞動慶回歸十年」煙火歌舞匯演晚會；2010 年中華人民共和國成立六十一周年，該會贊助維港兩岸煙花匯演。[48]2013 年 12 月初，香港九龍潮州公會在會所舉行第二十八屆常務會董交接儀式，該會永遠榮譽主席馬介璋致辭時表示，在該會工作了幾十年，對公會十分有感情，隨後在眾人見證下與新一屆主席馬介欽正式交接會務。馬介欽發表就職演說時強調，該會將以新思維開拓向前，面對社會急速變化，他本人也將與各位同仁繼續承傳創會宗旨，仁人愛物，團結鄉親，發揚互助互勉精神，辦好教育事業，樂於幫助社會上有需要的人；對於香港及內地的賑災扶貧工作積極響應，並支持特區政府依法施政，促進社會和諧團結。[49]2014 年，香港九龍潮州公會舉行成立六十五周年暨第二十八屆會董就職典禮，新一屆主席為馬介欽，會長為張敬川。2015 年初，在潮州公會中學禮堂舉行「港九潮州公會暨屬校乙未年新春團拜」。

2017 年 12 月 20 日，香港九龍潮州公會成立七十周年紀念大會暨第二十九屆會董就職典禮假香港會展中心舉行，馬介欽榮膺主席，張敬川膺首席會長。該會一直秉承「興學育才、扶貧濟困、促進工商、敬恭桑梓」的

47 〈香港潮僑社團概況〉，《香港潮僑通鑑》，頁 56 — 57。

48 〈香港潮屬社團總會成員簡介──香港九龍潮州公會〉，網址：http://www.fhkccc.org.hk/fhkccc/membershow.asp?id=42。

49 〈馬介欽任港九潮州公會主席〉，《文匯報》，2013 年 12 月 10 日，頁 A18。

宗旨，近年更成立青年委員會，凝聚青年力量，為香港社會培育人才。在慶祝該會成立七十周年舉辦的敬老盆菜宴上，香港潮屬社團總會陳幼南主席讚揚該會除興學育才外，更不斷推動敬老護老活動，積極參與各項社會公益活動，加強內地和家鄉的聯繫。[50]

九龍東潮人聯會

九龍東潮人聯會（Kowloon East Chaoren Association）成立於2008年6月，是非牟利及扎根基層的潮籍社團組織。聯會宗旨是：團結及凝聚香港九龍東鄉親及居民，關懷及服務基層街坊會員，發揚潮人「拼搏、勤勞、奮進」的精神，為國家及香港社會之建設作貢獻。本會自成立以來，在全體會董會的努力下及各界熱心人士大力支持參與，目前會員達四萬多人。會員佈以觀塘區、黃大仙區居民為主，並連續舉辦三屆以潮州文化為主題的《迎國慶・賀中秋——潮式園遊會》，活動豐富多彩，包括潮劇表演、潮州小食、潮式燈謎、潮州文化展覽，給各參加者全方位感受潮州文化的體驗，因此吸引不少街坊一家大小一同參與，與街坊鄰里一起享受和諧社區人月兩團圓的喜慶歡欣，每年參加人數更高達一萬多人。

2011年，該會推行各區幹事上門探訪會員的活動，並召開探親團分享會，讓各區幹事交流探訪感受；同年在黃大仙龍翔中心富金酒樓舉行祝賀香港潮人盂蘭勝會列入「國家級非物質文化遺產」名錄暨九龍東區各盂蘭勝會首長慶祝晚宴。2012年，在九龍灣國際展貿中心煌府宴會廳舉行慶祝香港回歸十五周年暨第三屆會董就職典禮暨會員聯歡宴會，有一千二百人參加，濟濟一堂。[51]2013年春，該會與國際聯密佛教慈航會合辦大型新春祈福法會，在黃大仙摩士公園露天劇場舉行，共同祈福新年香港祥和繁榮、社會和諧安定；同年6月13日，在摩士公園舉辦「弘揚中國傳統文化之推廣親子誦讀『弟子規』活動」。2014年，該會與九龍西潮人聯會合辦「『一國兩制』

---

50 〈香港九龍潮州公會〉，《香港潮屬社團總會會訊》新 17 期（總第 31 期，2018 年 1 月），頁 45；新 21 期（總第 35 期，2019 年 1 月），頁 52。
51 〈九龍東潮人聯賀回歸暨就職〉，《文匯報》，2012 年 7 月 1 日，頁 A26。

在香港特別行政區的實踐」白皮書座談會,由梁愛詩擔任主講嘉賓。[52]

2016 年 11 月 14 日,九龍東潮人聯會第五屆會董會就職典禮假九龍灣國際展覽中心舉行,楊育城蟬聯會長,馬鴻銘任首席會長。

九龍西潮人聯會

九龍西潮人聯會(Kowloon West Chaoren Association Limited)及慈善基金會為一非牟利及慈善團體,為香港尤其是九龍西地區居住、工作或就學的潮籍及非潮籍人士服務。聯會鼓勵、組織及團結潮人愛祖國、愛香港、愛家鄉,發揚潮人優良傳統;弘揚中國及潮汕文化,為國家及家鄉之建設作出貢獻;促進居港潮人與家鄉及世界各地各族群人士的交流。

聯會鼓勵潮人彼此交往及加強互相合作,為潮人之權益及有關的問題進行協調,維護會員及基層同鄉合理權益,謀取福利;支持促進祖國、香港的經濟發展及改善民生的各項措施,向政府及有關部門表達會員及各界人士心聲。

九龍西潮人聯會自 2008 年成立至今,在創會及第一、二屆會長鄭錦鐘,第三、四屆會長陳統金帶領之下積極聯絡各潮屬團體及九龍西區各盂蘭會,促進各社團與本會之間的溝通和交流;團結潮人力量,支持友好議員及團體的發展;凝聚同鄉及會員之間的力量。本會定期舉行茶聚、旅行、講座及探訪等活動,與會員交流聯誼,會員人數已達二萬二千多人。

九龍西潮人聯會已成立油尖旺區、深水埗區、九龍城區三個分會, 亦已有一隊三百多人的義工團隊,更好配合和支持各區社會工作。此外,聯會加強壯大婦女部,充分發揮婦女的優勢和作用;同時亦非常重視青少年工作,積極發動年輕一代加入青年部,培養他們愛國、愛港、愛鄉的精神,對社會作出貢獻。

九龍西潮人聯會曾舉辦的活動包括潮曲欣賞會、獎學金、2012 諮詢大會及「肇慶龍母祈福三天團」等。2013 年 8 月,揭陽普寧、汕頭潮南區因練江決堤,造成特大洪災,該會捐款二十萬元賑災。該會婦女委員會於 2013 年 12 月 15 日舉行「冬日送暖樂悠悠」,又於 2014 年 1 月 11 日舉行長者探訪活動。2014 年 12 月 7 日,由會長陳統金、副會長黃業坤、婦委主

52〈九龍東潮人聯會簡介〉,網址:http://www.chaoren.com.hk/。

任黃美心率領的「九龍西潮人聯會婦委會冬日送暖到河源 2014」一行十九人赴河源扶貧。

九龍西潮人聯會成立五年之際，已有會員一萬六千多人。該會於 2014 年舉行「新會所落成典禮」，新會所位於九龍油麻地窩打老道 17 號金石商業大廈十樓；同年 5 月 24 日，舉行「成立五周年暨第三屆會董就職典禮」。香港潮屬社團總會創會會長陳偉南在典禮上致辭，與眾人分享組織地區潮籍人士體現團結就是力量的道理。新一屆會董會成員包括：會長陳統金，常務副會長陳愛菁、鄭木林、陳欣耀、劉偉光，副會長鄭金松、吳貴雄、李明、姚逸明、鄭泳舜、歐瑞成、莊景帆、吳建渤、黃業坤、姚韋霆，秘書長郭啟興，司庫周超新等。[53]

2015 年 5 月，假座尖沙咀龍堡國際酒店舉行第四屆會董就職典禮，陳統金蟬聯會長，並承諾將帶領會董成員發揮潮人團結互助的精神，再創九龍西潮人聯會的高峰。同年 7 月，啟晴邨發生水樣含鉛超標事件，全邨居民都要依靠邨內的各個臨時供水點，始能解決食水問題。有見及此，九龍西潮人聯會義工團於 7 月 15 日前往啟晴邨，幫助長者及有需要的居民運水。義工並於每日上午及下午用水高峰時間，於臨時供水點輪流當值，為有需要居民提供送水服務，服務持續三星期。該會常務副會長、義工團九龍城義工分隊隊長陳欣耀表示，每日派出義工五十人次以上，並希望有更多義工參加，發揮守望相助的鄰里精神。[54]

2017 年 4 月 1 日起，第五屆會董會會長潘陳愛菁正式執掌九龍西潮人聯會，成為該會首位女會長，她在就職典禮上鼓勵會員與「一帶一路」沿線國家發展有好的商貿關係。9 月 18 日，舉行「人月倆團圓，中秋顯愛心」下午茶敘，會長潘陳愛菁致辭表示，該會設立了九龍城、油尖旺、深水埗三個地區分會，藉此團結潮人和關心社會。[55]

2018 年 4 月 16 日至 20 日，九龍西潮人聯會與香港廣東社團總會合辦「關愛社區和諧共融」千人茶敘，假紅磡海逸皇宮大酒樓舉行，共宴請逾

53 〈九龍西潮人聯會會董就職〉，《文匯報》，2014 年 5 月 26 日，頁 A18。
54 〈九西潮聯義工啟晴助運水〉，《文匯報》，2015 年 7 月 16 日，頁 A17。
55 〈九西潮聯〉，《香港潮屬社團總會會訊》新 15 期（總第 29 期，2017 年 7 月），頁 44；新 16 期（總第 30 期，2017 年 10 月），頁 45。

六千六百名街坊會員。「戊戌年新春團拜暨優秀義工嘉許禮」筵開五十席，會長潘陳愛菁期望全體全人繼續為香港未來再創佳績；香港潮屬社團總會主席陳幼南特別提到總會與屬下多個團體聯合舉辦多個大型活動，取得可喜成績，反映了潮人的團結精神。[56]

2019 年 6 月 11 日，舉行第六屆會董就職典禮。新屆會董會包括：會長潘陳愛菁，常務副會長劉偉光、陳欣耀、黃業坤、楊詩傑、連洲杰、姚欣光、羅黃慧玲、姚逸華，副會長吳建渤、鄭捷明、莊小喬、陳香蓮、陳佩謙、姚逸明、林啟源、陳文軒、張文慧、黃庭暖等。[57]

香港區潮人聯會

香港區潮人聯會（Hong Kong Island Chaoren Association Limited）成立於 2010 年，是一個非牟利的團體，創會會長為陳登峰，會址在上環文咸西街 59 — 67 號金日集團中心六樓 A — D 室。其宗旨是：弘揚潮汕文化，發揚潮人精神；團結和凝聚香港潮人，愛國愛港，敦睦鄉誼，共謀發展；積極參與香港社會事務，為潮人爭取權益，表達意見，擁護「一國兩制」方針，支持香港特區政府依法施政；促進香港與內地的聯繫和交流，為服務香港、建設家鄉作出積極貢獻。

該會廣泛吸納旅港的潮籍人士，包括粵東汕頭、潮州、揭陽、汕尾四市。會員既有工商界精英、專業人士，又有基層的普通市民，現已有會員一萬八千餘人。該會組織採會董會架構，有會長、常務副會長、副會長，下設秘書處、會員發展部、會員福利部、青年部、婦女部、財務部、科技公關部及四區幹事會。香港區潮人聯會強調：

「愛拼才會贏」激勵我們潮人的奮鬥精神。

---

56 〈九龍西潮人聯會〉，《香港潮屬社團總會會訊》新 15 期（總第 29 期，2017 年 7 月），頁 44；新 19 期（總第 33 期，2018 年 6 月），頁 45。

57 〈九龍西潮人聯會第六屆會董就職典禮〉，《香港潮屬社團總會會訊》新 23 期（總第 37 期，2019 年 7 月），頁 44。

「我是潮州人」凝聚我們潮人的桑梓情懷。[58]

2011 年初，該會在上述自置會所舉行新址啟用典禮；同年，在國際廣場好彩酒家舉行「中西區幹事會成立暨就職典禮」。2013 年 8 月，揭陽普寧、汕頭潮南區因練江決堤，造成特大洪災，該會率先透過中聯辦港島工作部向災區捐款一百萬元賑災；同年聯會一行十五人前往中聯辦港島工作部，向遭受颱風「天兔」襲擊的粵東地區及汕尾市災區捐款三十五萬元。[59]

2013 年，香港區潮人聯會假會展中心大禮堂舉行第二屆會董會就職典禮。2014 年 10 月 24 日，會長陳南坡率領八十多人的訪問交流團赴粵東四市訪問三天。[60] 2015 年 3 月 7 日，香港區潮人聯會假灣仔修頓球場舉行「2015 義工嘉許禮暨會員新春聯歡盆菜宴」，向一百五十名義工頒發金、銀、銅獎，以表彰他們在過去一年對社會的無私奉獻；當晚筵開 228 席，場面壯觀而又溫馨喜慶。[61] 6 月底，香港區潮人聯會屬下六個義工團逾千名義工展開會員親善探訪活動，他們利用工餘及假日，走訪港島各區，探望屬下會員，並為他們送上愛心福袋。會長陳南坡透露，該會現有逾二萬名會員，是次探訪對象為基層家庭，於屋邨設街站或上門派贈福袋，總共送出二千五百個福袋。他希望通過這項活動可以凝聚會員力量，推動會務發展，同時鼓勵會員關心及參與社會事務，共同促進社區和諧。該會將成立青委會，培養接班人；並於 8 月舉行四場潮劇欣賞會，為弘揚潮汕文化作出努力。[62]

香港區潮人聯會青年委員會成立典禮於 2015 年 7 月舉行，榮膺青委會主席的陳家榮，從中聯辦港島工作部副部長陳旭斌、香港區潮人聯會會長陳南坡手中接過青委會會旗，正式執事，並致辭表示將秉承聯會的宗旨，憑着青年人富創意和勇敢的特質，向社會散發正能量。陳旭斌指出，青委會的成

---

58 〈香港潮屬社團總會成員簡介——香港區潮人聯會〉，網址：http://www.fhkccc.org.hk/fhkccc/membershow.asp?id=68。

59 〈港區潮人聯會接待馬逸麗一行〉，《文匯報》，2015 年 9 月 14 日，頁 A18。

60 〈順民意，投下贊成一票；反暴力，共建法治社會〉（香港區潮人聯會故事），《文匯報》，2015 年 6 月 16 日，頁 A9；並參〈香港區潮人聯會網站〉，網址：http://www.hkchaoren.com/。

61 〈香港區潮人聯會 2015 義工嘉許禮暨會員新春聯歡盆菜宴熱烈舉行〉，《文匯報》，2015 年 3 月 13 日，頁 A37。

62 〈港區潮聯逾千義工福袋送暖〉，《文匯報》，2015 年 7 月 13 日，頁 A19。

立，標誌着聯會充滿朝氣，有推動青年事業的意識。陳南坡回應說，年輕人在聯會中佔相當一部分，將青年部升格為青委會是為了配合聯會的發展，培養未來接班人。首屆青委會成員包括主席陳家榮，副主席侯家璇、許浚峰、凌玉賢，秘書長蕭敏儀，財務長陸家進，顧問陳振彬、楊位款、余奕雄等。[63]

由香港區潮人聯會、東區經濟及文化事務委員會聯合舉辦的「東區戲曲節 2015——潮州戲曲表演」，8 月 6 日及 7 日於北角陳樹渠大會堂開鑼，由香港潮人文藝協會擔綱，演出多套潮州傳統名劇，包括《南山會》、《穆桂英招親》、《蘆林會》、《金花勸郎》、《憶十八》、《回書》、《成康登基》等，共有八百多位觀眾到場欣賞。香港區潮人聯會常務副會長胡池表示，潮州戲曲自古以來弘揚愛家鄉、愛國家的傳統，而這優良傳統一直凝聚廣大潮籍鄉親，成為一種核心文化和思維，他希望潮籍鄉親能透過欣賞潮州戲曲，繼續以優良的傳統為香港繁榮安定、家鄉建設而團結奮進。[64]8 月 23 日，聯會假北角富臨皇宮舉行義工團成立典禮暨會員聯歡晚宴，由中聯辦港島工作部部長吳仰偉、立法會議員葉國謙、民政事務總署副署長陳積志等主禮，一千二百人濟濟一堂，氣氛熱烈。[65]該會的義工團有一千三百四十人。

2016 年 5 月 30 日，香港區潮人聯會刊登聲明，支持擁護中央人民政府對南海政策，「強烈譴責外國勢力干預，加劇南海地區緊張局勢。」翌日，假香港會展中心新翼舉行第三屆會董會就職典禮，分別為：會長張仲哲，常務副會長莊學海、林資健、胡池、林國光、陳木和、王錫廷、邱長喜、鄭助炎、潘明、連喜慶。[66]榮膺會長的張仲哲致辭時表示，聯會成立至今已超過六年，廣泛吸納旅居香港的潮籍人士，包括粵東汕頭、潮州、揭陽、汕尾四市，共逾二萬二千名會員，今後將加強與各界友好社團交往合作和推進會務發展。常務副會長莊學海及林資健亦分別致謝辭及主持祝酒。[67]

2017 年中，香港區潮人聯會會長張仲哲在慶祝香港回歸二十周年晚宴上，強調香港可借助「一帶一路」的機會，積極發揮香港獨特的優勢。該會

---

63 〈陳家榮任港區潮聯青委主席〉，《文匯報》，2015 年 7 月 27 日，頁 A14。

64 〈港區潮聯 800 人欣賞戲曲〉，《文匯報》，2015 年 8 月 8 日，頁 A11。

65 〈港區潮聯千人義工團成立典禮隆重舉行〉，《文匯報》，2015 年 9 月 7 日，頁 A13。

66 《文匯報》，2016 年 5 月 30 日，頁 A9。

67 〈港區潮聯就職，梁振英到賀〉，《文匯報》，2016 年 6 月 2 日，頁 A25。

會員已逾二萬五千人，有義工一千三百多人，為促進家鄉與香港的交流合作做出貢獻，取得較好成績。2018 年 8 月 24 日至 26 日，會長張仲哲、副會長林其龍帶領同仁參與盂蘭文化節。[68]

2019 年 5 月 23 日，香港區潮人聯會舉行第四屆會董會就職典禮，會長胡池致辭表示，香港作為大灣區發展規劃中的龍頭，有突出的前景，潮人應把握這個難得的機會。[69]

新界潮人總會

新界潮人總會（New Territories Chiu Chow Federation Limited）成立於 2009 年，為一非牟利團體，創會主席是周厚澄，現時會址在元朗大棠路 11 號光華廣場 1103 室。總會的宗旨是凝聚新界各界力量，促進潮籍鄉親與其他香港市民的交流及合作，關注區內民生和社會事務，支持政府依法施政，共建和諧社會。第二屆會董會繼續推周厚澄為主席，林大輝、鄭俊平、方平、莊健成為副主席，就職典禮於 2012 年 6 月 21 日舉行。[70]

2013 年 4 月，四川雅安蘆山發生七級大地震，該會捐款十五萬元賑災；同年 8 月，揭陽普寧、汕頭潮南區因練江決堤，造成特大洪災，該會捐款二十萬元賑災。

2014 年 4 月 25 日，舉行第三屆會董就職典禮。永遠榮譽會長蔡志明，永遠榮譽會長林建岳、陳武、高佩璇、陳偉璇；主席周厚澄，副主席林大輝、鄭俊平、方平、莊健成。會董會的其他成員，包括來自各行各業的潮籍鄉彥，既有行業精英翹楚，亦有熱心公眾事務的社區人士。該會又於 10 月 7 日假座沙田大會堂美心皇宮舉行 2014 年度周年會員大會暨年度祝賀晚宴，主席周厚澄致辭表示，香港正值一個非常重要的時刻，需要各界真誠對話，才能

---

68 〈香港區潮人聯會〉，《香港潮屬社團總會會訊》新 15 期（總第 29 期，2017 年 7 月），頁 45；新 20 期（總第 34 期，2018 年 10 月），頁 60。

69 〈香港區潮人聯會第四屆會董就職典禮〉，《香港潮屬社團總會會訊》新 23 期（總第 37 期，2019 年 7 月），頁 45。

70 〈新界潮人總會慶祝香港回歸十五周年暨第二屆會董會就職典禮〉，《明報》，2012 年 6 月 21 日，頁 A15；〈香港潮屬社團總會成員簡介——新界潮人總會〉，網址：http://www.fhkccc.org.hk/fhkccc/membershow.asp?id=72。

創建和諧社會，推動經濟發展。[71]

　　2015 年 10 月 6 日，新界潮人總會舉行會員特別大會，並邀請法律顧問周卓如律師到場講解修章內容。該會慶祝香港回歸十九周年暨第四屆會董就職典禮於 2016 年 5 月 19 日舉行，主席周厚澄，副主席林大輝、鄭俊平、方平、莊健成、陳偉明、陳權軍。新界潮人總會會員，包括團體會員人數已達二萬餘人。展望未來，新界潮人總會熱切期盼新界潮人鄉親、各區屬會與總會同仁團結一致，上下一心，秉承潮人愛國愛港，不忘鄉曲，一呼百應的精神，發揚潮州文化，為國家、為香港、為家鄉建設作出貢獻。[72]

　　2018 年 1 月 4 日至 6 日，新界潮人總會在主席莊健成帶領下，前往粵東四市進行訪問交流，進一步了解家鄉近年來的發展。2018 年間，該會還舉辦「慶賀 2018 年度授勳鄉彥暨周年會員大會聯歡晚宴」和「2018 香港潮汕文化巡禮」。[73]

新界東潮人聯會

　　2018 年 2 月，新界東潮人聯會成立；同年，主辦潮汕文化巡禮國慶同樂，假沙田沙角廣場舉行，有近二千人參加，場面熱鬧，執行主席蘇振聲、李映洲向創會主席吳哲歆、創會會長蕭七妹及香港潮屬社團總會主席陳幼南等嘉賓及出席代表頒發感謝狀。2019 年中，該會在新會所沙田山尾街 31-35 號樂華工業中心二期 16 樓 E2 室舉行揭牌儀式。[74]

大埔潮州同鄉會

　　1960 年代中成立的大埔潮州同鄉會，於 1972 年轉為大埔潮州同鄉會有限公司（Tai Po Chiu Chow Natives Association, Limited），成

71 〈新界潮人總會周年大會暨慶賀晚宴〉，《香港潮屬社團總會會訊》新 5 期（總第 19 期，2015 年 1 月），頁 23。

72 〈新界潮人總會簡介〉，《文匯報》，2016 年 5 月 19 日，頁 A15。

73 〈新界潮人總會〉，《香港潮屬社團總會會訊》新 18 期（總第 32 期，2018 年 4 月），頁 54；新 21 期（總第 35 期，2019 年 1 月），頁 56。

74 〈新界東潮人聯會〉，《香港潮屬社團總會會訊》新 20 期（總第 34 期，2018 年 10 月），頁 64；新 23 期（總第 37 期，2019 年 1 月），頁 50。

立第一屆理監事會，在大埔懷仁街 3 號二樓自置會所就職。農曆三月廿七日為該會會慶，除慶祝天后寶誕外，亦設宴招待所有會員年長父母，讓他們聚舊聊天，於閒話家常之餘，亦可教育下一代孝順父母、友愛弟妹，宏揚敬老精神。

大埔潮州同鄉會積極參與大埔地區的社區活動，如國慶、慶回歸、中秋晚會等；還分春夏秋冬四季，每次招待該會及區內四百多名長者，於社區中心或酒樓舉行生日會、敬老聯歡歌唱會等，讓各長者聽聽歌及有派利是、平安米、禮物包等活動，並且按年舉辦春季或秋季旅遊。

近年來的主要活動包括：2000 年 5 月 1 日，舉行第十三屆理事就職典禮暨慶祝天后寶誕敬老聯歡晚會；2012 年，在大埔美心酒樓舉行第十七屆會董就職典禮；2014 年 9 月，筵開一百五十席敬老盤菜宴，招待區內一千五百名長者。[75]

元朗區潮州同鄉會

1967 年，元朗區潮州同鄉會（Chiu Chow Clansmen's Association of Yuen Long District, Limited）由黃松泉領導成立，創會宗旨為愛國愛港愛家鄉，聯繫及團結潮人鄉親，互相照應，共謀福祉。會址在元朗大馬路 196 — 202 號三樓 1 室。1969 年 3 月 16 日，舉行第一屆理監事就職。[76]元朗區是現時香港十八區中土地面積最大的，1949 年至 1950 年期間，眾多潮人來到香港，進入市區謀生的人，從事各行各業，但也有部分人求職困難，生活徬徨。熟悉環境的潮籍父兄前輩，熱心推介鄉親們轉移到新界元朗，以務農維生，從事種菜、種稻、養豬、養雞等農畜業，影響所及，一批又一批鄉親接踵而來，聚居於元朗，估計超過十萬之眾。直至近來，受到環保和禽畜流感的影響，大部分已轉農為商，或從事其他行業，目前仍然養豬養雞的，只有少數。

多年以來，潮籍鄉親已經在元朗扎根安居，和元朗原居民及各族群融洽

---

75 〈香港潮屬社團總會成員簡介 —— 大埔潮州同鄉會〉，網址：http://www.fhkccc.org.hk/fhkccc/membershow.asp?id=56。

76 《潮僑通鑑》第四回，第一篇，頁 7。

相處，而於社區公益服務活動各方面，彼此合作愉快。尤其在保護傳統風俗、非物質文化遺產方面，更是不遺餘力，每年農曆七月盂蘭節，元朗潮僑盂蘭勝會開壇建醮，規模龐大，作台演潮劇，廣派平安米，又築孤棚燒冥附薦祭祀，祈福禳災，花銀動輒數十萬元。每逢農曆三月廿三日，潮籍人士更自組家鄉「英歌舞隊」參加元朗十八鄉天后寶誕會景巡遊，數十年來從未間斷，潮汕風俗文化，已滲入香港多元化的社會之中。[77]

2011年，元朗區潮州同鄉會第二十一屆董事就職，主席為佘恩典；2013年，第二十二屆董事就職，主席為黃元弟。黃元弟在就職典禮上表示，該會經歷屆會長帶領及全體董事攜手合作，大家群策群力，奠定了穩固基礎，會務有良好發展，聲譽日隆，今後將更積極參與社區活動。

香港舉行題為「豐盛・博愛老夫子香港慈善跑2017」的跑步比賽，參賽者打扮成經典漫畫人物「老夫子」，善款全數撥入「博愛青少年發展助學獎金」，幫助有需要的學生。元朗區潮州同鄉會英歌舞隊積極參加，以獨特舞姿和精美服飾贏得市民的讚賞。英歌舞是代表潮人拼搏精神的特色歌舞，元朗英歌舞隊保留着傳統潮州英歌舞的習俗和風格。[78]

長洲潮州會館

長洲潮州會館（Cheung Chau Chiu Chow Association Company Limited）成立於1962年，地址在長洲海旁路83號。長洲位於香港西南，島嶼縈迴，渚清沙白，風景秀麗。時為香港四大漁區之一，也是旅遊勝地。潮籍人士到長洲居住，始自1930年代，深沐海濱鄒魯之遺風，於敬恭桑梓、敦睦鄉誼之道，世守不渝，居鄉者固如是，即旅居異地，亦莫不敬愛相尚。

潮籍鄉親最先在長洲設立的團體是花炮會，繼而組業餘音樂社，再演進而為長洲鄉親會，後來擴大組織，籌建長洲潮州會館，於1969年9月5日落成開幕，首屆會長楊木盛，副會長劉榮柱、鄭晉德。[79]會館三樓設有崇先

77〈香港潮屬社團總會成員簡介——元朗區潮州同鄉會〉，網址：http://www.fhkccc.org.hk/fhkccc/membershow.asp?id=57。
78〈元朗區潮州同鄉會〉，《香港潮屬社團總會會訊》新17期（總第31期，2018年1月），頁51。
79《潮僑通鑑》第四回，第一篇，頁7。

祠，維護民族傳統美德，推重孝道，慎終追遠，每年農曆冬祭祀典，儀式肅穆隆重。長洲與坪洲一衣帶水，兩島相望，鄉親常有往還，會員與日俱增，為擴展會務及加強桑梓之聯繫，1973 年遂有坪洲分會落成開幕。坪洲島每年的盛會，是農曆七月二十一日的天后巡遊節日，多年來長洲總會及坪洲分會組織鑼鼓隊參加，獲當地居民及鄉親讚頌。

元宵佳節慶燈敬老會員聯歡，每年農曆正月十四日舉行，競投春燈，互頌吉祥。太平清醮包山節，馳名香港乃至世界，一年一度隆重的盛事在農曆四月初八舉行，本會每年主辦包山，派出鑼鼓隊參加巡遊，海內外及港九各地人士，爭相來此觀光者，萬人空巷，極一時之盛。[80]

2011 年的太平清醮包山節，且有「潮州女子大鑼鼓」表演。2013 年，第二十三屆會董就職典禮暨元宵佳節敬老會員聯歡燈宴會在長洲東灣教堂路鄉村酒樓舉行，楊劍青連任會長。賓主三百多人，歡聚一堂。2016 年太平清醮會景巡遊盛會，會長楊劍青等與潮州市大鑼鼓隊一齊參與巡遊。2017年第二十五屆會董，楊劍青連任會長，副會長王綿財、吳春靈、劉澤廣、吳崇敬。

2018 年春，長洲潮州會館舉辦慶元宵佳節活動，會長楊劍青與各位副會長及同仁一起出席了活動。他在致辭時表示，會館成立四十多年，除承接原鄉親會的會務活動外，更建立崇先堂祠宇和坪洲分會，還有每年慶祝天后寶誕、太平清醮、秋季旅行和冬至祭祖等，在各鄉親會員的鼎力支持下，會譽日隆。[81]

香港潮人深水埗同鄉會

香港潮人深水埗同鄉會（Hong Kong Chaoren Shamshuipo Clans Association Ltd.）成立於 2005 年 6 月 8 日，會址在九龍深水埗南昌街191 號南昌苑一樓 A 室，是一個非牟利團體，為居於香港的潮籍人士及深水

---

80 〈香港潮屬社團總會成員簡介——香港長洲潮州會館〉，網址：http://www.fhkccc.org.hk/fhkccc/membershow.asp?id=61。

81 〈長洲潮州會館慶元宵佳節〉，《香港潮屬社團總會會訊》新 18 期（總第 32 期，2018 年 4 月），頁56。

埗區居民服務。其宗旨為：鼓勵、組織及團結潮人愛祖國、愛香港、愛家鄉，發揚潮人優良傳統之崇高情操，弘揚中國及潮汕文化，為國家及社會的建設作出貢獻；促進及鼓勵香港居民尤其是深水埗區潮人同鄉的交往，並加強互相合作；為潮人同鄉的權益及有關的一切問題進行調查及諮詢，為基層同鄉爭取合理權益和謀取福利；支持及促進祖國和香港的經濟發展，以及改善民生；協助香港特別行政區政府處理有關香港潮人同鄉的事宜，就潮人及香港居民權益的問題，向香港特區政府及有關部門表達意見，並起橋樑作用；促進居港潮人與家鄉及世界各地潮人，就經濟、文化、教育、旅遊、體育等範疇作出交流。

香港潮人深水埗同鄉會積極在香港及家鄉的公益事業出錢出力，舉辦不同類型的地區活動，包括本地及內地旅行等，參與捐贈在汕頭市興建的「深水埗團體希望小學」，舉辦「林建康助學金」計劃，協辦「健康日」、「無毒 Halloween 化妝舞會嘉年華」及「愛心大使大行動」等等。2009 年加入九龍西潮人聯會，成為團體會員。[82]

2006 年，由創會主席鄭錦鐘發起並在同鄉會支持下，擴建南山小學鄭際嘉教學樓，八年來連續發放獎學金及助學金，使該校辦學環境得到改善，教學質素亦明顯提高。2013 年 6 月 10 日，香港潮人深水埗同鄉會訪問團四十人，到南山小學探訪，對該校取得的成績感到欣慰，並表示將一如既往地為家鄉教育事業盡一分力。

2014 年 9 月 21 日起，同鄉會與香港聖約翰救傷隊合辦的「長者健康及救傷講座」在深水埗石硤尾社區會堂舉行；10 月 12 日，在長沙灣遊樂場舉行「健康嘉年華暨步操檢閱」壓軸活動，節目內容包括健康檢查、口腔檢查及護理、中醫及西醫檢查，還有香港聖約翰救傷隊步操檢閱、家居安全話劇、風笛鼓樂隊表演、攤位遊戲等。[83]

2017 年 6 月 4 日，香港潮人深水埗同鄉會舉辦慈山寺一日遊，聯席會長莊景帆及各名譽會長劉偉光、陳光升等一行百餘人，參加了是次活動。該

82〈香港潮屬社團總會成員簡介──香港潮人深水埗同鄉會〉，網址：http://www.fhkccc.org.hk/fhkccc/membershow.asp?id=63。
83〈香港潮人深水埗同鄉會參與健康日嘉年華〉，《香港潮屬社團總會會訊》新 5 期（總第 19 期，2015年 1 月），頁 24。

會主辦的「2017-2018 年度徐美琪助學金」頒獎典禮於 2018 年 6 月 23 日舉行，贊助人是榮譽會長徐美琪爵士。「2018-2019 年度徐美琪助學金暨傑出才藝獎」頒獎典禮於 2019 年 6 月 22 日舉行。[84]

新界粉嶺潮州會館

新界粉嶺潮州會館（Fan Ling (N.T.) Chiu Chow Association, Limited）成立於 1972 年，由該區鄉親父老創立，館址在新界粉嶺馬會道 278 號二樓 C、D 座，其宗旨是「彙聚鄉親，敦睦鄉誼，發揚友愛精神，扶貧救災」。關注北區民生問題，維護及爭取合理權益；推動潮人與其他族群和諧相處，為社會發展進步作出貢獻；舉辦各種文化康樂及體育活動，推動公民教育；堅持促進工商、服務社會、弘揚文化、興學育才、扶貧救災。[85]

新界粉嶺潮州會館於 1977 年組成盂蘭勝會，每年於農曆七月初一至初三日舉辦盂蘭節，建醮普渡法事；舉行敬老平安免費齋宴，派發平安米、福物給長者及貧困民眾，三十餘載從未間斷，又於每年春節後舉辦新春敬老聯歡聚餐及派發禮物給長者。2007 年，該會館獲稅務局給予《稅務條例》第八十八條的範疇慈善社團。

2008 年 7 月 13 日，粉嶺潮僑盂蘭勝會在粉嶺聯和墟富年華酒家舉行第一屆董事會就職典禮；2012 年，舉行紀念成立三十四周年暨第二屆董事就職典禮。2014 年春，粉嶺潮州會館與粉嶺潮僑盂蘭勝會在海聯皇宮大酒樓舉行甲午新春敬老聯歡晚會。2015 年 4 月 16 日，粉嶺潮州會館在粉嶺聯和墟海聯皇宮大酒樓舉行第十四屆理事就職典禮。

2017 年 3 月 5 日，新界粉嶺潮州會館舉行金雞賀歲行大運，前往車公廟祈福，繼而前往流浮山品嚐海鮮，又到機場資料展覽館、電影資料館參觀。會館為慶祝成立四十五周年舉辦敬老聯歡盆菜晚宴，共慶會務繁榮，氣氛熱烈。[86]

---

84 〈香港潮人深水埗同鄉會〉，《香港潮屬社團總會會訊》新 17 期（總第 31 期，2018 年 1 月），頁 51；新 20 期（總第 34 期，2018 年 10 月），頁 63；新 23 期（總第 37 期，2019 年 7 月），頁 48。

85 〈香港潮屬社團總會成員簡介——新界粉嶺潮州會館〉，網址：http://www.fhkccc.org.hk/fhkccc/membershow.asp?id=58。

86 〈新界粉嶺潮州會館金雞賀歲行大運〉，《香港潮屬社團總會會訊》新 14 期（總第 28 期，2017 年 4 月），頁 35；新 16 期（總第 30 期，2017 年 10 月），頁 47。

香港潮僑聯誼會

香港潮僑聯誼會（Hong Kong Chiu Kiu Fraternity Limited）成立於 1970 年 7 月 21 日，會址在香港筲箕灣道 55 號二樓 L 座。1999 年會長為許作堯。現時會長為林甲濱。

荃灣潮州福利會

荃灣潮州福利會（Tsuen Wan Chiu Chow Welfare Association Limited）成立於 1959 年 10 月 14 日，有感興建學校尤為迫切，於 1965 年創辦荃灣潮州公學，就讀者不拘籍貫。現時該福利會聯絡地址，是由荃灣海壩街 80 號荃灣潮州公學轉。1964 年起，聘請註冊西醫為會員治病，只收取廉價診費，自後歷屆均續約辦理。

荃灣潮州福利會雖屬同鄉之組合，同時亦為荃灣地區福利機構之一。該會自第一屆至第二十四屆經辦的會務，主要包括：（一）擴大徵求會員，現有會員人數四百人以上；（二）於農曆新春期間舉行會員聯歡大會，邀聘名伶演奏潮州音樂助興；（三）為會員及家屬提供醫療服務及提供升中助學貸金扶助清貧學生；（四）其他救濟事項，幫助經濟困難者；（五）為息事寧人起見，接納會員排難解紛的請求；（六）參加社團機構聯合舉辦的公益事項，加強與各社團的聯繫和團結。荃灣潮州福利會有深井分會，自建立會所後，成為當地同僑的聯絡中心，凡有公益及喜慶之事，皆在會所舉行，近年又積極進行擴建房舍及修建廣場，以利公用。[87]

香港潮僑公益協進會

香港潮僑公益協進會（Hong Kong Chiu Chau Overseas Public Welfare Advancement Association Limited）成立於 1972 年，創會主席為周培俊，扎根於港島東區，會址在香港柴灣新廈街玄都岩玄都觀。其

---

87 〈香港潮屬社團總會成員簡介——荃灣潮州福利會〉，網址：http://www.fhkccc.org.hk/fhkccc/membershow.asp?id=71。

宗旨為「服務潮籍以及廣大東區居民，熱心參與各項社會公益事務」。

香港潮僑公益協進會以管理玄都觀為核心，提供道教信仰及儀式所需的道場，弘揚道教精神，貫徹濟世利人的信念。該會源於石塘嘴一簡樸廟宇，經歷數度拆遷，後獲政府批地建廟，始發展成為具有規模的公益團體。此實對應《道德經》中的玄妙寓意：「禍兮福之所倚，福兮禍之所伏」；「合抱之木，生於毫末；九層之台；起於壘土。」先賢齊心協力的無私奉獻精神，記錄於玄都觀門旁的緣起石碑上。

該會又致力推廣潮州文化，維繫潮僑間的交流，促進聯誼，發揚潮州人團結互助的傳統精神。該會亦積極參與各項社會公益慈善活動，轄下設立辦事處，負責處理日常事宜，接待及協助善信參拜。另成立道生會、音樂組、潮州大鑼鼓隊、康樂組等組織，每年舉辦盂蘭勝會、老君誕慶典，定期舉行醮典及頌經儀式，音樂組及潮州大鑼鼓隊則組織參與社會公益表演。[88]

2014 年 10 月 21 日，佛教善來精舍、香港潮商互助社與香港潮僑公益協進會聯合主辦的「敬老派米活動，弘揚潮州文化」在柴灣小西灣社區會堂舉行，大會除了派平安米，還預備了精彩的節目，包括潮州大鑼鼓、潮樂演奏、愛心之星大唱金曲等，讓出席者在歡笑聲中盡興而歸。[89]

2015 年 9 月 13 日，香港潮僑公益協進會與柴灣老年人康樂中心合辦派發平安福米活動。同年 12 月 6 日，於玄都觀舉行第廿三屆董事會就職典禮暨敬老聯歡晚會。

香港柴灣潮僑工商聯誼會

香港柴灣潮僑工商聯誼會創立於 1972 年，在區內擔當和諧社區的工作，凝聚區內的街坊和團結社區力量。會址在香港柴灣漁灣村漁安樓地下 24A 室，主席陳大勳。2018 年 3 月 19 日，假德聲酒樓舉辦「三八婦女節聯歡晚宴」，有逾三百位街坊參加，藉此將婦女平權的意識傳至社區角落。[90]

88 〈香港潮僑公益協進會介紹〉，網址：http://www.ccwaa.org.hk/01a.htm。
89 〈參與「敬老派米活動，弘揚潮州文化」〉，《香港潮屬社團總會會訊》新 5 期（總第 19 期，2015 年 1 月），頁 19。
90 《香港潮屬社團總會第九屆會董就職典禮》（2018 年），頁 107。

第三節　潮汕各地聯誼會及同鄉會

潮汕三市政協香港委員聯誼會

潮汕三市政協香港委員聯誼會成立於 1993 年 6 月，其宗旨主要是致力團結香港潮籍鄉親，動員鄉親共謀家鄉發展。對外推介潮汕，促進經貿繁榮；在內參政議政，積極為政經發展建言獻策；在港克盡市民職責，維護香港穩定繁榮。會址在香港干諾道西 21 — 24 號海景商業大廈二樓。

聯誼會由汕頭、潮州、揭陽三市的委員、顧問組成，成員超過一百一十人，是社會上有影響、政治上有地位、經濟上有實力、學術上有造詣的代表人士。該會創會會長為陳偉南，名譽會長林興識、余潔儂，現屆聯席會長為陳幼南、江達可、黃書銳。聯誼會除動員委員參與香港相關社會活動外，每年組織成員到家鄉考察；邀請家鄉領導來香港懇談，加深了解和敦睦鄉誼。1998 年起，聯合澳門同寅，分別在三市捐建正文學校或正文教學樓十五座，春風化雨，培育人才。

成立以來，潮汕三市政協香港委員聯誼會秉承宗旨，在以下幾方面，均發揮了積極作用：（一）溝通鄉情和密切內外聯繫，發動鄉親支持家鄉建設；（二）參政議政，推動家鄉事業發展；（三）支持「一國兩制」，維護香港繁榮穩定。[91]

2015 年 9 月，潮汕三市政協香港委員聯誼會在香港舉行懇談會，與會的各市政協代表向與會委員和嘉賓通報了今年以來各市經濟社會發展情況，以及市政協工作情況。

由潮汕三市政協香港委員會聯誼會創會會長陳偉南任名譽團長、聯席會長黃書銳任團長的考察團，一行四十多人前往潮州市考察訪問；2018 年 11 月 22 日，潮州市委書記劉小濤與考察團舉行座談，暢敍鄉情，共同為推動潮汕三市的振興發展出謀獻策。[92]

---

91 〈香港潮屬社團總會成員簡介 —— 潮汕三市政協香港委員聯誼會〉，網址：http://www.fhkccc.org.hk/fhkccc/membershow.asp?id=47。
92 〈香港汕頭濠江同鄉總會〉，《香港潮屬社團總會會訊》新 21 期（總第 35 期），頁 57。

香港潮陽同鄉會

香港潮陽同鄉會（Chiu Yang Residents' Association of Hong Kong Limited）於 1946 年 3 月成立時，原名旅港潮陽協進會，後易名為旅港潮陽同鄉會，1966 年，註冊為有限公司。1978 年購得永樂街 157 — 163 號二、三樓作為該會永久物業，每層面積二千一百七十呎。1992 年，為恰切體現潮陽旅港同鄉以香港繁榮為己任的主人翁姿態，改會名為香港潮陽同鄉會，沿用至今。該會的宗旨為「敦睦鄉誼，贊助香港慈善事業，提倡及發展教育」，是香港政府認可的公共慈善機構之一。

該會於辦學方面，建樹甚多。1978 年購得永久物業後，即於會址二樓創辦不牟利的潮陽托兒所，口碑甚佳，得到社會各界及政府部門的高度評價；2003 年底，遷至德輔道西 38 號二樓，面積四千餘呎，其後更名為潮陽幼稚園。

1993 年秋，香港潮陽同鄉會興辦的香港潮陽小學在香港天水圍天耀邨正式開學，教師、職工及學生共一千人，是該區一間頗有名氣的小學。該會又於天水圍興辦另一間小學，名為潮陽百欣小學，2005 年 9 月 1 日正式開學，有教師、職工和學生九百人。[93]

香港潮陽同鄉會歷屆董事會為服務社會和興學育才，發放同鄉學子獎學金及對家鄉建設慷慨捐輸，卓有建樹，深得政府器重和社會推崇。香港潮陽同鄉會有限公司第二十三屆，會長陳智文，副會長馬清楠太平紳士、廖鐵城、陳振彬院士 SBS 太平紳士、周厚立、李焯麟，當屆榮譽會長陳有慶博士院士 GBS 太平紳士、蔡衍濤 MH、胡楚南太平紳士、許學之院士 BBS、馬照祥、陳熹博士 BBS 太平紳士、林建高 MH。

2016 年 11 月 1 日，香港潮陽同鄉會假座香港會議展覽中心舉行成立七十周年慶典暨第二十六屆會董就職典禮，陳振彬連任會長。

2019 年 2 月 13 日，假灣仔佳寧娜潮州菜舉行己亥年同人新春團拜，會長周厚立及副會長李焯麟、蔡少偉、馬介欽、魏海鷹、鄭敬凱等出席了是

---

93 〈香港潮屬社團總會成員簡介——香港潮陽同鄉會〉，網址：http://www.fhkccc.org.hk/fhkccc/membershow.asp?id=48。

晚團拜活動。[94]

香港潮州市同鄉總會

香港潮州市同鄉總會（Hong Kong Chiu Chow General Association Ltd.）成立於 1973 年 10 月 25 日，會址在香港干諾道西 42 號高富大廈七樓全層及三樓第一座。該會每年舉辦會員子女獎學金，並於 1997 年成立專戶獎學金基金；2006 年在永遠榮譽會長鄭持章倡導下，再集第二階段專戶獎學金基金。同年又在陳偉南、鄭持章兩位永遠榮譽會長倡導帶動下，將獎學金擴大至潮州家鄉層面，另設立「金銀星」獎學金，扶植中華民族優秀人才，為建設富強家鄉、和諧社會作出貢獻。

香港潮州市同鄉總會積極參與社會醫療福利事業，於 2002 年成立專戶「林燕珊慈善福利基金」，用於該會會員或親屬急需之用，捐款家鄉水災、南亞地區賑災、四川汶川地區賑災，以及支援家鄉建設、敦睦鄉誼等事項。2008 年，成立青年委員會，召集會內年輕一代積極參與各項活動，共同推廣潮州家鄉文化及公益事業。2013 年，香港潮州市同鄉總會舉行成立四十周年暨第二十一屆會董就職聯歡晚宴，楊劍青榮膺新一屆會長，藍國浩、沈振虎、黃志偉、朱兆明任副會長。該會會員現已增至千多人，本屆會長沈任何。[95]

2015 年 7 月 30 日，香港潮州市同鄉總會召開 2015 年度會員常年大會；8 月 17 日，第二十二屆會董會經依章選舉產生成立，會長藍國浩，副會長沈振虎、黃志偉、黃詠霖及吳文耀。10 月 25 日，在金鐘名都酒樓舉行慶祝成立四十二周年暨第二十二屆會董就職典禮會員聯歡大會。2016 年 4 月 23 日，會長藍國浩率團出席泰國潮安同鄉會舉行的慶祝成立九十周年慶典活動。

2018 年 3 月 10 日至 12 日，香港潮州市同鄉總會組團參加潮州青龍廟會祈福活動，祈福後，由會長藍國浩、副會長吳文耀、常務會董宴請同仁和

---

94 〈香港潮陽同鄉會〉，《香港潮屬社團總會會訊》新 22 期（總第 36 期，2019 年 4 月），頁 70。
95 〈香港潮屬社團總會成員簡介——香港潮州市同鄉總會〉，網址：http://www.fhkccc.org.hk/fhkccc/membershow.asp?id=49。

鄉親。隨後訪問團參觀了潮州著名景點韓文公祠、廣濟橋、潮州牌坊街，並到開元寺祈福。7 月 20 日至 22 日，主辦青少年尋根夏令營，參觀汕頭市文化館、韓文公祠等處，並感受傳統潮州文化。[96]

2018 年 10 月 25 日，香港潮州市同鄉總會舉行慶祝成立四十五周年暨頒發 2018 年度獎學金儀式。12 月 8 日，主辦「三業承傳、五福人生」分享會，該項活動由香港潮屬社團總會協辦，華南商聖茶堂承辦。[97]

香港九龍揭陽同鄉總會

香港九龍揭陽同鄉總會（Hong Kong & Kowloon Kit Yeung Clansmen General Association Limited）成立於 1950 年代，1978 年中國內地改革之初，前揭陽縣領導提議，在香港榕江福利互助會的基礎上，重組創立香港九龍揭陽同鄉總會，在鄭翼之、邱子文和眾會董贊助下，同鄉總會購置現時位於九龍旺角彌敦道 564 號三樓的會址。

1982 年，第一屆會董就職。2010 年 11 月 22 日，該會在尖沙咀龍堡國際賓館舉行「慶祝第十屆會董就職典禮暨會員聯歡宴會」。時任會長林興識，主席孫振光。香港九龍揭陽同鄉總會成立至今，為家鄉、為香港作出了不少貢獻。[98]

2017 年春，香港九龍揭陽同鄉總會舉行第十二屆會董就職典禮暨會員聯歡晚會，王錫廷膺會長，孫振光膺主席，逾六百人歡聚一堂。2018 年春，在會所舉行戊戌年新春團拜，同仁與鄉親一起歡度佳節，互致新年祝福。2018 年秋，又組團前往廣西桂林、賀州參觀訪問。[99]

96 〈香港潮州市同鄉總會〉，《香港潮屬社團總會會訊》新 18 期（總第 32 期，2018 年 4 月），頁 56；新 20 期（總第 34 期，2018 年 10 月），頁 58。

97 〈香港潮州市同鄉總會〉，《香港潮屬社團總會會訊》新 21 期（總第 35 期，2019 年 1 月），頁 58。

98 〈香港潮屬社團總會成員簡介——香港九龍揭陽同鄉總會〉，網址：http://www.fhkccc.org.hk/fhkccc/membershow.asp?id=50。

99 〈香港九龍揭陽同鄉總會〉，《香港潮屬社團總會會訊》新 14 期（總第 28 期，2017 年 4 月），頁 32；新 18 期（總第 32 期，2018 年 4 月），頁 55；新 21 期（總第 35 期，2019 年 1 月），頁 59。

香港惠來同鄉會

香港惠來同鄉會（Hong Kong Wai Loi Natives Association Limited）成立於 1967 年，當時由旅港德高望重鄉彥提倡組織「旅港惠來同鄉會籌備會」，向政府申請註冊立案，在成立大會上選出首屆理監事會，有會員數百人，並籌款於九龍長沙灣道正輝大廈購置會所。後因不敷應用，再度籌款，購置現今會所，即九龍新蒲崗彩虹道 110 — 114 號新蒲崗大廈 A 座二字樓 5 — 6 室。

該會成立初衷，是聯絡會員感情及促進互助精神，並辦理下列福利：（一）舉辦會員子弟學校；（二）協助品學兼優而家境清貧的會員子女升學；（三）設立會員及其家屬的診療所；（四）在能力範圍內介紹失業會員就業或協助其謀生。[100]

五十多年來，香港惠來同鄉會有限公司旨在聯絡鄉誼，發揚敬老尊賢、互助互愛精神，同謀會員福利；活動包括：舉辦獎學金培育英才，在元朗錦田八鄉創設鄉祠、老人宿舍等，並協助政府舉辦各項公益事務。現屆理事長謝飛鵬，監事長黃志偉。[101]

香港普寧同鄉聯誼會

香港普寧同鄉聯誼會（Hong Kong Puning Clansmen's Association Limited）成立於 1995 年 8 月 23 日，會址在九龍窩打老道 21 號二樓。其前身是「旅港普寧同鄉聯誼組」，自 1979 年至 1995 年期間，為團結同鄉及支援家鄉公益事業，作出了貢獻。其後為了適應新形勢的發展，迎接香港回歸祖國，進一步發揚愛國愛港愛鄉精神，而有香港普寧同鄉聯誼會的正式註冊成立，一致推舉著名愛國僑領莊世平為創會會長，並任首屆會長。

二十年來，會務發展迅速，廣泛團結旅港二十多萬普寧鄉親，支持擁護特區政府依法施政方針和立法會選舉。又參與香港公益活動和賑助內地災

100〈香港潮僑事業概況・社團事業〉，《潮僑通鑑》第四回，第二篇，頁 33。

101〈香港潮屬社團總會成員簡介——香港惠來同鄉會〉，網址：http://www.fhkccc.org.hk/fhkccc/membershow.asp?id=51。

區，贊助家鄉興建醫院、學校與地方建設等，獲普寧市政府授予「鐵山蘭花獎」獎牌和獎盃兩項殊榮，以表彰該會長期以來對家鄉各項公益事業捐資出力的貢獻。[102]

香港普寧同鄉聯誼會在歷屆會長陳偉、葉樹林、陳統金及黃雅茂等領導下的各屆會董會，都堅持莊世平的創會宗旨，發展會務，並積極支持香港廣東社團總會、香港潮屬社團總會舉辦的重大社會活動。2013 年 7 月 17 日，第十屆會董就職典禮假尖沙咀龍堡酒店舉行，新一屆會長張成雄，副會長方展禹、江凱生、陳生好、張永明、許義良、陳雪夫、羅松亮。2015 年 11 月 14 日，舉行二十周年會慶暨第十一屆會董就職典禮。

香港潮州商會及香港普寧同鄉聯誼會於 2015 年 12 月底在香港大會堂舉行文藝演出，邀請普寧職業技術學校及馬柵小學學生來港表演，潮州商會會長、普寧同鄉聯誼會會長張成雄為此兩次前往普寧實地考察，就有關文藝節目與學校和表演團體蹉商和共同探討節目內容。聯同前往普寧市考察的，有潮州商會常董吳哲歆，普寧同鄉聯誼會副會長陳生好、許義良、羅松亮、黃業坤，以及林楓林、江迎霞諸位。普寧市委書記黃耿城、市長陳群峰、副市長陳裕民等專誠會見張成雄一行，而由外事僑務局局長陳少林全程陪同。[103]

香港普寧同鄉聯誼會舉行慶祝成立二十二周年暨第十二屆會董會就職典禮，許義良榮膺新一屆會長。該會的青年委員會凝聚普寧的青年朋友，並肩同行，發揮潮人的團結精神，向夢想出發。[104]

香港饒平同鄉會

香港饒平同鄉會（The Yiu Ping Clansmen Association Limited），1987 年 1 月在港府註冊，為有限公司性質，1988 年 2 月 1 日正式成立，會

102〈香港潮屬社團總會成員簡介——香港普寧同鄉聯誼會〉，網址：http://www.fhkccc.org.hk/fhkccc/membershow.asp?id=52。
103〈張成雄等籌備年底文藝演出〉，《文匯報》，2015 年 7 月 18 日，頁 A12。
104〈普寧同鄉會會董就職賀二十二歲〉，《香港潮屬社團總會會訊》新 17 期（總第 31 期，2018 年 1 月），頁 50；新 19 期（總第 33 期，2018 年 6 月），頁 47。

址在九龍城聯合道 40 — 46 號二樓 E 座，為自購物業，創會會長是時任香港中華總商會會長、全國人大代表湯秉達。現時該會是香港廣東社團總會、香港潮屬社團總會的團體會員，積極參與各種社會活動，並與世界各地的潮屬社團和饒平同鄉會保持聯繫，共謀發展。

早在 1981 年春，在湯秉達的倡議下，團結了一批熱心鄉親，包括如黃金源、黃澤佑、林榮發、歐木順、鄭光德、鄭金松等，成立香港饒平同鄉會籌委會，積極開展籌建工作和一系列探親聯誼活動。1983 年 3 月，首次組團回饒平，揭開與家鄉密切聯繫的新篇章。會員在「敦睦鄉誼，促進團結，發展福利，關懷桑梓」的宗旨號召之下，同聲共氣，互相提攜，使同鄉會發揮了重要作用。現有會員一百多人，包括全國人大代表、省人大代表、全國政協委員、廣東省政協委員、潮州市政協委員、饒平縣政協委員等，在各級人大和政協建言獻策，發揮了良好作用。[105]

2014 年，香港饒平同鄉會舉行第十四屆會董就職典禮暨會員聯歡宴會，會董成員包括：會長鄭少偉，常務副會長陳駿平、陳鎮營，副會長蔡強安、黃天強、陳瑞理、鄭偉華、黃蘭茜、黃少宏等。

香港菴埠同鄉會

香港菴埠同鄉會（Am Fau Clansmen Association (H.K.) Limited）成立於 1975 年 8 月，宗旨是：聯絡居港及海外菴埠同鄉，堵進鄉誼，精誠合作，與家鄉加強聯繫，造福桑梓；同時關心香港社會發展，積極參與愛國愛港活動。會址在香港皇后大道西 2 號聯發商業中心十七樓 1706 室。[106]

2005 年 12 月 18 日，香港菴埠同鄉會隆重慶祝成立三十周年暨第十五屆會董就職。會長劉宗明在致辭時表示，二十多年來該會在支持家鄉的醫療、教育、福利事業等善款逾億元。贈建有菴埠華僑中學、華僑醫院、僑聯會址及維文、維則、鳳則、鳳岐等二十多所小學，以及參與修橋、造路、福

105〈香港潮屬社團總會成員簡介——香港饒平同鄉會〉，網址：http://www.fhkccc.org.hk/fhkccc/membershow.asp?id=53。

106〈香港潮屬社團總會成員簡介——香港菴埠同鄉會〉，網址：http://www.fhkccc.org.hk/fhkccc/membershow.asp?id=54。

利會等善業。是屆會董會籌購新會址，亦已啟用。

2011 年 1 月 13 日，第十八屆會董會選出林書章任新會長。2016 年會長楊劍青組團訪家鄉。2017 年春，舉行第二十一屆董事會成立典禮暨丁酉年新春團拜，楊劍青連任會長。

2018 年 8 月 27 日，在總監劉宗明和會長楊劍青帶領下，赴家鄉參加潮安菴埠華僑中學舉行的獎教、獎學頒獎大會暨資助家鄉貧困學子升讀大學座談會。該項活動自 2002 年開始舉辦，獲獎的教師和學生達一千五百八十人次。香港菴埠同鄉會於 1984 年全力集資籌建的菴埠華僑醫院，是區內規模較大、功能較全的區級綜合性醫院，2017 年更成為潮州市潮安區第二人民醫院。[107]

香港澄海同鄉聯誼會

香港澄海同鄉聯誼會（Hong Kong Ching Hoi Clansmen's Association Limited）成立於 1997 年 7 月 4 日，以「敦睦同鄉情誼，促進互助精神」為宗旨，主要活動包括：籌募福利基金，發展福利事業；促進教育，造福後代；設立廉費的醫療服務及贊助慈善事業；積極參與各項社區活動；加強與內地及家鄉的來往，增進鄉誼。會址在香港上環永樂街 172 — 176 號永富商業大廈 801 室，現有會員五百餘人。

香港澄海同鄉聯誼會自創立以來，在眾鄉彥的踴躍捐助及鄉親們的熱心支持下，籌集經費，自置會所；發揮互助精神，熱心公益，積極參與各項救災扶貧等活動，乃動員會員鄉親支持政府依法施政；每年組織會董外訪旅遊觀光，增廣見聞；接待來訪嘉賓，加強聯繫，積極壯大隊伍，擴大影響。[108]

為了更好地凝聚和團結鄉親力量，香港澄海同鄉聯誼會於 2014 年 12 月 20 日舉辦參觀第一屆香港哈爾濱冰雕節，由會長陳金雄、常務副會長楊友平、副會長林雪英及多位常董會董帶領，有二百五十位鄉親和他們的親屬一同到元朗的冰雕節會場，繼而到鄧族文物館參觀，並在流浮山享受海

---

107 〈香港菴埠同鄉會〉，《香港潮屬社團總會會訊》新 20 期（總第 34 期，2018 年 10 月），頁 61。
108 〈香港潮屬社團總會成員簡介——香港澄海同鄉聯誼會〉，網址：http://www.fhkccc.org.hk/fhkccc/membershow.asp?id=55。

鮮宴。[109]

香港澄海同鄉聯誼會以團體會員身份，參加香港廣東社團總會及香港潮屬社團總會，積極參與這兩個總會的各項工作，共同為香港的繁榮穩定作出貢獻。2015 年 5 月 31 日，該會舉行第九屆會董就職典禮暨會員聯歡宴會，會董會成員包括：會長陳金雄，常務副會長楊友平，副會長林雪英、王文漢、陳訓道、陳章喜、林雪芸等。

2016 年 5 月 29 日，會長林雪英、副會長王文漢等帶領會員和親友逾二百人到深圳一天遊，參觀深圳博物館、華興寺等。7 月 23 日及 24 日，舉辦「港澳澄珠青年 2016 年（珠海）夏令營」活動，百多人歡聚一堂，共話桑梓。2017 年 12 月 12 日假香港中區大會堂美心皇宮舉行慶祝成立二十周年暨第十一屆會董就職典禮及會員聯歡宴會；林雪英蟬聯會長。2018 年 5 月 26 日，該會辦深圳大鵬所城、東山寺一日遊。8 月 11 至 12 日，辦 2018 粵港澳潮籍青年（澄海）夏令營，以弘揚紅頭船精神，共同探索上述各地青年發展新機遇。[110]

旅港澳頭同鄉會

旅港澳頭同鄉會有限公司（Or Tow Residents Association of Hong Kong Limited）成立於 1981 年 4 月 9 日，並在會址舉行揭幕暨第一屆會長就職典禮，創會會長為吳昇華，當時會址在西營盤德輔道西 203 號五樓。鄉親認知的名稱「行船館」，自此更名為「旅港澳頭同鄉會」。當屆會長許瑞良鑑於會址為舊式樓宇，並無升降機代步，會員要徒步登上五樓，對年長鄉親實在吃力，因而發起集資另覓新會址，其後購得同區西邊街 2 號悅心大廈五字樓 C 室，作為新會址之用，會員及鄉親咸稱便利。

2004 年，因原有會所不敷應用，當屆會長朱精輝建議更換新會址，得到新一屆會長高允波的支持，購置德輔道西 432 號均益大廈閣樓 47 室，於

---

109 〈香港澄海同鄉聯誼會參觀第一屆香港哈爾濱冰雕節〉，《香港潮屬社團總會會訊》新 5 期（總第 19 期，2015 年 1 月），頁 20。

110 〈香港澄海同鄉聯誼會〉，《香港潮屬社團總會會訊》新 17 期（總第 31 期，2018 年 1 月），頁 50；新 19 期（總第 33 期，2018 年 6 月），頁 49；新 20 期（總第 34 期，2018 年 10 月），頁 62。

2005 年 9 月 25 日啟用。同鄉會除了為會員謀福利之外，更參與社會慈善事業，例如每年社團的贈醫施藥捐款、天災之賑濟災民捐款等，以盡會方對社會的服務。同鄉會經許瑞良、朱精輝、高允波三位會長及各會員極力推廣後，會員人數漸多，第十五屆會長高允波領導理事會處理會務，功不可沒。

旅港澳頭同鄉會是濠江澳頭社區鄉親在香港成立的社團，在香港和汕頭市以及濠江區有積極的影響。2014 年 6 月 30 日，該會組織訪問團一行三十三人回鄉訪問考察。第十六屆會長為許瑞勤，年富力強，致力拓展同鄉會的會務。[111]

2018 年 4 月 23 日，旅港澳頭同鄉會新任會長吳崇南率團訪問汕頭市濠江區，表達香港鄉親對家鄉發展的讚賞和支持，隨後專程到礐石街道和澳頭社區參觀訪問。該會向來積極聯絡和凝聚澳頭鄉親，為香港的繁榮穩定和家鄉的發展獻策作出努力。[112]

香港揭陽僑聯聯誼會

香港揭陽僑聯聯誼會（Hong Kong Association of Jie Yang Federation of Returned Overseas Chinese Limited）於 2008 年 8 月 28 日成立，並獲香港特區政府社團註冊處核准註冊登記。會址在香港上環文咸西街 52 號恆發貿易大廈五樓 A — B 室。該會宗旨為「愛國、愛港、愛鄉、愛僑」，致力與僑界社團密切聯繫，團結在港揭籍、潮籍歸僑、僑眷及僑界人士，引領和鼓勵他們發揮自身優勢，宣傳維護「一國兩制」、「和平統一」的方針，貫徹香港基本法「港人治港，高度自治」，不斷壯大愛國愛港力量，為香港的長期繁榮穩定作貢獻。與此同時，還致力於依法維護揭籍在港歸僑、僑眷及鄉親的合法權益；密切配合揭陽市僑聯做好對外聯繫，拓展聯誼渠道，擴大僑聯的聯繫面；採用多渠道、多層次、多形式推動與揭陽市及各地社團的交流活動，增進廣大會員之間的友誼，並做好商貿發展、豐富生活福利等各

111〈香港潮屬社團總會成員簡介——旅港澳頭同鄉會〉，網址：http://www.fhkccc.org.hk/fhkccc/membershow.asp?id=64。

112〈旅港澳頭同鄉會組團到濠江參觀訪問〉，《香港潮屬社團總會會訊》新 19 期（總第 33 期，2018 年 6 月），頁 49。

項工作。

首屆會董會在創會主席葉樹林的帶領下，為會務發展奠定了基礎。2010 年 10 月 23 日經全體會員大會選舉組成的第二屆會董會，由邱長喜擔任主席。第二屆會董會架構設主席制，並推舉敦聘榮譽主席、名譽主席、顧問、法律顧問。領導成員包括主席一人，會長、常務副主席若干人，秘書處一人；根據工作需要設立秘書處、總務部、財政部、發展部、公關部、宣傳部、康樂部、福利部、審核部、青年部、婦女部等職能部門，各部部長為當然常務會董。

香港揭陽僑聯聯誼會的初衷，是做到「僑為社會服務，社會為僑服務」。僑聯組織具有群眾性、民間性、涉外性、統戰性的特點，是廣大歸僑、僑眷和海外僑胞、港澳台同胞的利益代表者、維護者和忠實執行者。香港揭陽僑聯聯誼會的成立，充分匯集了「僑」的資源，將分散的歸僑、僑眷相對地組織起來，擴大香港僑界的社會影響力，壯大愛國愛港力量，共同建設和諧香港、和諧僑界。[113]

2017 年 11 月 4 日，香港揭陽僑聯聯誼會舉行第四屆會董就職典禮，各界代表共千餘人，見證了此一盛典。在戊戌年新春團拜大會上，主席陳木和表示，他將秉承創立宗旨，帶領同仁推進會務工作。 2018 年 9 月 14 日至 18 日，該會組團前往泰國曼谷、華欣觀光。[114]

香港汕頭濠江同鄉總會

2018 年，香港汕頭濠江同鄉總會舉行創會大典暨首屆會董會就職典禮。創會主席鄭錦鐘致辭說，總會的成立不僅是為了進一步弘揚「交流鄉情、團結鄉人、辦好鄉事、服務鄉邦」的傳統，同時亦致力為國家、香港及鄉親作出更大貢獻。[115]

---

113 〈香港潮屬社團總會成員簡介——香港揭陽僑聯聯誼會〉，網址：http://www.fhkccc.org.hk/fhkccc/membershow.asp?id=66。

114 〈香港揭陽潮僑聯誼會〉，《香港潮屬社團總會會訊》新 17 期（總第 31 期，2018 年 1 月），頁 52；新 18 期（總第 32 期，2018 年 4 月），頁 57；新 21 期（總第 35 期，2019 年 1 月），頁 60。

115 〈香港汕頭濠江同鄉總會〉，《香港潮屬社團總會會訊》新 20 期（總第 34 期，2018 年 10 月），頁 35；新 16 期（總第 30 期，2017 年 10 月），頁 64。

第七章 | 服務社會

香港潮屬社團總會的社會功能

香港潮屬社團總會成立之初，即已樹立明確宗旨；隨着會務的進展和擴大，其功能和貢獻亦漸得以彰顯。該會第六屆會董會成立後，就十年來的經驗作了以下的總結：

> 一直以來，香港潮屬社團總會支持特區政府依法施政，積極參與各項社區活動。積極推動旅居全球各地潮籍鄉親的國際合作，組織本港鄉親參加國際潮團聯誼年會、考察海外投資環境，主辦各類政經研討會及醫療衞生講座，舉辦敬老活動及獎學助學活動，資助長者健康計劃，邀請海外各界人士赴粵東四市及內地參觀考察，依託香港高等學府開辦粵東地區高級管理人員培訓班，種種活動得到社會各界的認同及好評，有力地促進潮籍鄉親與香港其他族群的人士融洽相處，為香港的繁榮及祖國的建設而努力！[1]

扼要地說，香港潮屬社團總會的社會功能有三：其一，是加強本港各個潮屬社團的聯繫、交流及合作，發揮動員和團結的力量；其二，是促進本港潮屬社團和潮籍人士的社會參與，積極作出各方面的貢獻；其三，是推廣潮汕文化和弘揚潮汕精神，尤其是致力於提高年輕一代對家鄉生活風俗等各方面的認識。2014 年初，第七屆會董會上任後，吸納更多各界潮籍精英，凝聚各階層力量，密切各屬會之間的聯繫，加強地區基層工作。「以新的面貌，更大力度推進各項工作，支持特區政府依法施政，為香港社會安定、經濟繁榮作貢獻，促進香港與外地的交往與合作，配合及支持家鄉潮汕地區的發展。」[2] 第八屆會董會於 2016 年初上任，第九屆會董會於 2018 年初上任，持續發揮總會的社會功能，成績有目共睹。

1　〈香港潮屬社團總會簡介〉，《明報》，2012 年 3 月 28 日，頁 A25。
2　〈香港潮屬社團總會〉，《明報》，2014 年 8 月 19 日，頁 A25。

第一節　加強潮團聯繫和社會動員

香港潮屬社團總會成立以來，經常聯同本港多個潮屬社團致力於各項公益活動，例如舉辦敬老活動及資助長者健康計劃，積極參與全港大型節日慶典及社區事務，以及支持特區政府依法施政等等；又與潮屬社團以外的機構合作，促進潮籍鄉親與香港其他族群的人士融洽相處，共同為社會繁榮進步而努力。

參與多項大型節日慶典

十多年來，大型節日慶典經常都有，以下一些例子，是較具特色的：

2007 年中，香港潮屬社團總會等十個社團代表，出席了「同齡同心十載情」活動，與 1997 年 7 月 1 日出生的小朋友前赴禮賓府，接受特首曾蔭權伉儷祝賀。

2009 年 7 月 1 日，總會與香港潮州商會應邀參加香港中華總商會組成的巡遊隊伍，參加「香港各界慶祝回歸祖國十二周年大巡遊」，約有一百三十人參加。9 月 18 日，由總會等三十多個主要香港潮屬社團組成的香港潮屬各界慶祝中華人民共和國國慶籌委會，在港島香格里拉大酒店舉行慶祝中華人民共和國成立六十周年酒會。

2011 年 1 月 1 日，總會贊助舉辦的「2011 年香港之健力龍獅——香江活動」在尖沙咀舉行，活動集結了二千二百人同時舞動一千一百一十一頭醒獅五分鐘，成功刷新最多人同時舞獅的世界紀錄。

2017 年，總會首次參與大年初一國際花車巡遊，以潮州大鑼鼓《春滿香江》襯托別具特色的「鼓震雞鳴詠新春」花車，展現了潮汕的民俗風情。[3]

---

3 〈本會參與新春花車巡遊盛事〉，《香港潮屬社團總會會訊》新 14 期（總第 28 期，2017 年 4 月），頁 10。

慈善服務和敬老活動

香港潮屬社團總會成立之初，即於 2002 年 6 月 1 日與中國中醫藥科學院、香港名醫陳映山學術研究中心、和記黃埔地產有限公司聯合舉辦「六一」贈醫施藥兒童古箏表演公益活動。

2003 年，香港潮屬社團總會在灣仔海港潮州酒樓舉行新春敬老活動，表彰旅港年長鄉親對社會的貢獻。2005 年，總會在荃灣豐盛酒樓舉行耆英聯歡晚宴，招待總會及各屬會內七十歲以上的長者共三百多人。2006 年 6 月 2 日晚，在北角新都會酒樓舉行「2006 年度香港潮屬社團總會耆英聯歡大會」，筵開三十席，弘揚敬老尊賢的傳統美德。[4]

「2013 年度耆英聯歡大會」在北角富臨皇宮舉行，年屆九十五歲的創會主席陳偉南任主禮嘉賓，與數百名長者分享他的人生座右銘：「事業成功在於努力，人生價值在於奉獻」。他認為，一個人的事業成功了，不奉獻回報社會，人生就沒有意義。陳偉南聯同永遠名譽主席蔡衍濤、許學之向數百名長者當中最高齡的三位派送敬老大利是；百歲高齡的鄭清蘭，家中五代同堂，有十一個重孫，她說養生之道最重要是開心，心態好。[5]

「2014 年度耆英聯歡大會」亦假北角富臨皇宮舉行，創會主席陳偉南任主禮嘉賓，敬老活動豐富多彩，包括安排精彩的潮州大鑼鼓及潮曲演出、李漢忠獻唱金曲〈上海灘〉和〈中國夢〉。[6]「2015 年度耆英聯歡大會」在九龍美孚富臨皇宮舉行，由年屆九十七歲的創會主席陳偉南、主席陳幼南等共同主禮，有近千名長者參加，最年長者為一百零二歲。香港潮屬社團總會幾年來都舉辦這項活動，廣泛獲得好評。2015 年的聯歡大會，除了茶會外，還有潮曲欣賞、魔術表演，以及大抽獎和全場贈送禮包等。[7] 2016 年度耆英聯歡大會，筵開五十席。2018 年初，以「萬人盆菜，寒冬送暖」為主題，舉辦港九新界敬老關愛盆菜活動，邀請三萬多位潮籍鄉親共享盆菜。

4　〈本會敬老尊賢聯歡〉，《香港潮屬社團總會會訊》（2006 年 7 月），頁 3。
5　〈潮屬總會辦耆英聯歡大會〉，《香港潮屬社團總會會訊》（2013 年 11 月），頁 2。
6　〈舉辦耆英聯歡大會〉，《香港潮屬社團總會會訊》新 5 期（總第 19 期，2015 年 1 月），頁 2。
7　〈潮屬社總辦耆英聯歡千人宴〉，《文匯報》，2015 年 9 月 10 日，頁 A16。

捐款支援內地賑災

「一方有難，八方支援」。內地發生災難事故，香港潮屬社團總會都迅速籌款賑災；颱風珍珠吹襲閩潮，對兩地的經濟和民生造成很大影響，「閩潮一家親、海峽西岸行」訪問團一行向閩潮兩地政府表達了對災情的關注和對受災者的關懷，香港潮屬社團總會和香港福建社團聯會分別捐贈一百七十萬和一百四十一萬港元，協助救災復產。總會當然常務會董劉宗明以個人名義，捐贈五十萬予漳州市政府協助救災。[8] 2006 年，總會和香港潮州商會首長將兩會籌得的賑災款項一百二十萬元交中聯辦轉潮汕三市。2008 年 5 月 20 日，四川省汶川縣發生八級大地震，總會捐款二百萬元支援地震災區，又與香港潮州商會於全國致哀日翌日，在多家報紙刊登勵志廣告。2010 年 4 月 14 日，青海省玉樹發生七點一級大地震；19 日，香港潮屬社團總會與香港潮州商會捐贈一百萬元予中聯辦轉交災區。

2013 年 4 月，四川雅安蘆山發生七級大地震，香港潮屬社團總會在短時間內籌措一百萬元，透過中聯辦將善款轉交災區。同年，潮汕地區尤其是揭陽普寧、汕頭潮南區因練江決堤，造成特大洪災，災民人數甚眾。香港潮屬社團總會本着血濃於水之情，8 月 20 日由主席陳幼南帶領，與副主席林鎮洪，永遠名譽會長蔡衍濤、許學之，常董張成雄，秘書長林楓林，主任秘書蔡平等，到中聯辦遞交一百萬元捐款，支援災區救災，賑災款項由中聯辦代為轉交。[9]

2018 年，汕頭和揭陽兩市發生水災，港澳潮籍社團紛紛捐款賑災，支援災後重建工作。香港潮屬社團總會捐款一百萬港幣，聯同香港潮州商會、香港區潮人聯會、饒宗頤學術館基金委託中聯辦轉交救災善款，也有多個屬會前往潮汕捐贈救災善款。[10]

---

8 〈血濃於水〉，《香港潮屬社團總會會訊》（2006 年 7 月），頁 4。

9 〈汕頭揭陽特大洪災賑災〉，《香港潮屬社團總會會訊》（2013 年 11 月），頁 4。

10 〈港澳潮籍社團向潮汕災區捐款〉，《香港潮屬社團總會會訊》新 20 期（總第 34 期，2018 年 10 月），頁 20－21。

籌備潮屬各界慶祝國慶

　　2015 年 8 月 6 日，香港潮屬各界慶祝中華人民共和國成立六十六周年籌備委員會於潮州會館舉行全體會議，大會推舉香港潮屬社團總會主席陳幼南出任籌委會主席，並定於 9 月 21 日假座金鐘萬豪酒店舉行國慶酒會。

　　陳幼南致辭時表示，新中國成立以來，國際聲譽日隆，影響力日漸強大，特別是最近推出「一帶一路」的戰略構思，香港和潮汕地區都處於「一帶一路」的重要位置，所以香港市民和潮汕鄉親都應積極為國家發展作出貢獻。香港潮屬社團總會自 2014 年重組後，以新的理念、新的面貌參與香港各項事業，尤其是在反「佔中」及政改等問題上，積極團結鄉親，堅決支持特區政府依法施政。數十年來，香港潮屬各界一直舉行國慶活動，辦好國慶酒會，展現潮屬各界對國家、對香港的熱愛和承擔。香港潮屬各界國慶籌委會成員有：執行主席林建岳，常務副主席張成雄、陳智思、莊學海、副主席周厚澄、林大輝、林鎮洪、胡定旭、馬介欽、陳南坡、陳振彬、陳統金、陳賢豪、楊育城、劉鳴煒、鄭錦鐘、方平等。[11]

---

11 〈陳幼南膺潮屬國慶籌委會主席〉，《文匯報》，2015 年 8 月 7 日，頁 A14。

第二節　促進海內外交流及拓展商機

香港潮屬社團總會成立以來，一直致力於促進本港潮籍鄉親與家鄉的聯繫，組團到潮汕地區訪問和考察，在加強彼此認識和溝通的基礎上尋求進一步合作的機會，並積極推動旅居全球各地潮籍鄉親的國際合作，例如組織本港鄉親參加國際潮團聯誼年會和考察海外投資環境等等。

另一方面，香港潮屬社團總會又邀請海外各界人士赴潮汕地區及中國各地參觀考察。現時，該會是國際潮團聯誼年會七個常務理事單位之一，該聯誼年會的常設秘書處設於香港，香港潮屬社團總會亦協助國際潮團總會、國際潮籍博士聯合會及國際潮青聯合會的工作，同時是促進國際潮屬社團活動的重要平台和積極動力。

訪問潮汕地區和參觀考察

組織潮汕地區訪問團是香港潮屬社團總會每屆都舉辦的重要活動，其中較大規模的幾次已如前述。2002 年的新聞界高層訪問團，2003 年的大學資深學者及高層管理人員訪問團，都收到理想的效果；2004 年 4 月 21 日至 24 日，總會與香港潮州商會合辦「潮汕訪問團」，陳偉南任名譽團長，蔡衍濤任團長，一行三十三人，前赴汕頭市、潮州市、揭陽市、揭西縣、饒平縣及汕頭市的潮南區和潮陽區等地訪問。同年又有汕頭南澳之旅，訪問團達一百一十餘人。

2007 年 1 月 24 日，總會與香港潮州商會宴請汕頭市書記黃志光、市長蔡宗澤一行。同年 6 月 18 日至 19 日，兩會組團出席潮州市委市政府舉辦的第二屆文化旅遊節，主題為「古橋煥彩，名城增輝」。同年，總會首長接待了潮州市統戰部部長沈啟綿一行；總會各屬會秘書應汕頭市海外聯誼會之邀，往汕頭及福建漳州觀光考察。2008 年 11 月 11 日至 12 日，總會與香港潮州商會聯合組團，由總會主席馬介璋及商會會長許學之任團長，一行六十多人，前赴汕頭市出席由廣東省僑辦、省外經貿廳主辦的首屆粵東僑博會暨汕頭市經貿洽談會。

2014 年 4 月，陳幼南任團長、一行六百多人的「潮汕高鐵訪問團」是一次歷史性的創舉；2015 年 4 月張俊勇任團長的「師友傳承」之潮汕體驗團亦具特色。

潮州（香港）貿易與投資環境推介會

2015 年 3 月 30 日，潮州市委市政府在香港君悅酒店舉行「2015 中國潮州（香港）貿易與投資環境推介會」，與會人士李水華（潮州市委書記、市人大常委會主任）、盧淳傑（潮州市長）、林武（中聯辦副主任）、陳茂波（香港發展局局長）、高永文（食物及衛生局局長）及香港政商代表、潮籍鄉彥逾四百人。在推介會上共簽訂了二十五個合作項目，包括基礎設施、能源、商業、物流等多個產業。

李水華表示，近年潮州經濟社會各項事業均取得長足發展，隨着國家「一帶一路」戰略及廣東省振興粵東西北發展戰略的實施，潮州又迎來了創業發展的良機。盧淳傑重點推介了潮州四個投資領域，包括高新產業、特色產業、臨港產業、第三產業，希望香港各界到潮州投資興業、觀光旅遊，共謀發展。香港潮屬社團總會主席陳幼南博士表示，這個推介會成功使本港和海外潮籍鄉親更了解到潮州的投資機會，總會將努力搭建平台，務求兩地鄉情、人脈、資源、合作和發展達成共贏的局面。[12]

廣東各地的互訪和交流

2002 年，香港潮屬社團總會主席陳偉南、副主席唐學元一行七人拜訪廣東省僑務辦公室，獲主任呂偉在等熱情接待。同年組團赴深圳和東莞參觀副主席佘繼標屬下的新生電機科技集團，藉此了解內地與香港更密切經貿合作的情形。2003 年春，總會組織訪問團考察肇慶，率先關注珠江西岸的商機，訪問了多間企業和學校。[13]2004 年 11 月 7 日，香港潮屬社團總會接待廣東省政府副主席李統書率領的廣東海外聯誼會訪問團。

---

12 〈潮州投資推介會簽 256 億〉，《文匯報》，2015 年 3 月 31 日，頁 A18。
13 〈潮屬總會訪肇慶拓商機〉，《香港潮屬社團總會會訊》（2004 年 3 月），頁 3。

　　2005 年，總會與香港潮州商會舉行「新春行大運旅行之深圳一天遊」，以增進會員間的聯繫，一行共一百六十多人。2006 年 3 月 17 日至 18 日，兩會舉行新春行大運——寶墨園、全新長隆大馬戲、嶺南水鄉兩天遊，暢遊中山、順德和番禺。2008 年，總會招待到訪的廣東省副省長萬慶良一行約二十人，雙方就廣東未來發展等問題進行交流。2009 年 12 月 2 日，總會組團赴廣州訪問，獲省長黃華華等多位領導熱情接見。同年，總會與香港潮州商會在潮州會館接待新沂市人民政府及紹興潮州商會的嘉賓。

　　2013 年，總會舉辦「廣東名山三天遊」，各屬會會員踴躍報名，組成了一百多人的團隊。團長陳幼南，名譽團長藍鴻震，副團長林榮森、林鎮洪及香港潮州商會副會長林宣亮等，在他們帶領下，到羅浮山登高及參觀沖虛古觀、東江縱隊紀念館；又到佛山參觀祖廟和梁園及到黃飛鴻獅藝武術館觀賞獅藝武術；接着前往西樵山，觀賞聞名的四方竹，遠眺慈祥南海觀音，閒步清風山道。三天的旅遊行程，拉近了各會員之間的距離，又領略了祖國的名山大川，加深了對國家的熱愛。[14]

　　2016 年 1 月 18 日，汕頭市委書記陳茂輝率代表團一行，到訪香港潮屬社團總會及香港潮州商會，總會主席陳幼南、商會會長張成雄等兩會首長在潮州會館熱情迎迓，雙方均表示在新的一年將繼續增進交流，深化汕港兩地合作。1 月 21 日，潮州市長盧淳傑一行到訪香港潮屬社團總會及潮州商會，在潮州會館舉行「潮州市鄉情通報會」，總會及商會主要首長出席座談。

閩潮交流和回鄉考察

　　2003 年，香港潮屬社團總會一行赴閩南訪問，中聯辦副主任鄒哲開為名譽團長，陳偉南為團長，旅港福建商會理事長林廣兆為高級顧問。

　　2006 年 5 月，香港潮屬社團總會接待福建省委常委、統戰部部長張燮飛等一行，雙方進行有益有建設性的交流，贊同日後應加強潮閩兩地社團的聯繫。總會主席莊學山介紹了總會的組成，並強調注重培養年輕一代的路向；張燮飛指出廣東潮汕與福建閩南位置相鄰，希望共同促進兩地鄉親事業的發

14　〈廣東名山遊〉，《香港潮屬社團總會會訊》（2013 年 11 月），頁 8。

展。[15]6 月 13 日至 18 日，香港潮屬社團總會與香港福建社團聯會共同組織「閩潮一家親、海峽西岸行」訪問團，共有八十多人前往潮汕及福建考察投資環境，參觀工廠、企業，遊覽名勝古蹟，出席第四屆中國福建項目成果交易會及拜訪廣東省副省長、汕頭市委書記林木聲和福建省委副書記王三運等省市領導。團長莊學山和林廣兆均表示，這是一次感情之旅、商機之旅，加強了彼此之間的了解，有非常積極的意義。[16]

香港福建社團聯會和香港潮屬社團總會合辦的「凝聚正能量，共築中國夢——閩潮一家親青年專列故鄉行」，於 2014 年 7 月 13 日出發，六百閩潮青年在四天內，走訪廈門、古田、汕頭、潮州四地。訪問團特邀香港中聯辦副主任林武擔任榮譽顧問，福建社團聯會主席吳良好、潮屬社團總會主席陳幼南擔任團長；陳幼南表示這是繼 2006 年「閩潮一家親、海峽西岸行」之後又一成功的嘗試，他又指出兩個社團在香港都很有影響力，宗旨和理念相近，期望通過此行加強團結合作，擁有更強大的正能量，面對香港目前複雜的政治情況。此行更發出「手牽手、心連心、愛祖國、愛香港」倡議書，團員紛紛在支持政改、推普選、反「佔中」倡議書上簽名，為維護香港繁榮穩定表明自己的立場。[17]

全國各地參觀和交流

2004 年 7 月 16 日至 20 日，香港潮屬社團總會應甘肅省政府之邀，組高層訪問團前往甘肅、蘭州及敦煌等地作為期五天的考察及參觀，以了解西北經濟發展與商機。同年 11 月 10 日，總會接待甘肅省委副書記韓忠信一行。2005 年，總會在潮州會館宴請內蒙古自治區副主席佘德輝等一行；同年，以雲南省政府僑務辦副主任楊光民為首的中國西南省區市僑務辦公室訪問團，到訪總會及香港潮州商會。

2007 年 8 月 3 日至 6 日，總會內蒙古訪問團到呼和浩特、錫林浩特及

---

15 〈喜迎閩統戰部長〉，《香港潮屬社團總會會訊》（2006 年 7 月），頁 4。

16 〈香港潮屬社團總會和福建社團聯合組團訪問潮汕福建〉，《香港潮屬社團總會會訊》（2006 年 7 月），頁 1。

17 〈600 閩潮青返鄉尋根築「中國夢」〉，《文匯報》，2014 年 7 月 18 日，頁 A26。

二連浩特市參觀考察。同年 12 月 25 日至 28 日，總會主席莊學山擔任團長的香港潮籍人士大連考察團，一行近二十人，前赴遼寧省大連市參觀訪問。

國際交流和互訪合作

香港潮屬社團總會成立之初，即於 2002 年 12 月 8 日組團參加第二屆世界廣東同鄉聯誼大會及汕頭市首屆旅遊節，總會主席陳偉南擔任團長，有一百二十多人參加。2005 年，總會宴請澳洲潮州同鄉會會長周光明一行。2006 年 11 月 17 日，香港潮屬社團總會創會主席陳偉南率領總會及香港潮州商會、香港九龍潮州公會、香港汕頭公會、香港澄海同鄉會近五百人，與來自澳門、新加坡、泰國、馬來西亞等國家和地區的僑團、僑親以及在澄外商投資企業代表等近千人歡聚一堂。

2007 年 3 月 11 日至 14 日，香港潮屬社團總會與香港潮州商會舉辦越南考察團，由總會主席莊學山任團長，往越南河內、海防等地訪問。同年，總會和商會接待了越南投資銀行行長陳北河率領的銀行高層和越南企業家代表團。2009 年，香港潮屬社團總會與香港潮州商會首長接待新加坡潮州八邑會館會長吳南祥伉儷，陪同新加坡駐澳門總領事柯新治鄉彥蒞會訪問。

2011 年 12 月 10 日，首屆天下潮商經濟年會在北京人民大會堂召開，香港潮屬社團總會主席陳幼南在年會上發言表示，潮商所帶領的企業大多數是所在行業的領頭羊，是唯一沒有斷代的華商商幫，純粹的潮商精神仍然在新一代潮商身上閃亮，在全球一體化的經濟新時代，新一代潮商續寫着潮商前輩開拓的商業輝煌。[18]2013 年 11 月 22 日，加拿大潮商會主席林少毅與加拿大安大略省潮州會館會長黃明亮等旅加潮籍鄉賢，到訪香港潮屬社團總會，受到總會首長的熱情接待。加拿大潮商會接任 2015 年在加拿大溫哥華舉行的第十八屆國際潮團聯誼年會，總會主席陳幼南表示積極支持。[19]同年，加拿大聯邦耆老事務國務部部長黃陳小萍及夫婿黃以諾教授，到訪總會及香港潮州商會。

18　〈陳幼南出席首屆天下潮商經濟年會〉，《香港潮屬社團總會會訊》（2012 年 2 月），頁 1。
19　〈本會接待加拿大鄉賢〉，《香港潮屬社團總會會訊》新 1 期（總第 15 期，2014 年 1 月），頁 5。

參加國際潮團聯誼年會

2003 年 11 月 21 日至 24 日，第十二屆國際潮團聯誼年會在新加坡舉行，香港潮屬社團總會組成一百八十多人的代表團赴會，其後歷屆都組團參加。第十三屆於 2005 年 11 月 29 日至 12 月 2 日舉行，由澳門潮州同鄉會主辦，會上通過國際潮團聯誼年會章程，於香港設立國際潮團聯誼年會秘書處，委任香港潮屬社團總會總務主任張成雄為聯誼年會秘書處秘書長，香港潮屬社團總會秘書長林楓林為聯誼年會副秘書長（執行）。第十四屆於 2007 年 11 月 2 日至 4 日舉行，澳洲潮州同鄉會等主辦，地點在悉尼市，香港潮屬社團總會組成一百四十人的香港代表團赴會。

2009 年 11 月 17 日至 19 日，香港潮屬社團總會主席馬介璋率領二百多人的香港代表團，參加在廣州舉行的第十五屆國際潮團聯誼年會，其後部分代表在總會副主席林榮森率領下訪問汕尾市。2011 年 11 月 1 日至 3 日，第十六屆在馬來西亞雲頂高原舉行，是屆主題為「國際潮聯，全球潮起」，香港組成一百多人的代表團，與來自世界各地的三千潮人薈萃雲頂。香港代表團團長許學之在歡迎晚宴上致辭表示，這次年會在發源地召開，意義重大，香港曾經成功舉辦過第一屆和第八屆國際潮團聯誼年會，今後將繼續努力為潮人爭光。[20]

2013 年 11 月 12 日至 14 日，第十七屆在湖北武漢舉行，香港潮屬社團總會與香港潮商組成七十四人的代表團，出席了年會。國際潮團聯誼年會自 1981 年創辦以來，在文化研究和經濟發展兩方面都取得可觀的成績，國際潮學研究會是聯誼年會屬下的一個機構，隨後又有國際潮商經濟合作組織的成立。[21]

2015 年 8 月，第十八屆國際潮團聯誼年會在加拿大溫哥華會展中心舉行，來自世界八十個國家二百多個潮籍社團的超過三千位代表出席了年會，香港潮屬社團總會代表團由主席陳幼南擔任團長，成員包括名譽團長陳有慶、蔡衍濤、許學之、黃書銳，名譽顧問陳強、謝喜武、胡澤文，秘書長劉宗明。[22]

20 〈三千潮人薈萃雲頂〉，《香港潮屬社團總會會訊》（2012 年 2 月），頁 3。
21 周佳榮著《香港潮州商會九十年發展史》，頁 200 — 202。
22 〈陳幼南率團赴國際潮聯年會〉，《文匯報》，2015 年 9 月 2 日，頁 A28。

第三節 興學育才不忘推廣潮汕文化

興學育才是潮屬社團不可或缺的宗旨，推廣潮汕文化和弘揚潮人精神更是所有潮屬社團共同的圭臬。香港潮屬社團總會成立以來，歷年頒發獎助學金予優秀子弟，捐款資助本港多家大學，支援內地發展教育，協助來港求學的內地學生，在興學育才方面不遺餘力。

尤有進者，總會又常主辦各項政經研討會及醫療衛生講座，鼓勵在職人士不斷進修及吸收新知，並且依託香港高等學府開辦粵東地區高級管理人員培訓班。饒宗頤教授是國際知名學者，近年總會表達了對各地饒館學藝活動的支持和參與；總會舉辦的種種項目，都直接間接地使潮汕文化散發光芒。

設立獎助學金和舉辦學生活動

2005 年，香港潮屬社團總會頒發獎助學金給八位品學兼優的潮籍學生，他們分別獲頒五千元以資獎勵。獲獎同學包括：黃懿（嘉諾撒聖家書院）、林翬（英華女學校）、鍾趣之（嘉諾撒聖心書院）、陳駿誠（元朗商會中學）、廖緒昌（拔萃男書院）、周愷祺（香港大學）、詹麗蓉（天水圍官立中學）、陳綺玲（香港專業管理協會羅桂祥中學）、黃鏗（香港中文大學），其中廖緒昌同學於該年會考獲得 9A1B 優秀成績。香港潮屬社團總會第二屆主席蔡衍濤、第三屆主席莊學山、慈善基金委員會主席陳偉南、創會副主席唐學元，及副主席唐宏洲、周厚澄、吳哲歆等，為獲獎學生頒發獎狀及獎金。[23]

2006 年，有九名學業及品行成績優異的學生獲獎。2007 年度獲獎學生，林翬、李凱欣、連凱力、李慧瑩、高諾琛、卓蒨瀅等，出席了頒獎典禮。2008 年，有十七位成績優異的潮籍學子獲頒獎學金和助學金。香港潮屬社團總會還參與舉辦一些學生活動。2009 年 8 月 3 日，總會與香港潮州商會、紫荊雜誌社合辦的「建國六十周年中學生攝影賽」在香港潮州會館禮堂舉辦新聞發佈會。後於 12 月公佈賽果。

23《香港潮屬社團總會特刊》（2002 年 2 月），頁 1。

此後歷年都舉行獎助學金頒發儀式，例如在 2015 年 1 月 8 日舉行的頒獎儀式中，獲獎的同學共有十八位，另有七位同學獲得助學金，總會為獲贊助的學子送上一分心意。[24] 2016 年有二十五位同學獲頒發獎學金，獲頒助學金的有五位。

捐款資助教育和文化

2004 年，香港潮屬社團總會名譽會董陳強捐贈二百五十萬元予嶺南大學，並出席該校社區學院的平頂禮儀式。2005 年，捐贈三十萬元予香港中文大學，用作支持該校非本地生獎勵計劃。

內地方面，2004 年，香港潮屬社團總會捐款支持肇慶教育基金。2005 年，總會捐建雲浮金雞咀生態文明村，會董郭少堅等出席慶賀。

香港潮屬社團總會首席榮譽會長李嘉誠向來熱心家鄉建設及教育事業，以色列創新科技舉世聞名，近年李嘉誠慷慨解囊，捐資在汕頭大學校園旁邊創建全新的廣東以色列理工學院，開創了廣東省和汕頭市政府、以色列理工學院和汕頭大學史無前例的合作關係，為培養國家人才出錢出力。該學院於 2014 年開辦土木與環境工程和電腦科學的學士課程，並開始聯合汕大推行以大數據為基礎的生命科技研究，改善中國醫療系統服務和臨床診症等迫在眉睫的社會和民生問題。此外，該學院還會於 2020 年加入其他包括機械、物料、化學和飛機工程等學科。[25]

粵東地區高級管理人員研討班

2008 年，適逢國家改革開放 30 周年，本會創會主席陳偉南先生倡議舉辦「粵東地區高級管理人員研討班」，為家鄉高級管理人員實地了解香港的行政管理經驗，推動提升家鄉的行政管理水平。倡議獲得同仁的讚賞和支持，遂於 2008 年 7 月 27 日至 8 月 2 日舉辦了第一期研討班，開始了與家鄉的互

---

24 〈本會舉行 2014 年度獎助學金頒發儀式〉，《香港潮屬社團總會特刊》新 6 期（總第 20 期，2015 年 4 月），頁 12。

25 〈李嘉誠捐建「廣東以色列理工學院」〉，《香港潮屬社團總會會訊》新 1 期（總第 15 期，2014 年 1 月），頁 6。

動和交流的序幕。

歷經十年，24 期的研討班，有近千名來自汕頭、汕尾、潮州、揭陽、汕頭大學和韓山師範學院的學員參與。本會首長和承辦單位積極討論每一期研討班的主題，切合粵東地區的實際情況，主題涵蓋了幾乎有關政府運作的各個層面，輸送了香港行之有效、甚至是國際先進的管理和應用模式，提供了經驗和借鑑。難得的是，研討班得到了包括政府部門、高等學府、民營機構、學者專家的鼎力支持和襄助，以理論配合實地參觀考察，讓研討班學員獲得最貼地的了解香港社會運作方式的機會。研討班又為粵東四市及高等教育機構深入了解香港的金融、法律、創新科技、城市發展、醫療衛生、教育、知識產權乃至慈善事業、文化、安老等界別提供參考研習的機會，藉以推動粵東四市與香港建立更全面的交流和合作。

每當研討班結業總結，總能聽到學員們分享一週中看到的、學到的和得益的體會以及聽到他們準備如何將所見所聞活學活用地實施到家鄉的建設當中，推動家鄉的發展。

十年時間，國家改革開放取得巨大的成就，粵東地區的經濟建設和社會發展也取得了顯著成果，經濟實力和創科發展都上了一個新台階。香港與家鄉將出現更具活力的互動互補局面，必然推動兩地在更深層次的合作，更大程度的凝聚力，更廣泛地推動創新。如何推動粵東四市融入「一帶一路」國家發展戰略及粵港澳大灣區建設，將是本會培訓班的重要方向。本會同仁將繼續秉承「團結潮人、扎根香港、凝聚力量、攜手前進」的新理念，為促進香港與家鄉兩地的新發展奠定更廣闊的基礎。

表 7-1　粵東地區高級管理人員香港研討班一覽

期數	時間	專題	人數	簡述是期研討班意義
第 1 期	2008 年 7 月 27 日 - 8 月 2 日	涉外機構 幹部培訓	33	在全球經濟一體化趨勢下，世界和平與國際合作變得更加重要，內地與國際間的交往更為頻繁。參與學員大部分都負責、協調着本地區的外事工作和涉外活動，藉着短短幾天的培訓對香港的經濟、歷史文化、教育和外事等方面的內容有了進一步的理解和認識。雖然香港的獨特之處和運作模式不一定完全適用於粵東地區，但只要因地制宜汲取其中的有益經驗，圍繞本市的經濟建設和社會發展，在自己的工作中靈活運用，相信定能推動粵東地區更快更好發展。
第 2 期	2008 年 8 月 24 日 -30 日	金融財經	33	多年來，香港特區政府致力完善監管制度，維持金融和貨幣體系穩定，讓香港成為了全球最自由的經濟體系之一。憑藉其國際金融中心地位，香港在國家的金融發展道路上將扮演更為積極的角色。伴隨着國家的現代化過程不斷優化，未來內地與香港兩個金融體系之間將會更緊密地合作。經過上課和參觀活動，學員對於香港的經濟發展和金融市場都有了進一步的了解和認識。學員只要汲取香港過往在金融政策制訂，以及公共財政管理上的經驗，並在自己的工作中靈活運用、因地制宜，一定能促進潮汕各市的經濟建設更好更快的發展。
第 3 期	2008 年 11 月 2 日 -8 日	城市發展 與環境	33	近年，市民追求優質生活的期望日強，社會也越來越強調發展與環境的平衡。學員可以汲取香港的發展經驗，探究經濟、社會與環境的協調關係，從而優化城鄉規劃建設，為粵東人民營造良好的生活環境。

（續上表）

期數	時間	專題	人數	簡述是期研討班意義
第 4 期	2009 年 1 月 4 日 -10 日	民營企業	37	現今，許多本地的多元化大型企業，都是從以前的中小企業慢慢發展出來，可見民營企業確實是地方經濟社會發展的重要支柱。經過講課、拜訪和參觀之後，學員對於企業策略的調整、人才資源的管理、品牌的創建與拓展，都有了更加透徹深入的認識。近年來，粵東地區經濟社會也取得了長足發展，經濟實力明顯加強，民營企業發展蓬勃，基礎建設明顯改善。相信學員能夠運用這次旅程所得的經驗，積極提升企業經營水平，加快推動粵東地區經濟社會實現跨越式發展。
第 5 期	2009 年 10 月 4 日 -10 日	醫療及衛生福利	32	香港於衛生防護和社會福利政策等方面具備較為完善的系統，醫院管理、醫療技術和儀器設備都相當先進，對於發展中的粵東地區來說，有不少值得借鏡之處。經過授課和參觀，相信學員對於如何拓展粵東地區的醫療及衛生福利，有了更加深入的認識。
第 6 期	2009 年 11 月 22 日 -28 日	婦女事務管理及領袖培養	41	這一期培訓班的研討主題是婦女事務管理及領袖培養，參加學習的學員均為粵東地區的婦女骨幹和成功的女企業家。培訓班一方面是為了提升婦女素質與專業知識水平、促進婦女骨幹交流及女性人才培養，讓學員學習和了解香港的政治、經濟環境及社會情況，借鏡香港一些好的管理方式；另一方面是想通過短期的學習交流，加深粵東四市各部門之間的認識，取長補短，攜手合作。
第 7 期	2010 年 11 月 14 日 -20 日	教育事務	44	無論是一個國家或是一個地區，要國強民富，首要工作就是徹徹底底地提升國民的文化教育水平，增強競爭力和創造力。教育工作做好了，社會文明、經濟實力自然得到改善。這一期培訓班的研討主題就是關於教育的事務，參加學習的學員都是粵東地區各市的教育部門的領導，還有來自多間學校的校長及領導，相信學員可以將在香港學習到的經驗和了解到的情況運用於往後的工作之中。

（續上表）

期數	時間	專題	人數	簡述是期研討班意義
第 8 期	2010 年 11 月 28 日 - 12 月 3 日	交通管理 與物流	32	培訓班在短短的一個星期當中，除了得到多位專家學者的面授之外，也安排參觀生產力促進局、九龍巴士公司、亞洲物流中心、香港鐵路公司和香港國際機場等多個機構。了解香港和國際的交通管理和物流發展，取其長處加以修改用於改善家鄉發展。
第 9 期	2011 年 9 月 19 日 -24 日	企業轉型 升級、知 識產權及 品牌建立	36	粵東的經濟不斷進步，企業正朝着轉型升級、強化知識產權及建立品牌這三個方面發展。舉辦培訓班，創造一個互相交流、共同探討的學習平台，取得多方面互贏，這是我們共同的目標。配合粵東經濟發展，就如何創立企業品牌；保護知識產權；鼓勵和發掘富創意之產業；如何做好食品安全檢疫以提升消費者信心；如何善用低碳能源創造環保企業等等方面進行探討。
第 10 期	2011 年 9 月 25 日 - 10 月 1 日	民生與社 會福利	35	在國家的社會福利政策支持下，展開粵東地區有關民生及社會福利等專題，借鏡香港在民政事務、慈善及公益事業等的成功經驗，取長補短，優化城鄉人民生活質素。
第 11 期	2012 年 9 月 16 日 -22 日	行政機關 與法律	40	借鏡香港在行政管理、法律管治、廉政和執法等多方面的成功經驗，取長補短，加強行政機關和執法部門的主導效能和管理質素，優化城鄉生活。
第 12 期	2012 年 9 月 23 日 -29 日	文化資源 與旅遊	39	探索地方文化資源對經濟發展的重要性，以及如何在持續發展和文物保育兩者之間取得平衡；鼓勵和發掘富創意之旅遊事業，以旅遊帶動經濟發展等等。
第 13 期	2013 年 9 月 8 日 -14 日	社會管理 與慈善事 業	38	借鏡香港在公共管理和社工方面以及慈善組織如何服務於社會等方面的成功經驗，取長補短，更好地發展粵東四市的慈善事業，配合行政主導，提高管理和服務質素。
第 14 期	2013 年 9 月 22 日 -28 日	食物安全 與品牌信 譽	34	探討和研究食物安全政策問題以及樹立本地品牌的重要性，以求提高食品質量，提升消費者之信心，更好地打造及推廣潮汕特色食品。

（續上表）

期數	時間	專題	人數	簡述是期研討班意義
第 15 期	2014 年 9 月 14 日 -20 日	青年事務管理及領袖培訓	38	青年作為國家未來發展的棟樑，如何組織和妥善管理青年的事務，以及發掘和培養青年領袖，尤為重要。總會希望透過舉辦這個專題，促進雙地交流，深入探討相關的問題。
第 16 期	2014 年 9 月 21 日 -27 日	土地規劃及房產管理	40	土地規劃及房產管理是社會經濟發展的基石，與民眾的生活更是息息相關。香港作為一個人多地少的繁華都市，多年來，累積了不少經驗。希望藉此專題促進粵東地區在未來發展中，着重房地產管理方面的思考，充分及良性地利用土地資源，發展經濟。
第 17 期	2015 年 9 月 13 日 -19 日	自由貿易區及新興經濟體	40	經濟全球化是當代世界經濟的重要特徵之一，也是世界經濟發展的重要趨勢。加快實施自由貿易區戰略，是適應經濟全球化新趨勢的客觀要求，是全面深化改革、構建開放型經濟新體制的必然選擇，也是我國積極運籌對外關係、實現對外戰略目標的重要手段。
第 18 期	2015 年 9 月 20 日 -26 日	環保節能與創新科技	40	科技創新是社會可持續發展的主導力量，環保節能是社會可持續發展的重要理念。隨着經濟的高速發展和人民生活水平的提高，隨之而來的環境污染問題也備受關注。我國正在提倡循環經濟，減少煤炭、石油等高碳能源消耗，減少溫室氣體排放已成為新的社會熱點與社會趨勢。這就需要兩地企業提高創新材料、創新技術及創新設備的能力，以完善節能減排系統。
第 19 期	2016 年 9 月 19 日 -24 日	勞工事務	40	就業是民生之本，關乎千家萬戶的生存與發展，也關乎社會的穩定與進步。建立和諧的勞資關係，促進和保障僱員的權益、福利以及職業安全與健康對一個社會的運作來講非常重要。如何提供多元化的就業服務，採取良好人事管理措施，提高公眾對勞工法例的認識，以配合勞動市場的各種轉變和需要，化解勞資雙方的分歧及支持社會經濟的持續發展，是兩地政府都面臨的問題。總會希望透過舉辦這個專題的研討班，促進兩地相關人士在勞工事務方面的交流及了解，進一步促進兩地社會的安定繁榮發展。

（續上表）

期數	時間	專題	人數	簡述是期研討班意義
第 20 期	2016 年 9 月 25 日 -30 日	電商及網絡安全專題	38	現今社會，互聯網及電子商務已經成為我們生活和工作形影不離的工具，在諸多方面改變和改善我們的生活和工作形態。2015 年，國務院也印發了《關於積極推進「互聯網 +」行動的指導意見》。在互聯網及電商高速發展的今天，網絡安全也對用戶的信息及財產、甚至國家的安全及發展，產生了影響和威脅。藉着此期研討班，就如何完善電商及網絡安全的問題引發思考及深入探討，以促進兩地相關人士在相關問題上的認識。
第 21 期	2017 年 9 月 10 日 -16 日	現代城市管理	48	隨着社會的發展，現代城市已成為一個巨型且複雜的系統，現代城市管理的內涵也因此變得越來越豐富和重要。面對這種形式，如何管理好城市已經成為各地政府主要考慮的問題，城市管理得好與壞，不僅關係到城市功能的發揮、關係到城市的綜合競爭力，也關係到和諧社會的建設。城市管理涉及到規劃、建設、環保、交通、治安、環境衛生、市容市貌、園林綠化、公用事業等方方面面，探討「各部門應如何統籌、協調才能推動城市的健康發展」是這個專題的意義。
第 22 期	2017 年 9 月 17 日 -23 日	人口老化及安老事務	48	據不完全統計，中國現時 60 歲以上老年人口已逾兩億，佔總人口約 15%，遠高於聯合國定下 10% 的老年人口標準。老齡化現象日漸加劇，隨之而來的是勞動力、社會保障、醫療問題的增加。如能制定全面的安老政策，做到老有所養、老有所屬、老有所為，將能紓緩政府和社會各階層的壓力。
第 23 期	2018 年 9 月 9 日 -15 日	人工智能與大數據	42	2017 年國務院印發了《新一代人工智能戰略規劃》，由此可見，人工智能作為新興產業的代表已引起政府的重視，這將對未來社會的發展產生深刻影響。人工智能技術發展加速，將為全球經濟增長作出一定貢獻。而隨着科技的進步，「儲存成本」與「資料取得成本」兩者均大幅下降，便造就了大數據時代的興起。要真正展現大數據的價值，需要將其應用在人工智能技術發展上。探討「人工智能、大數據對社會未來發展的幫助」是這個專題的意義。

（續上表）

期數	時間	專題	人數	簡述是期研討班意義
第 24 期	2018 年 9 月 16 日 -22 日	一帶一路 與大灣區	39	「一帶一路」之國家戰略規模龐大，覆蓋近 70 個國家，當中涉及 44 億人口，佔全球人口 63%。整體經濟規模達 21 萬億美元，約佔全球生產總值的 29%。粵港澳大灣區現已初步顯露世界一流超大城市群和國際自由貿易港雛形。隨着粵港澳大灣區積極與「一帶一路」建設對接，導入更多國家發展功能，並助推中國參與國際競爭，構建高水準國際合作平台，大灣區在中國經濟發展和對外開放中的地位和功能將進一步提升。

饒宗頤學藝館文化活動

2006 年 12 月 17 日至 18 日，香港潮屬社團總會創會主席陳偉南，永遠名譽主席蔡衍濤及副主席吳哲歆、劉宗明、林克昌等，出席在潮州市舉行的「饒宗頤學術館新館落成剪綵儀式暨饒宗頤學術研討會」。2008 年 10 月底，香港潮州商會會長許學之率領商會及香港潮屬社團總會一行三十六人，前往北京參加饒宗頤教授學術藝術展開幕式及第三屆潮商大會。

2010 年 8 月 6 日至 11 日，香港潮屬社團總會與香港潮州商會組織「慶賀饒宗頤教授九五華誕敦煌團」，在團長許學之帶領下，逾百人前赴敦煌為饒公祝壽。8 月 8 日，由中央文史研究館、敦煌研究院、香港大學饒宗頤學術館主辦，香港潮屬社團總會、香港潮州商會等協辦的「莫高餘馥——饒宗頤敦煌書畫藝術特展暨九五華誕壽宴」，在世界文化遺產莫高窟腳下的敦煌研究院開幕。

2013 年 1 月 21 日，香港浸會大學饒宗頤國學院成立，饒宗頤教授出任永遠榮譽院長，陳致教授任署理院長（其後正式就任院長）。香港潮屬社團總會馬介璋、詹玉湘、黃書銳、劉佐德、張安德、鄭漢明、謝喜武等，捐款支持此項活動。2014 年 1 月，位於九龍青山道 800 號的饒宗頤文化館正式開幕，陳萬雄博士擔任館長。2014 年 11 月 2 日，中山大學於香港大學黃麗松講堂舉行饒宗頤先生「陳寅恪獎」嘉譽典禮，作為創校九十周年誌慶活動之一，並藉此感謝饒宗頤教授與該校的學術情緣。

2015 年 4 月 2 日，廣州市饒宗頤學術藝術館暨中山大學饒宗頤研究院在增城仙村鎮皇朝集團總部舉行開幕典禮，是繼香港大學饒宗頤學術館、香港浸會大學饒宗頤國學院之後，另一個在大學裏以饒宗頤命名的學術交流機構。4 月 3 日，「影響世界華人盛典 2014 — 2015」頒獎禮在北京舉行，饒宗頤教授榮獲終身成就獎。[26] 4 月 28 日，「學藝融通——饒宗頤百歲藝術展」在北京國家博物館開幕，這是歷年來最具規模、展品種類最為齊全的饒宗頤作品展覽，涵蓋了饒老八十年的學術及藝術代表作。是次展覽由中國國家博物館主辦，香港中聯辦教科部、香港康文署等協辦。[27]

推廣潮汕文化

2008 年 6 月 15 日至 29 日，本會與香港潮州商會等合辦的「領匯潮州節」在黃大仙龍翔中心、天水圍天澤商場、樂富中心、油塘鯉魚門廣場及藍田啟田商場巡迴舉行。2009 年 4 月 16 日至 19 日，本會與香港潮州商會、領匯公司、陳鑑林議員辦事處舉辦的第三屆「領匯潮州節」，分別於黃大仙慈雲山中心、油塘鯉魚門廣場、黃大仙龍翔中心及天水圍天澤商場舉行。

2015 年 10 月 8 日至 12 日，「香港潮州節」在中環遮打花園舉行，一連串各式各樣的活動，使香港市民和外來遊客可以親身體驗潮汕文化。首先，表演有潮州雙鵝舞、布馬舞；其次，潮州菜方面包括：四點金飯店的傳統風味華筵和地道小吃美食，二八鷗丁老鵝店的鹵鵝，汕頭市潮陽區和平和美酒樓的熏鴨，揭陽乒乓粿，潮州市金龍大酒店的香煎白飯桃、金黃黃瓜餅、潮州湯圓，潮州市食物老香黃餅，普寧糖餅，飄香小食店的韭菜粿、鼠殼粿、筍粿、土豆粿、菜頭粿、糖水，阿澤小食店的菜頭粿、馬鈴薯粿、蝦餃、墨斗卵粿，飛廈老二牛肉店的牛肉丸，晶華魚糜食品有限公司的晶華魚丸，廣東蓬盛實業有限公司的橄欖菜、烏欖、貢菜、菜脯、紫菜、惠來綠豆餅、汕頭牛丸，米琦甜品有限公司的湯圓、羔燒白果、薑薯，潮州市天池茶業的潮州鳳凰單樅茶，揭陽播茶，鄭家煮茶法的煮茶。其他活動有：國際潮汕書畫

26 〈饒宗頤教授及饒館文化活動匯報〉，《香港潮汕學刊》第 8 期（2015 年 4 月），頁 47。

27 〈饒宗頤百歲藝展在京開幕〉，《文匯報》，2015 年 4 月 29 日，頁 A16。

總會的燈謎，汕頭市文化館的剪紙、抽紗和珠繡，潮繡世家的潮繡，潮汕文化協進會的潮州話學學 app 展示——集文化、學習潮州話和趣味遊戲於一身的應用程式「潮語作田人」，陳舜羌木雕陳列館的潮州金漆木雕，潮州市陶瓷研究所的陶瓷通花瓶及掛盤，謝華大師工作室的潮州手拉朱泥壺，吳光讓大師工作室的潮州大吳泥塑，揭陽玉雕。

1

2

1 潮屬社團總會支持「金漆輝映：潮州木雕」展覽，多位首長與嘉賓合照
2 陳幼南（前排左二）連任潮州會館主席
3 潮屬社團總會主辦，九龍西潮人聯會合辦之「飲食嘉年華」圓滿成功
4 潮屬社團總會參與主辦「改革開放 40 周年知識競賽」，出席首長合照

香港潮屬社團總會

務處 盧偉聰處長演講會

2018年9月13日

1

1 警務處長盧偉聰（左）到訪本會，與陳幼南主席及
　鄉親同仁對談
2 潮屬社團總會組團參觀訪問歌連臣角懲教所，與懲
　教人員合照

第八章 │ 與時並進

香港潮屬社團總會回顧與展望

香港潮屬社團總會成立於 2001 年，名副其實是二十一世紀香港一個具代表性的社團總會，在眾多潮屬社團的參與及合作下，十數年來已經具備相當規模，創辦的歷史雖然不算長，充分發揮其作為社團總會的功能是明顯可見的。

第一屆會董在任期間，屬於總會的開創階段，開闢草萊，正所謂「萬事起頭難」，其間又逢香港處於艱困之際，可喜的是，在總會領袖帶引和眾人努力之下，各方面會務的拓展是燦然可觀的。此後幾屆，會務有穩定的進展，漸多本地潮屬社團加入，總會在社會上起了更大作用。

2014 年開始，香港潮屬社團總會在穩固的基礎上，以新理念重訂目標和重組架構，擴大吸納團體會員和個人會員，在更大程度上發揮總會的功能和貢獻，藉此配合新時期發展的需要，時機是成熟的，眼光是遠大的。

第一節　香港潮屬社團總會歷屆首長

領導總會的歷屆首長

香港潮屬社團總會第一屆至第六屆設有榮譽會長和名譽會長。自創會時起，李嘉誠一直擔任榮譽會長；莊世平、林百欣兩位，亦曾任榮譽會長。擔任名譽會長的，先後有洪祥佩、廖烈文、陳有慶、林百欣、饒宗頤、戴德豐、黃光苗、高佩璇、蔡志明、黃書銳、謝賢團、翁廣松。第二屆起，陳偉南、唐學元為創會主席及副主席；第三屆起，陳偉南、蔡衍濤為永遠名譽主席，第四屆增莊學山，第六屆增馬介璋、許學之，前後總共有五位永遠名譽主席。

香港潮屬社團總會主席，第一至六屆依次為陳偉南、蔡衍濤、莊學山、馬介璋、許學之、陳幼南，陳幼南連任第七、八、九屆主席。第一屆至六屆，每屆有副主席四至五人，計有唐學元、馬松深、歐陽成潮、劉宗明、佘繼標、劉奇喆、唐宏洲、周厚澄、馬介璋、林克昌、吳哲歆、林榮森、朱其崑、余潔儂、許瑞良、楊劍青、黃成林諸位。第七屆增設常務副主席，有張成雄、陳智思、莊學海；副主席十三人，包括吳漢增、周厚澄、林大輝、林鎮洪、胡定旭、馬介欽、陳南坡、陳振彬、陳統金、陳賢豪、楊育城、劉鳴煒、鄭錦鐘。第八屆有常務副主席三人、副主席十二人，第九屆有常務副主席六人、副主席十人（表 8-1）。

創會主席陳偉南事略

香港潮屬社團總會創會主席及第一屆主席陳偉南，1919 年生於廣東省潮州市潮安縣沙溪鄉，1936 年畢業於省立韓山師範學校，翌年赴香港謀生，香港淪陷後回鄉務農。1946 年再度赴港，艱苦創業，任屏山企業有限公司、星洲膠業有限公司董事長，星洲貿易有限公司董事總經理，廣州穗屏企業有限公司副董事長。香港特別行政區第一屆政府推選委員會委員、政協汕頭市委員會名譽主席、香港中華總商會常務會董、香港粟米飼料進口商會主席、廣州外商投資企業商會創會會長、廣州市榮譽市民、汕頭市榮譽市民、潮州市榮譽市民、揭陽市榮譽市民，泰皇御賜五級白象勳銜，香港特區政府頒授

表 8-1　香港潮屬社團總會歷屆首長

屆別	任職年份	主席	副主席
1	2001.10.18 — 2003.12.31	陳偉南	唐學元、馬松深、歐陽成潮、劉宗明、佘繼標
2	2004.1.1 — 2005.12.31	蔡衍濤	馬松深、劉宗明、佘繼標、劉奇喆、唐宏洲
3	2006.1.1 — 2007.12.31	莊學山	唐宏洲、周厚澄、馬介璋、林克昌、吳哲歆
4	2008.1.1 — 2009.12.31	馬介璋	吳哲歆、劉宗明、林榮森、朱其崑
5	2010.1.1 — 2011.12.31	許學之	林榮森、余潔儂、許瑞良、楊劍青
6	2012.1.1 — 2013.12.31	陳幼南	林榮森、余潔儂、許瑞良、黃成林
7	2014.1.1 — 2015.12.31	陳幼南	常務副主席：張成雄、陳智思、莊學海 副主席：吳漢增、周厚澄、林大輝、林鎮洪、胡定旭、馬介欽、陳南坡、陳振彬、陳統金、陳賢豪、楊育城、劉鳴煒、鄭錦鐘
8	2016.1.1 — 2017.12.31	陳幼南	常務副主席：張成雄、莊學海、胡定旭 副主席：周厚澄、林大輝、馬介欽、陳振彬、陳統金、陳賢豪、楊育城、葉振南、劉鳴煒、鄭錦鐘、許瑞勤、張仲哲
9	2018.1.1 — 2019.12.31	陳幼南	常務副主席：張成雄、莊學海、胡定旭、高永文、馬介欽、陳振彬 副主席：林大輝、楊育城、鄭錦鐘、許瑞勤、張仲哲、胡劍江、林鎮洪、陳愛菁、莊健成、孫志文

銅紫荊星章，香港大學名譽大學院士。[1] 紫金山天文台有一顆編號為 8126 號的小行星命名為「陳偉南星」，以表彰其大愛情懷。

　　陳偉南參與多所潮屬社團事務，從 1980 年代開始關注香港潮州商會，熱心襄助鄉邦發展文化教育和其他公益事業，歷任香港潮州商會永遠名譽會

1　林英儀〈香港愛國實業家陳偉南〉，張善德主編《潮商人物‧商人卷》，頁 274 — 281。

長、香港汕頭商會永遠名譽會長、香港潮商互助社永遠名譽社長、澳門潮州同鄉會永遠會長、潮州會館中學校董，2000 年籌組創立香港潮屬社團總會，翌年成為總會第一屆主席。[2]

2013 年 10 月 19 日，陳偉南天文館在韓山師範學院舉行開館儀式，該館由潮州市委、市政府和社會各界，特別是謝賢團捐資二百萬元人民幣完成。陳偉南多年來不僅從資金上支持母校建設，還用豐富的人生經歷鼓勵師生們努力學習和工作，「事業成功在於努力，人生價值在於奉獻」是他的人生信條。[3]

2014 年 2 月 6 日，香港汕頭商會按照傳統，在會所舉行甲午馬年新春團拜活動。多年來都出席團拜的陳偉南，年屆九十六歲，精神奕奕，健步如飛，笑向在場人士拜年。他說，健康要靠努力得來，養生之道就是數十年如一日，每日早起做運動，注意飲食，戒煙酒，保持愉快心情。[4]

2017 年 2 月 14 日，政、商、學各界人士逾千人出席了「陳偉南先生百歲華誕晚宴」，表達對他的尊敬。[5] 現時陳偉南的主要職銜：屏山企業有限公司董事長，潮汕三市政協香港委員聯誼會創會會長，廣東省汕頭市政協名譽主席，廣州市、汕頭市、潮汕市、揭陽市榮譽市民。[6]

創會副主席唐學元事略

香港潮屬社團總會創會副主席唐學元，廣東省澄海縣人，世居汕頭市，是米業界殷商唐文佩哲嗣。1943 年到香港協助父親料理生意，自 1960 年

---

2 〈陳偉南先生事略〉，《香港潮州商會成立八十周年紀念特刊》（2002 年），卷首。關於陳偉南的著作，計有：羅東昇主編《愛國實業家陳偉南》（廣州：廣東人民出版社，1995 年）；楊祥熙編《陳偉南先生的文化情結：言論集》（香港：公元出版有限公司，2006 年）；吳溪平、韓秋紅編《陳偉南先生的文化情結：圖片集》（香港：公元出版有限公司，2006 年）；潮汕歷史文化研究中心主編《賀陳偉南》（廣州：公元出版有限公司，2008 年）；楊錫銘、林楓林主編《贊陳偉南》（廣州：公元出版有限公司，2008 年）；陳利江編《綠陽深處：陳偉南先生故居》（香港：公元出版有限公司，2008 年）；沈啟綿主編《懿德仁心：陳偉南先生九十華誕榮慶錄》（廣州：花城出版社，2008 年）；曾楚楠主編《懿德仁心：陳偉南先生人生價值觀研討會文集》（潮州：潮州海外聯誼會，2008 年）。
3 〈陳偉南天文館開館〉，《香港潮屬社團總會會訊》（2013 年 11 月），頁 7。
4 〈汕頭商會團拜百人歡聚〉，《文匯報》，2014 年 2 月 7 日，頁 A15。
5 〈政商學各界賀陳偉南百歲華誕〉，《香港潮屬社團總會會訊》新 14 期（總第 28 期，2017 年 4 月），頁 12。
6 《香港潮屬社團總會第九屆會董就職典禮》（2018 年），頁 32。

代繼承其父的聚大行後，仍經營白米進口，業務日進，嗣又創立忠誠行米業有限公司、大江南置業有限公司、宏安置業有限公司、富豪雪糕車及雪糕廠，任董事長，有顯著成績。1967 年，唐學元開始經營雪糕車生意，為兒童們帶來歡樂；而今音樂雪糕車在上海大行其道，全盤經營內地生意的就是他的兒子唐大威。唐學元對於慈善公益事業及潮鄉團體均竭力予以贊助，歷任香港潮州商會副會長、會長及會董，泰國進出口商會監事長，澳門潮州同鄉會名譽會長、潮商互助社永遠名譽社長，為同人所稱道。享有盛名，卻被人喻為「低調米王」。

唐學元的其他職歷和榮銜包括：香港特別行政區第一屆政府推選委員會委員、香港廣東社團總會副主席、浙江大學顧問教授、北京海外聯誼會名譽會長、香港聚大行總經理，並榮獲泰皇御賜皇冠勳章。[7]

第二屆主席蔡衍濤事略

香港潮屬社團總會第二屆香港潮屬社團總會主席蔡衍濤是百達製衣有限公司、興達置業有限公司、香島纖維工業有限公司、邦定纖物有限公司董事長，歷任香港製衣業總商會名譽會長，職業訓練局委員、香港中華廠商聯合會名譽會長、香港布廠商會會董。蔡衍濤於潮屬社團多所參與，曾任香港潮屬社團總會常務會董、香港潮陽同鄉會會長；教育事務方面，任香港布廠商會朱石麟中學校董、香港布廠商會公學校董、香港布廠商會英文夜中學校董、香港潮州會館中學校董、香港潮商學校管理委員會委員、香港潮陽小學校監。[8]

現時蔡衍濤的主要職銜：百達製衣有限公司董事長，香港中華廠商聯合會名譽會長，香港製衣商會名譽會長。[9]

7　《香港潮州商會九十周年會慶暨第四十七屆會董就職典禮》（2010 年），頁 25。

8　〈蔡衍濤先生事略〉，《香港潮州商會成立八十周年紀念特刊》（2002 年），頁 24；《香港潮州商會九十周年會慶暨第四十七屆會董就職典禮》（2010 年），頁 27。

9　《香港潮屬社團總會第九屆會董就職典禮》（2018 年），頁 32。

第三屆主席莊學山事略

香港潮屬社團總會第三屆主席莊學山，祖籍潮州市湘橋區，為香港知名人士潮州市榮譽市民莊靜庵之長子，早年協助父親成就「鐘錶大王」的事業。1985 年起開始在內地投資設廠，於深圳龍崗區建立鐘錶廠，加工生產石英錶、鐘錶零件及其他電子產品，銷往全球各地。1990 年代中，全力肩負整個家族的鐘錶事業，同時立足香港，從事僑領工作，將事業進一步發展壯大。

莊學山幼承庭訓，在中國傳統文化薰陶下，熱愛祖國和家鄉，為發動海外鄉親、特別是海外重點人士支持潮州的各項建設而不斷努力。他曾多次與家族中人到潮州參觀訪問，大力支持家鄉教育事業的發展，並捐資續建潮州市綿德中學教學樓等項目，又慷慨捐資襄助牌坊街的重修工程。率先倡導「閩潮」合作，受各地政府的高度重視。

莊學山歷任香港潮屬社團總會永遠名譽主席，香港潮州商會會長、永遠名譽會長，國際潮青聯合會會長，中華總商會常務會董，香港鐘錶業總會顧問；並任香港中南集團主席、綿德社企有限公司董事。他是廣東省第十屆政協委員、汕頭市第十一屆政協常務委員、潮州市榮譽市民，亦獲嶺南大學頒授榮譽院士，為香港大學校董會成員；在公益及地方事務上，擔任佛教寶靜安老院及護理安老院院董、北區改善家居及社區照顧服務管治委員會委員。

現時莊學山的主要職銜：中南股份有限公司、中南鐘錶有限公司主席，香港中華總商會永遠榮譽會長，潮州市榮譽市民。[10]

第四屆主席馬介璋事略

香港潮屬社團總會第四屆主席馬介璋為香港達成集團、佳寧娜集團董事局主席，中國僑商聯合會顧問，深圳市僑商國際聯合會會長，香港廠主聯合會副會長，東華三院丁巳年董事局副主席；潮屬社團方面，曾任香港九龍潮州公會主席、香港潮陽同鄉會會董。其他公務，包括世界傑出華人基金會董事及常務理事、第十一屆全國政協委員、廣東省政協常委、廣東省海外聯誼

---

10 《香港潮屬社團總會第九屆會董就職典禮》（2018 年），頁 32。

會副會長。

馬介璋對深圳市事務致力尤多，歷任深圳市政協港澳聯誼會副主席、深圳市首屆榮譽市民、深圳市外商投資企業協會常務副會長、深圳市總商會副會長、深圳市社會治安基金會副會長、深圳市中外企業家協會理事會副理事長、深圳市企業管理協會副會長、深圳市旅遊協會顧問、深圳市酒店同業商會名譽會長、深圳市體育總會常委。此外，任雲南省外商投資協會副會長、昆明市社會治安基金會名譽會長、海南省企業家協會副會長。[11]

現時馬介璋的主要職銜：佳寧娜集團控股有限公司名譽主席，華南城控股有限公司聯席主席，第九、十、十一屆全國政協委員。[12]

第五屆主席許學之事略

香港潮屬社團總會第五屆主席許學之，廣東省汕頭潮南人。十九歲來港，入讀深水埗香港芝加哥無線電專科學校，二十歲跟隨父親經營參茸藥材；其家族經營的「隆昌行」，早於 1950 年代由內地移至香港上環，許學之接手經營後，一直堅持採購地道中藥材，以保證貨品質素。他對參茸補品品質及滋補功效瞭如指掌，其專業知識有口皆碑，韓國政府駐港官員亦曾與其會面，聽取他對鹿茸出口定價的意見。更不時深入內地人參及鹿茸的原產地視察，檢視栽種情況，憑其堅毅信念在參茸界建立事業，並執業界牛耳，備受社會各界稱頌。

參茸業以外，許學之對公益事業亦甚為重視，秉承潮州人重視教育的精神，在中國改革開放後，除捐資於內地興學，在粵北興建兩所小學外，又在家鄉建立幼稚園、小學及中學。此外，又致力推動香港科技大學與粵東四市合作，並獲汕頭市領導關注食物安全研究及檢測。潮州商會更在科大設立「香港潮州商會研究生獎學金」，資助科大攻讀博士學位的潮州籍非本地學生，而選讀中藥研究課程的學生可獲優先考慮；許學之與其哲嗣，分別贊助兩位博士生合共九十萬元學費。

---

11 〈馬介璋先生事略〉，《香港潮州商會成立八十周年紀念特刊》（2002 年），卷首。
12 《香港潮屬社團總會第九屆會董就職典禮》（2018 年），頁 32。

許學之歷任香港潮州商會副會長、會長，香港潮屬社團總會主席，潮南區教育基金會名譽理事，汕頭市海外聯誼會榮譽會長，汕頭市華僑聯合會榮譽主席，香港潮陽同鄉聯會首屆榮譽會長，中藥聯商會永遠名譽會長，中國僑商聯合會副會長，中國紅十字會基金會高級顧問，隆昌行（集團）有限公司主席。2008 年獲香港科技大學頒授榮譽大學院士，2009 年獲香港特區政府頒授銅紫荊星章；此外，又擔任中國紅十字會基金會高級顧問。[13]

現時許學之的主要職銜：隆昌行（集團）有限公司主席，香港科技大學榮譽大學院士，香港廣東社團總會會長。[14]

第六至第九屆主席陳幼南事略

陳幼南，香港愛國實業家、飼料大王陳偉南之子，1969 年畢業於香港聖保羅書院，1973 年完成加拿大多倫多大學的化學工程學士課程，1977 年取得美國普林斯頓大學化學工程博士學位後，在美國國家研究所擔任研究工作，並於加拿大硯殼石油公司從事石油提煉科技的研究。1985 年回港，任屏山企業有限公司董事總經理，在廣州、鄭州、四川及湖南等地成立飼料廠，更在廣州興辦現代化種雞場，同時致力將最新的生物科技研究成果運用到畜牧業中。1999 年及 2000 年，分別擔任中國飼料協會、中國禽畜協會名譽會長及多間農業大學名譽教授。陳幼南近年還參與其他高科技項目，成立農業生物科技和石油提煉技術公司。

1998 年，陳幼南發起組織國際潮青聯誼年會，成為國際潮青聯誼年會和國際潮青聯合會的創會會長及第一屆國際潮青聯誼年會大會主席團主席。歷任潮州商會會長、汕頭市政協常委、廣州市政協委員，香港中華總商會副會長，香港中華出入口商會名譽會長。並任屏山企業有限公司、穗屏企業有限公司董事總經理，屏山發展（中國）有限公司董事，星洲貿易有限公司副經理。他除了是廣州市榮譽市民、潮州市榮譽市民外，還是中國人民政治協商會議汕頭市第十一屆常務委員及廣州市第十一屆政協委員。在聯絡鄉梓方

---

13 〈許學之醉心參茸藥材，熱心社會公益〉，《香港潮屬社團總會會訊》新 2 期（總第 16 期，2014 年 5 月），頁 24。
14 《香港潮屬社團總會第九屆會董就職典禮》（2018 年），頁 32。

面，陳幼南擔任中華全國歸國華僑聯合會委員、中華海外聯誼會理事、香港僑界社團聯會副會長；在青年事務方面，任中區少年警訊名譽會長議會名譽會長。2012 年任香港潮屬社團總會第六屆主席，2014 年蟬聯第七屆主席至今。其間他又牽頭致力籌組國際潮籍博士聯合會，該會於 2013 年成立，吸引全球更多高端人才為家鄉發展出謀出力，陳幼南任理事長。

現時陳幼南的主要職銜：國際潮團總會執行主席，國際潮籍博士聯合會主席，香港中華總商會榮永遠榮譽會長，香港僑界社團聯會常務副會長，香港廣東社團總會常務副主席，香港潮州商會永遠榮譽會長，中華海外聯誼會理事，廣東省政協委員。[15]

---

15 《香港潮屬社團總會第九屆會董就職典禮》（2018 年），頁 18。

第二節　香港潮屬社團總會的代表性

　　香港潮屬社團總會成立時，有二十四個創會團體，以後歷屆都有兩三個新的社團加入，截至 2019 年中，共有四十二個團體會員（附錄二），比總會創立時增加了一半，情況令人鼓舞。現時香港的主要潮屬社團，多數已經加入總會，所以香港潮屬社團總會的代表性是相當高的，新近成立的潮屬社團也都陸續加入。

　　在第六章中，為了行文方便，將上述四十二個潮屬社團粗略分為三大類，第一類是潮屬工商文教團體及行業組織（十五個），第二類是潮人綜合社團及地區聯會（十五個），第三類是潮汕各地聯誼會及同鄉會（十二個）。總的來說，以業緣性組織和基於共同地緣而建立的社團居多，前者以工商團體居多，後者主要是同鄉會；此外，還有不少是現時生活於香港同一地區內潮籍居民成立的社團，性質略如街坊會組織，不妨視為同鄉街坊會。其他社團，包括文教團體、慈善團體等。從地區分佈來看，潮總的團體會員以在香港島的居多，有十八個；九龍區次之，有十七個；新界區和長洲有七個。

　　值得注意的是，血緣性組織，包括一個姓氏或多個姓氏宗親成員組成的社團，在潮屬社團中相對較少；宗教性質的社團近年不甚活躍，盂蘭勝會社團之多則是一大特色。同學會、青年學生團體的出現，並加入香港潮屬社團總會，是令人鼓舞的，今後還應大力提倡；文教團體只有書畫聯備一格，文藝學術欠奉，潮屬社團所辦的幾家中小學，其實可以考慮成立一個潮屬學校聯會，或者教職員聯誼會之類。

　　形式不同、性質各異的潮屬社團，是隨着香港社會的形成和發展而出現的，是本地社會不可缺少的組成部分，也是促進經濟繁榮、社會昌盛、生活幸福的積極力量。遠的不說，在戰後以來，一批一批的潮汕人士，離鄉背井，移居到香港這個華洋雜處的社會，碰到困難的時候，憑着彼此是同鄉的關係，說共通的方言，一聲「家己人」（自家人、自己人），往往得到鄉親社團雪中送炭，解決了一些在異鄉生活的難關，是何等溫馨的情誼。

　　當這些潮汕人士逐漸融入本地社會之後，藉着各類社團，他們仍然可以得到這樣那樣的關懷，或者加強與同鄉親友之間的聯繫。當中有不少人會

對社團給予回報，或積極參與事務和活動，或慷慨捐贈金錢，使社團壯大和增強影響力。通過這些社團聯繫家鄉和祖國，在平常時候探望親友和參觀旅遊，在業務方面可以拓展商機，在必要時施予援手，社團和自己所代表的群體有着血肉依存的關係，就愈顯得有活力。近年潮屬社團慣常強調愛國愛港愛鄉，說明了三者一以貫之的潮汕精神。

第三節　香港潮屬社團總會新理念前瞻

　　香港潮屬社團總會成立之初，迅即開展重要會務，確立了方向，奠定了基礎。經過第二、三、四屆的努力，各方面都得以鞏固；第五、六屆秉承宗旨，會務續有進展。正如第六屆主席陳幼南所說：「香港潮屬社團總會在陳偉南創會主席和各位同仁的努力下，經過十年耕耘，在社會上聲譽俱增，在香港甚至海外華人社會中發揮重要的橋樑作用，為團結鄉親，推動各地的經濟發展做出了不少貢獻，起了重要作用。」[16]

　　由於時代步伐和社會發展，進入 2010 年代以來，會務有待進一步擴大，前瞻尤為必須。2014 年第七屆會董會開始，以「團結潮人、扎根香港、凝聚力量、攜手並進」新理念，重訂目標，重組架構，廣納精英，加強聯繫，以更大力度推進會務，在傳承潮汕文化、潮人精神和總會初衷的基礎上開拓新境界。8 月 19 日，行政長官梁振英在第七屆會董就職典禮上致辭，希望潮籍人士及社團未來繼續團結，愛國愛港愛家鄉，支持特區政府依法施政，發揮正面影響力。會董會主席陳幼南表示，總會今後會更積極團結在港鄉親，為促進香港社會安定和推動國際合作，作出重要貢獻。首屆監事會主席林建岳強調，新一屆會董會將秉承新的宗旨和理念，團結香港各界潮屬鄉親，以推動社區活動、發展基層工作為重點，積極參與香港社會事務。[17]

　　香港與東南亞潮人的關係向來密切，2014 年 4 月 17 日，新加坡潮州八邑會館顧問吳南祥、主席陳輝明與新加坡嘉賓到訪香港潮屬社團總會、國際潮青秘書處及香港潮州商會青年委員會，就共同關心的潮籍鄉親發展大事進行了探討和研究。5 月 24 日，汕頭市委常委、統戰部部長馬逸麗為了讓汕頭青年企業家增廣見識，以及拓寬海外商機，帶領汕頭青年企業家代表團到訪總會。在此之前，潮州市青聯主席王曉霞帶領潮州市青聯、青商會到訪總會。總會主席陳幼南強調：「家鄉年青企業家是未來家鄉經濟發展的希望，

16　陳幼南〈主席獻辭：仁風廣被，任重道遠〉，《香港潮屬社團總會會訊》（2012 年 2 月），頁 1。

17　〈第七屆會董就職典禮隆重舉行〉，《香港潮屬社團總會會訊》新 4 期（總第 18 期，2014 年 10 月），頁 2—3。

我們了解他們迫切希望與世界商界互動的心情。」[18] 這些活動，充分說明了培訓年輕一代潮籍企業家和各方面的人才，是總會重點努力的方向之一。

2015 年 1 月 24 日至 25 日，香港潮屬社團總會組織各屬會秘書和義工骨幹舉辦的義工研習班，一連兩日在東莞舉行，有五十多名來自三十多個屬會的秘書和義工參加。近年來，總會及各屬會的義工團舉辦了多項活動，成為義工界的一支勁旅，方興未艾。[19] 同年 3 月 17 日，香港潮屬社團總會第一屆婦女委員會成立並舉行第一次例會，主任陳愛菁表示，希望大家一起組織和推動各種有益的活動，尤其是聯絡各個屬會的婦女、幫助爭取婦女權益、宣揚潮汕文化、為潮籍新移民家庭服務、參加扶貧和慈善活動等等，都是總會重視的事務，婦女委員會可以扮演顯著而重要的角色。[20]

2015 年新春以來，香港潮屬社團總會舉辦的一連串活動，是重組架構後創新理念的全面鋪開，舉其大端：慶賀饒宗頤教授百歲華誕、交流義工服務社會的經驗和開展工作、與來自家鄉的領導共商發展大計、組織發動婦女參與會務和關心社會、凝聚潮籍精英人才參加高端智庫、拜訪海內外各地鄉親聯絡情誼、做好潮人盂蘭勝會保育及發展工作、推廣潮汕文化習俗，積極支持特區政府依法施政和推行公益事業等。[21]

2016 年 4 月，香港潮屬社團總會首長接待汕頭市政協主席謝澤生一行，總會主席陳幼南致辭指出，2016 年香港潮屬社團總會拼搏奮鬥並取得成績的一年，繼去年 10 月舉辦「香港潮州節」取得完美成功之後，今年 3 月舉辦「潮拼天下 2016」頒獎典禮，向九位傑出潮人精英頒授「潮拼天下獎」，海內外媒體作了廣泛報道。4 月間，由民政事務局及文化事務署牽頭，香港潮屬社團總會作為總召集人和總統籌，聯合六大香港社團在維多利亞公園舉行「賞心樂食 Together」。第八屆會董就職典禮於 7 月舉行，「潮人盂蘭

---

18 陳幼南〈主席獻詞：改革拓展，團結進步〉，《香港潮屬社團總會會訊》新 3 期（總第 17 期，2014 年 7 月），頁 1。

19 〈本會舉辦義工研習班〉及〈本會義工團歡聚〉，《香港潮屬社團總會會訊》新 6 期（總第 20 期，2015 年 4 月），頁 8—9。

20 〈第一屆婦女委員會舉行首次例會〉，《香港潮屬社團總會會訊》新 6 期（總第 20 期，2015 年 4 月），頁 14。

21 陳幼南〈主席獻辭：饒公華誕同慶賀，創新理念聚精英〉，《香港潮屬社團總會會訊》新 6 期（總第 20 期，2015 年 4 月），頁 1。

勝會」活動則於 8 月舉行。[22]

　　第八屆會董會繼續在新理念下，吸納和團結更多潮屬精英加強與各屬會的關係和地區基層的工作，凝聚各階層力量，發揮正能量。[23] 第九屆會董會計劃走訪「一帶一路」沿線國家和地區，和具體落實「粵港澳大灣區」青年合作的機制和實際的項目。[24]2019 年 6 月 19 日，總會公佈下半年舉辦的活動，繼「潮拼天下2019」頒獎禮之後，有「出花園」成人禮足球比賽、「2019盂蘭文化節」等。

　　一向以來，香港各大潮屬社團的宗旨都圍繞着敦睦鄉誼、促進工商、服務社會、弘揚文化四個主要方面，還有興學育才、扶貧救災兩個元素，而輕重次序則決定於社團本身成立時的初衷。隨着社會發展和經濟轉型，潮屬社團的定位亦應配合時代步伐作出相應的調整，要加強團結才可發揮愛國愛港愛鄉的精神，要扎根香港才可起到聯繫海內外的橋樑角色和平台作用，要凝聚力量才可在全球化時代產生國際性效果，要攜手並進才可達致族群內的合作和族群間的共融。必須努力培育新秀，懷着繼往開來的壯志，本於傳承文化的精神，新理念始得落實和弘揚。香港潮屬社團總會成立十八年，已具備承擔這巨大任務的能力，在眾多社團領袖和潮籍精英的領導下，將可開創一番新的景象。

22 〈潮總接待汕頭市政協主席謝澤生〉，《文匯報》，2016 年 4 月 30 日，頁 A19。
23 陳幼南〈會董會主席致辭〉，《香港潮屬社團總會第八屆會董就職典禮》（2016 年），頁 39。
24 〈會董會主席陳幼南致辭〉，《香港潮屬社團總會第九屆會董就職典禮》（2018 年），頁 19。

「一地兩檢」通過
喜迎高鐵新時代

香港潮屬社團總會
FEDERATION OF HONG KONG CHIU-CHOW COMMUNITY ORGANIZATIONS LTD

香港潮州商會	香港九龍潮州公會	香港汕頭商會	香港潮僑互助社
潮僑工商塑膠聯合總會	九龍東潮人聯會	九龍西潮人聯會	香港區潮人聯會
新界潮人總會	潮僑食品業商會	潮汕三市政協香港委員聯誼會	香港揭陽同鄉會
香港潮安同鄉會	香港九龍揭陽同鄉總會	香港惠東同鄉會	香港普寧同鄉聯誼會
饒平同鄉會	香港葵涌同鄉會	香港澄海同鄉聯誼會	大埔潮州同鄉會
元朗區潮州同鄉會	慈雲閣有限公司	海外潮人企業家協會	長洲潮州會館
國際潮汕書畫總會	香港潮人深水埗同鄉會	旅港潮頭同鄉會	香港揭陽僑聯誼會
香港惠來商會	新界粉嶺潮州會館	香港潮僑聯誼會	荃灣潮州福利會
香港潮僑公益協進會	香港榮灣潮僑工商聯誼會	香港潮汕同學會	香港揭東商會
揭港青年學生交流協進會	香港德教紫靖閣	香港潮文化發展總會	新界東潮人聯會

（排名不分先後）

1

2

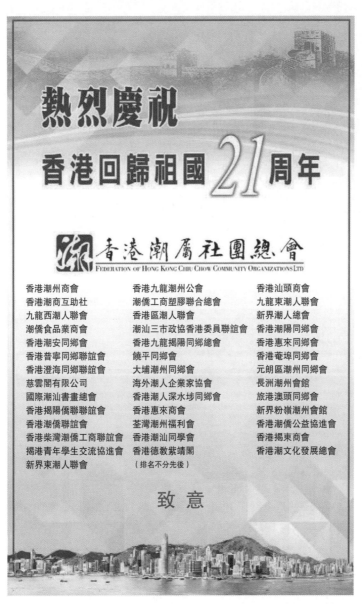

熱烈慶祝
香港回歸祖國21周年

香港潮屬社團總會
FEDERATION OF HONG KONG CHIU CHOW COMMUNITY ORGANIZATIONS LTD

香港潮州商會	香港九龍潮州公會	香港汕頭商會
香港潮商互助社	潮僑工商塑膠聯合總會	九龍東潮人聯會
九龍西潮人聯會	香港區潮人聯會	新界潮人總會
潮僑食品業商會	潮汕三市政協香港委員聯誼會	香港潮陽同鄉會
香港潮安同鄉會	香港九龍揭陽同鄉總會	香港惠來同鄉會
香港普寧同鄉聯誼會	饒平同鄉會	香港葵埔同鄉會
香港澄海同鄉聯誼會	大埔潮州同鄉會	元朗區潮州同鄉會
慈雲閣有限公司	海外潮人企業家協會	長洲潮州會館
國際潮汕書畫總會	香港潮人深水埗同鄉會	旅港澳頭同鄉會
香港揭陽僑聯聯誼會	香港惠來商會	新界粉嶺潮州會館
香港潮僑聯誼會	荃灣潮州福利會	香港潮僑公益協進會
香港柴灣潮僑工商聯誼會	香港潮汕同學會	香港揭東商會
揭港青年學生交流協進會	香港德教紫靖閣	香港潮文化發展總會
新界東潮人聯會	（排名不分先後）	

致 意

1 祝賀高鐵通車
2 李嘉誠祝賀第四屆潮屬社團總會會董就職典禮圓滿成功（2008年3月20日）
3 熱烈慶祝香港回歸祖國二十一周年

1 國務院總理李克強（右）接見饒宗頤教授
2 潮屬社團總會接待全球潮創會考察團，與全球潮人建立更廣泛的聯繫
3 莊世平在首屆潮屬社團總會會董就職典禮上致辭（2002 年 4 月 23 日）

附錄

附錄一　香港潮屬社團總會歷屆會董會名錄

第一屆（2001.10.18 — 2003.12.31）

榮譽會長	李嘉誠，莊世平
名譽會長	洪祥佩，廖烈文，陳有慶，林百欣，饒宗頤
主席	陳偉南
副主席	唐學元，馬松深，歐陽成潮，劉宗明，佘繼標
名譽顧問	朱樹豪，吳康民，呂高文，李蘭篤，沈廣河，周厚澄，周振基，胡楚南，張華達，梁劉柔芬，莊聲源，許長青，陳偉，陳厚寶，陳智思，陳維信，陳鑑林，章志光，黃松泉，楊文波，葉國華，葉慶忠，廖烈武，廖烈智，劉世仁，劉奇喆，劉思仁，劉炳章，蔡德河，鄭維志，戴德豐，謝中民
常務會董兼各部主任	張成雄，蔡衍濤，莊學山，馬照祥，馬介璋
會董兼各部副主任	鄭金松，葉樹林，吳哲歆，巴鎮洲，林作輝
義務法律顧問	吳少溥
義務核數師	陳蕙婷
名譽會董	林輝耀，陳捷貴，蕭成財，劉坤銘，林樹庭，陳幼南
會董	方文利，王仰德，池振榮，余潔儂，吳少溥，吳志明，林世鏗，林克昌，林書章，林興識，唐宏洲，孫志文，孫志光，許永滋，許作堯，許義良，許榮傑，許學之，連增傑，陳熹，陳權，陳智文，黃同福，黃成林，黃展茂，黃雅茂，黃榮興，廖燕正，劉奇喆，蔡一帆，鄭持章，鄭碧木

第二屆（2004.1.1 — 2005.12.31）

榮譽會長	李嘉誠，莊世平，林百欣
名譽會長	洪祥佩，廖烈文，陳有慶，饒宗頤
永遠名譽主席	陳偉南
創會主席	陳偉南
創會副主席	唐學元
主席	蔡衍濤
副主席	馬松深，劉宗明，佘繼標，劉奇喆，唐宏洲
名譽顧問	朱樹豪，吳康民，李蘭篤，沈廣河，周厚澄，周振基，胡楚南，張華達，梁劉柔芬，莊聲源，許長青，陳偉，陳厚寶，陳智思，陳維信，陳鑑林，章志光，黃松泉，楊文波，葉國華，葉慶忠，廖烈武，廖烈智，劉世仁，劉奇喆，劉思仁，劉炳章，蔡德河，鄭維志，戴德豐，謝中民
當然會董	陳偉南，唐學元，歐陽成潮
常務會董兼各部主任	陳偉南，張成雄（總務部），馬照祥（財務部），莊學山（公關部），馬介璋（稽核部），許學之（福利部）

續上表

會董兼各部副主任	劉坤銘（總務部），葉樹林（財務部），吳哲歆（公關部），方文利（稽核部），余潔儂（福利部）
義務法律顧問	吳少溥
義務核數師	陳蕙婷
名譽會董	巴鎮洲，方平，林作輝，林建高，林輝耀，陳俊平，陳強，陳捷貴，鄭金松，蕭成財
會董	王仰德，池振榮，吳志明，周厚澄，林世鏗，林克昌，林書章，林樹庭，林興識，孫志文，孫振光，莊健成，許永滋，許瑞良，許義良，許榮傑，連增傑，陳幼南，陳家義，陳智文，陳漢雄，陳熹，陳權，黃同福，黃成林，黃振輝，黃雅茂，黃萬生，黃榮興，楊劍青，楊鏡鑫，廖超文，蔡一帆，鄭少偉，鄭金源，鄭持章
慈善基金管理委員會	陳偉南，唐學元，佘繼標，張成雄，蔡衍濤，葉樹林，林建高

第三屆（2006.1.1 — 2007.12.31）

榮譽會長	李嘉誠，莊世平
名譽會長	洪祥佩，廖烈文，陳有慶，饒宗頤
永遠名譽主席	陳偉南，蔡衍濤
創會主席	陳偉南
創會副主席	唐學元
主席	莊學山
副主席	唐宏洲，周厚澄，馬介璋，林克昌，吳哲歆
名譽顧問	朱樹豪，吳康民，李蘭篪，沈廣河，周厚澄，周振基，林建岳，胡楚南，倪少傑，馬時亨，張華達，梁劉柔芬，莊聲源，許偉，陳厚寶，陳偉，陳智思，陳維信，陳鑑林，章志光，黃松泉，楊文波，葉國華，葉慶忠，廖烈武，廖烈智，劉世仁，劉奇喆，劉思仁，劉炳章，劉遵義，蔡德河，鄭維志，戴德豐，謝中民
當然常務會董	陳偉南，蔡衍濤，唐學元，歐陽成潮，馬松深，佘繼標，劉宗明
常務會董兼各部主任	張成雄（總務部），馬照祥（財務部），馬介璋（公關部），許學之（福利部），陳幼南（稽核部）
會董兼各部副主任	劉坤銘（總務部），陳統金（財務部），孫志文（公關部），余潔儂（福利部），莊健成（稽核部）
義務法律顧問	吳少溥
義務核數師	陳蕙婷
名譽會董	巴鎮洲，方平，方文利，王仰德，林作輝，林建高，林輝耀，高佩璇，陳俊平，陳強，陳捷貴，黃榮興，葉樹林，鄭金松，蕭成財
會董	朱其崑，池振榮，吳志明，林世鏗，林民恩，林書章，林榮森，林樹庭，林興識，孫振光，高允波，許永滋，許瑞良，許瑞勤，許義良，許榮傑，連增傑，郭少堅，郭鐘鵬，陳金雄，陳家義，陳智文，陳漢雄，陳熹，陳鏡秋，陳權，黃成林，黃振輝，黃雅茂，黃萬生，黃瀚笙，楊文波，楊劍青，葉年光，劉文龍，鄭少偉，鄭持章，鄭錦鐘

榮譽會長	李嘉誠
名譽會長	洪祥佩，廖烈文，陳有慶，饒宗頤，戴德豐，黃光苗
永遠名譽主席	陳偉南，蔡衍濤，莊學山
創會主席	陳偉南
創會副主席	唐學元
主席	馬介璋
副主席	吳哲歆，劉宗明，林榮森，朱其崑
名譽顧問	朱樹豪，吳康民，李蘭篤，沈廣河，周厚澄，周振基，林克昌，林建岳，林燕珊，胡楚南，倪少傑，唐宏洲，馬時亨，馬照祥，張華達，梁劉柔芬，莊聲源，許偉，陳厚寶，陳偉，陳智思，陳強，陳維信，陳鑑林，章志光，黃松泉，楊文波，葉國華，葉慶忠，廖烈武，廖烈智，劉世仁，劉奇喆，劉思仁，劉炳章，劉遵義，蔡德河，鄭維志，謝中民
當然常務會董	陳偉南，蔡衍濤，莊學山，唐學元，歐陽成潮，馬松深，佘繼標，劉宗明
常務會董兼各部主任	張成雄（總務部），周振基（財務部），許義良（公關部），許學之（福利部），陳幼南（稽核部）
會董兼各部副主任	劉坤銘（總務部），陳統金（財務部），孫志文（公關部），余潔儂（福利部），莊健成（稽核部）
義務法律顧問	吳少溥
義務核數師	陳蕙婷
名譽會董	巴鎮洲，方文利，方平，王仰德，林作輝，林建高，林輝耀，高佩璇，陳俊平，陳捷貴，黃書銳，黃榮興，葉樹林，趙利生，鄭金松，蕭成財，謝賢團
會董	池振榮，林世鏗，林民恩，林書章，林樹庭，林興識，林寶喜，洪新發，孫振光，高允波，許瑞良，許瑞勤，連增傑，郭予端，郭少堅，郭鐘鵬，陳正松，陳金雄，陳家義，陳智文，陳漢雄，陳熹，曾永浩，黃成林，黃雅茂，黃萬生，黃瀚笙，楊文波，楊劍青，葉年光，劉文龍，鄭少偉，鄭志雄，鄭敏民，鄭碧木，鄭錦鐘

榮譽會長	李嘉誠
名譽會長	洪祥佩，廖烈文，陳有慶，饒宗頤，戴德豐，黃光苗，高佩璇，蔡志明，黃書銳，謝賢團，翁廣松
永遠名譽主席	陳偉南，蔡衍濤
創會主席	陳偉南
創會副主席	唐學元
主席	許學之
副主席	林榮森，余潔儂，許瑞良，楊劍青

續上表

名譽顧問	朱樹豪，吳哲歆，吳康民，李蘭篤，沈廣河，周厚澄，周振基，林克昌，林建岳，林燕珊，胡楚南，倪少傑，唐宏洲，馬時亨，馬照祥，張華達，梁劉柔芬，莊聲源，陳厚寶，陳偉，陳強，陳智思，陳維信，陳鑑林，黃松泉，楊文波，葉國華，葉慶忠，廖烈武，廖烈智，劉世仁，劉奇喆，劉思仁，劉炳章，劉遵義，蔡德河，鄭維志，謝中民
當然常務會董	陳偉南，蔡衍濤，莊學山，馬介璋，唐學元，歐陽成潮，馬松深，佘繼標，劉宗明
常務會董兼各部主任	張成雄（總務部），周振基（財務部），許義良（公關部），廖鐵城（福利部），陳幼南（稽核部）
會董兼各部副主任	劉坤銘（總務部），黃雅茂（財務部），孫志文（公關部），沈任河（福利部），葉年光（稽核部）
義務法律顧問	吳少溥，周卓如
義務核數師	陳蕙婷
名譽會董	巴鎮洲，方文利，方平，王仰德，吳志明，李秉湧，林作輝，林建高，林輝耀，林樹庭，洪新發，莊健成，許永滋，陳俊平，陳捷貴，陳統金，陳漢雄，黃成林，黃同福，黃展茂，黃榮興，葉樹林，趙利生，鄭卓標，鄭金松，鄭俊平，蕭成財
會董	王綿財，吳漢增，佘恩典，林世鏗，林書章，林景隆，林興識，孫振光，高允波，張仲哲，莊任明，許瑞勤，連增傑，郭予端，郭少堅，郭鐘鵬，陳正松，陳金雄，陳家義，陳雪夫，陳智文，陳登鋒，陳愛菁，陳賢豪，陳熹，曾永浩，黃志強，黃皆春，黃萬生，黃雍，楊文波，葉樹林，劉文龍，蔡得大，鄭木林，鄭少偉，鄭志雄，鄭敏民，鄭碧木，鄭錦鐘，藍國浩

第六屆（2012.1.1 — 2013.12.31）

榮譽會長	李嘉誠
名譽會長	廖烈文，陳有慶，饒宗頤，戴德豐，黃光苗，高佩璇，蔡志明，黃書銳，謝賢團，翁廣松
永遠名譽主席	陳偉南，蔡衍濤，莊學山，馬介璋，許學之
創會主席	陳偉南
創會副主席	唐學元
主席	陳幼南
副主席	林榮森，余潔儂，許瑞良，黃成林
名譽顧問	吳哲歆，吳康民，李蘭篤，周厚澄，周振基，林克昌，林建岳，林燕珊，胡楚南，倪少傑，唐宏洲，馬時亨，馬照祥，張華達，梁劉柔芬，莊聲源，陳厚寶，陳強，陳智思，陳維信，陳鑑林，黃松泉，葉國華，葉慶忠，廖烈武，廖烈智，劉世仁，劉奇喆，劉思仁，劉炳章，劉遵義，蔡德河，鄭維志，謝中民，謝喜武
當然會董	陳偉南，蔡衍濤，莊學山，馬介璋，許學之，唐學元，歐陽成潮，馬松深，佘繼標，劉宗明，林景隆，鄭錦鐘，陳登鋒，周厚澄
常務會董兼各部主任	張成雄（總務部），廖鐵城（財務部），周振基（公關部），許義良（福利部），胡劍江（稽核部）
會董兼各部副主任	鄭敬凱（總務部），黃雅茂（財務部），許瑞勤（公關部），沈任河（福利部），佘恩典（稽核部）

續上表

義務法律顧問	吳少溥，周卓如
義務核數師	陳蕙婷
名譽會董	巴鎮洲，方文利，方平，王仰德，吳志明，李秉湧，林作輝，林輝耀，林樹庭，洪新發，孫志文，高允波，莊健成，許永滋，郭予端，陳俊平，陳捷貴，陳統金，陳漢雄，黃同福，黃成林，黃展茂，黃萬生，黃榮興，葉年光，葉樹林，趙利生，劉文龍，劉坤銘，鄭卓標，鄭金松，鄭俊平，蕭成財
會董	王仰德，王綿財，吳漢增，李淑芝，林大輝，林民恩，林書章，林國光，林興識，邱長喜，紀明寶，孫振光，張仲哲，莊任明，許華雄，連增傑，郭少堅，郭鐘鵬，陳正松，陳金雄，陳家義，陳雪夫，陳智文，陳愛菁，陳漢欽，陳賢豪，陳熹，曾永浩，黃元弟，黃志強，黃皆春，黃雍，楊友平，楊劍青，鄭木林，鄭志雄，鄭敏民，鄭碧木，藍國浩

第七屆（2014.1.1 — 2015.12.31）

首席榮譽會長	李嘉誠
榮譽會長	饒宗頤，陳有慶，吳康民
首席會長	戴德豐，林建岳，陳經緯，楊受成，蔡志明，劉鑾鴻，馬介璋，黃楚標，黃光苗，黃楚龍，紀海鵬，郭英成，高佩璇，鄭漢明，劉鳴煒，朱鼎健
名譽會長	廖烈文，周振基，黃書銳，謝賢團，翁廣松，劉佐德，王再興，趙利生，廖烈武，魏海鷹
會長	馬亞木，周厚立，張敬石，鄭合明，陳志明
永遠名譽主席	陳偉南，蔡衍濤，莊學山，馬介璋，許學之
創會主席	陳偉南
創會副主席	唐學元
名譽副主席	劉宗明，余潔儂，吳哲歆，林榮森，許瑞良
榮譽顧問	高永文，陳茂波，方黃吉雯，林順潮，紀文鳳，馬時亨，張賽娥，梁劉柔芬，許漢忠，陳鑑林，葉國華，劉宗明，鄭維健，藍鴻震，羅康瑞，江達可，王惠貞，蔡德河，洪克協，方正，羅嘉瑞，陳健波，陳恒鑌，葛佩帆，姚思榮
名譽顧問	李蘭篤，林克昌，林燕珊，胡楚南，唐宏洲，馬照祥，莊聲源，陳厚寶，陳強，陳維信，黃松泉，黃慶忠，廖烈智，劉世仁，劉奇喆，劉思仁，劉炳章，謝中民，謝喜武，李德康，林堅，林超英，紀明寶，胡澤文，馬清煜，莊成鑫，劉靳麗娟，蔡陳葆心，蘇振聲
名譽會董	巴鎮洲，方文利，王仰德，佘恩典，吳志明，李秉湧，林作輝，林輝耀，林樹庭，林興識，洪新發，孫志文，孫振光，高允波，莊健成，許永滋，郭予端，陳俊平，陳捷貴，陳登鋒，陳漢雄，黃同福，黃成林，黃志強，黃展茂，黃萬生，黃榮興，葉年光，葉樹林，廖鐵城，劉文龍，劉坤銘，鄭卓標，鄭金松，鄭俊平，鄭碧木，蕭成財，王德財，洪子晴，馬偉武，陳香蓮，鄭俊基
監事會主席	林建岳
監事會副主席	馬介璋
監事會成員	陳偉南，蔡衍濤，莊學山，許學之，陳有慶，廖烈武

續上表

主席	陳幼南
常務副主席	張成雄，陳智思，莊學海
副主席	吳漢增，周厚澄，林大輝，林鎮洪，胡定旭，馬介欽，陳南坡，陳振彬，陳統金，陳賢豪，楊育城，劉鳴煒，鄭錦鐘
秘書長	方平
副秘書長	鄭敬凱，張敬川，林楓林（兼總幹事）
常務會董	唐學元，歐陽成潮，佘繼標，劉宗明，陳智文，許義良，胡劍江，方平，朱鼎耀，周厚立，林孝賢，馬僑生，張仲哲，張俊勇，張敬川，莊偉茵，楊政龍，劉文文，蔡加讚，鄭敬凱，顏吳餘英
常務會董兼各部委主任	張成雄（總務部），林宣亮（財務部），盧永仁（宣傳部），馬鴻銘（福利部），鄭錦鐘（會員部），梁劉柔芬（地區事務委員會），胡定旭（社會及政制事務委員會），馬介璋（盂蘭勝會保育工作委員會），陳幼南（慈善基金管理委員會），莊學山（發展委員會），劉鳴煒（青年委員會），陳愛菁（婦女委員會），陳偉南（培訓委員會）
義務法律顧問	吳少溥，周卓如
義務核數師	呂志宏
會董	王仰德，王綿財，何寶元，吳春靈，李淑芝，周超新，林民恩，林書章，林國光，林凱璇，林景隆，邱長喜，紀明寶，孫志文，徐名團，馬清楠，張仲哲，許為快，許瑞勤，許華雄，連增傑，郭少堅，陳正松，陳生好，陳金雄，陳家義，陳雪夫，陳熹，曾永浩，黃元弟，黃皆春，黃展茂，楊友平，楊劍青，葉振南，鄭少偉，鄭木林，鄭志雄，鄭捷明，藍國浩，史立德，吳少溥，吳宏斌，周卓如，周博軒，周潔冰，林世豪，林李婉冰，林俊玉，林建康，林淑怡，林楚昭，林煒珊，林燕勝，查毅超，胡炎松，唐大威，馬偉武，馬清鏗，馬軼超，高明東，莊永燦，莊健成，許平川，郭一鳴，陳丹丹，陳光明，陳成耀，陳志明，陳育明，陳家偉，陳偉明，陳偉香，陳捷貴，陳蕙婷，彭少衍，黃進達，楊玳詩，廖坤城，劉文煒，劉坤銘，劉偉忠，潘筱璇，蔡少洲，蔡少偉，蔡思聰，蔡敏思，鄭重科，羅少雄，蘇少初，蘇偉昇

第八屆（2016.1.1 — 2017.12.31）

首席榮譽會長	李嘉誠
榮譽會長	饒宗頤，陳有慶，吳康民
首席會長	戴德豐，林建岳，陳經緯，楊受成，蔡志明，劉鑾鴻，馬介璋，黃楚標，黃光苗，黃楚龍，紀海鵬，郭英成，高佩璇，鄭漢明，劉鳴煒，朱鼎健，劉紹喜
名譽會長	周振基，黃書銳，謝賢團，翁廣松，劉佐德，王再興，趙利生，廖烈武，魏海鷹，陳智思
會長	馬亞木，周厚立，張敬石，鄭合明，陳志明
永遠名譽主席	陳偉南，蔡衍濤，莊學山，馬介璋，許學之
創會主席	陳偉南
名譽副主席	劉宗明，吳哲歆，余潔儂，林榮森，許瑞良

續上表

榮譽顧問	高永文，陳茂波，方黃吉雯，林順潮，紀文鳳，馬時亨，張賽娥，梁劉柔芬，許漢忠，陳鑑林，葉國華，劉宗明，鄭維健，藍鴻震，羅康瑞，江達可，王惠貞，蔡德河，洪克協，方正，羅嘉瑞，陳健波，陳恒鑌，葛佩帆，姚思榮
名譽顧問	李蘭篤，林克昌，林燕珊，胡楚南，唐宏洲，馬照祥，莊聲源，陳厚寶，陳強，黃松泉，葉慶忠，廖烈智，劉世仁，劉奇喆，劉炳章，謝中民，謝喜武，李德康，林堅，林超英，紀明寶，胡澤文，馬清煜，莊成鑫，劉靳麗娟，蔡陳葆心，蘇振聲，林鎮洪
名譽會董	巴鎮洲，方文利，王仰德，佘恩典，吳志明，李秉湧，林作輝，林輝耀，林樹庭，林興識，洪新發，孫志文，孫振光，高允波，莊健成，許永滋，郭予端，陳俊平，陳捷貴，陳漢雄，黃同福，黃成林，黃志強，黃展茂，黃萬生，黃榮興，葉年光，葉樹林，廖鐵城，劉文龍，劉坤銘，鄭卓標，鄭俊平，鄭碧木，蕭成財，王德財，洪子晴，馬偉武，陳香蓮，鄭俊基
監事會主席	林建岳
監事會副主席	馬介璋
監事會成員	陳偉南，蔡衍濤，莊學山，許學之，陳有慶，廖烈武
主席	陳幼南
常務副主席	張成雄，莊學海，胡定旭
副主席	周厚澄，林大輝，馬介欽，陳振彬，陳統金，陳賢豪，楊育城，葉振南，劉鳴煒，鄭錦鐘，許瑞勤，張仲哲
秘書長	方平
副秘書長	鄭敬凱，張敬川，林楓林（兼總幹事），林燕玲
各委員會主席	張成雄（總務委員會），林宣亮（財務委員會），鄭錦鐘（會員及攝利委員會），陳振彬（地區事務委員會），林大輝（社會及政制事務委員會），馬介璋（盂蘭勝會保育工作委員），陳幼南（慈營基金管理委員會），莊學山（發展委員會），張俊勇（青年委員會），陳愛菁（婦女委員會），陳偉南（培訓委員會），馬介欽（義工委員會）
常務會董 （按姓氏排列）	方平，朱鼎耀，佘繼標，周厚立，林孝賢，林宣亮，林建岳，胡劍江，馬介璋，馬僑生，馬鴻銘，高佩璇，張俊勇，張敬川，梁劉柔芬，莊偉茵，莊學山，許義良，許學之，陳香蓮，陳偉南，陳有慶，陳智文，陳愛菁，陳偉香，黃書銳，楊政龍，楊玳詩，劉文文，劉宗明，歐陽成潮，蔡加讚，蔡衍濤，鄭敬凱，盧永仁，顏吳餘英
會董 （按姓氏排列）	方永昌，王文漢，王仰德，王建瑜，王綿財，王錫廷，史立德，余秋偉，吳光霖，吳宏斌，吳春靈，吳茂松，吳漢忠，李志強，李淑芝，李焯麟，李嘉莉，沈振虎，周卓如，周博軒，周超新，周潔冰，林月萍，林世豪，林李婉冰，林俠彥，林建康，林思俊，林國光，林淑怡，林雪英，林凱璇，林楚吉，林楚昭，林煒珊，林資健，林澤華，林燕玲，林燕勝，林鎮洪，邱長喜，柯創盛，胡炎松，唐大威，孫志文，馬偉武，馬清楠，馬清鏗，馬軼超，高明東，張少鵬，許加平，許平川，許為快，許華雄，連增傑，郭一鳴，郭少堅，陳丹丹，陳正松，陳生好，陳光明，陳成耀，陳志明，陳育明，陳欣耀，陳家偉，陳祥發，陳雪夫，陳德寧，陳蕙婷，章曼琪，彭少衍，曾永浩，黃元弟，黃仰芳，黃皆春，黃展茂，黃祥漢，黃進達，黃業坤，楊俊興，楊劍青，廖坤城，劉文煒，劉坤銘，歐瑞成，潘筱璇，蔡少洲，蔡少偉，蔡思聰，蔡敏思，蔡雪瑩，蔡睿，鄭少偉，鄭木林，鄭玉林，鄭重科，鄭捷明，謝俊平，謝錦鵬，藍國浩，羅少雄，蘇偉昇

續上表

義務法律顧問	吳少溥，周卓如
義務核數師	呂志宏

第九屆（2018.1.1 — 2019.12.31）

首席榮譽會長	李嘉誠
榮譽會長	陳有慶，吳康民
首席會長	戴德豐，林建岳，陳經緯，楊受成，蔡志明，劉鑾鴻，馬介璋，黃楚標，黃光苗，黃楚龍，紀海鵬，郭英成，高佩璇，鄭漢明，劉鳴煒，朱鼎健，劉紹喜
名譽會長	周振基，黃書銳，謝賢團，翁廣松，王再興，趙利生，魏海鷹，陳智思，陳瑞鑫，趙質生
會長	馬亞木，周厚立，張敬石，鄭合明，陳志明，張浩暉
永遠名譽主席	陳偉南，蔡衍濤，莊學山，馬介璋，許學之
創會主席	陳偉南
名譽副主席	劉宗明，吳哲歆，余潔儂，許瑞良，陳統金，陳賢豪
榮譽顧問	高永文，陳茂波，林順潮，紀文鳳，馬時亨，張賽娥，梁劉柔芬，許漢忠，陳鑑林，葉國華，劉宗明，鄭維健，藍鴻震，羅康瑞，江達可，王惠貞，蔡德河，洪克協，方正，羅嘉瑞，陳健波，陳恒鑌，葛珮帆，姚思榮，紀明寶，柯創盛，鄭泳舜
名譽顧問	李蘭篤，林克昌，胡楚南，馬照祥，莊聲源，陳厚寶，隗強，黃松泉，廖烈智，劉奇喆，劉炳章，謝中民，謝喜武，李德康，林超英，胡澤文，馬清煜，莊成鑫，劉靳麗娟，蔡陳葆心，蘇振聲，林鎮洪，葉振南，胡劍江，許瑞勤，張仲哲
名譽會董	巴鎮洲，方文利，王仰德，佘恩典，吳志明，李秉湧，林作輝，林輝耀，林樹庭，林興識，洪新發，孫志文，孫振光，高允波，莊健成，許永滋，郭予端，陳駿平，陳捷貴，陳漢雄，黃同福，黃成林，黃志強，黃展茂，黃萬生，黃榮興，葉年光，葉樹林，廖鐵城，劉文龍，劉坤銘，鄭卓標，鄭俊平，蕭成財，王德財，洪子晴，馬偉武，陳香蓮，鄭俊基，許加平，陳正松，陳生好，陳雪夫，林國光，王晨宙，陳祥發
監事會主席	林建岳
監事會副主席	馬介璋
監事會成員	陳偉南，蔡衍濤，莊學山，許學之，陳有慶
主席	陳幼南
常務副主席	張成雄，莊學海，胡定旭，高永文，馬介欽，陳振彬
副主席	林大輝，楊育城，鄭錦鐘，許瑞勤，張仲哲，胡劍江，林鎮洪，陳愛菁，莊健成，孫志文，林宣亮，胡澤文，胡池
副秘書長	鄭敬凱，張敬川，林楓林，林燕玲

續上表

各委員會主席	張成雄（總務委員會），林宣亮（財務委員會），鄭錦鐘（會員及攝利委員會），陳振彬（地區事務委員會），林大輝（社會及政制事務委員會），馬介璋（盂蘭勝會保育工作委員），陳幼南（慈營基金管理委員會），莊學山（發展委員會），張俊勇（青年委員會），陳愛菁（婦女委員會），馬介欽（培訓委員會），馬介欽（義工委員會）
常務會董 （按姓氏排列）	方平，史立德，佘繼標，吳宏斌，吳茂松，周卓如，周厚立，林孝賢，林宣亮，林建岳，胡炎松，紀明寶，馬介璋，馬僑生，馬鴻銘，高佩璇，高明東，張俊勇，張敬川，梁劉柔芬，莊學山，許義良，許學之，郭一鳴，陳有慶，陳香蓮，陳偉南，陳偉香，陳智文，陳蕙婷，曾永浩，黃書銳，楊政龍，楊玳詩，劉文文，劉宗明，蔡少偉，歐陽成潮，蔡加讚，蔡衍濤，鄭敬凱，顏吳餘英
會董 （按姓氏排列）	孔斐文，方永昌，王文漢，王仰德，王建瑜，王晨宙，王綿財，朱綠君，余秋偉，吳光霖，吳春靈，吳崇南，吳喆，吳漢忠，吳靜玲，李志強，李映洲，李焯麟，李嘉莉，沈振虎，周任國，周松東，周超新，林岱，林月萍，林楚吉，林世豪，林李婉冰，林其龍，林俠彥，林建康，林思俊，林國光，林國良，林梓軒，林淑怡，林雪英，林凱璇，林楓林，林裕添，林澤華，林燕玲，林燕勝，林顥伊，胡澤文，唐大威，孫淑強，馬偉武，馬清揚，馬清楠，馬清鏗，高誠，張少鵬，張仲哲，張浩暉，張敬慧，章曼琪，許平川，許加平，許為快，許華雄，許義良，連喜慶，郭少堅，郭蘭豐，陳丹丹，陳木和，陳仕溢，陳亨達，陳志明，陳志強，陳明勤，陳欣耀，陳育明，陳駿平，陳家偉，陳家義，陳偉明，陳偉泉，陳祥發，陳瑞鑫，陳漢昭，陳賢豪，陳德寧，陳燦標，葉財興，彭少衍，曾永浩，黃仰芳，黃志偉，黃家豪，黃詠霖，黃進達，黃業坤，楊俊興，楊詩傑，楊劍青，廖坤城，劉文煒，劉志成，劉坤銘，劉思漢，劉偉光，歐瑞成，潘筱璇，蔡睿，蔡少洲，蔡思聰，蔡敏思，蔡雪瑩，鄭少偉，鄭木林，鄭捷明，謝俊平，謝喜武，謝錦鵬，藍國浩，羅少雄，龔雅璇
義務法律顧問	吳少溥，周卓如
義務核數師	呂志宏

278

附錄二　香港潮屬社團總會團體會員名錄（2019）

	社團名稱	首長	職銜	地址	地址
1	香港潮州商會	林宣亮	會長	香港	德輔道西 81–85 號九字樓
2	香港九龍潮州公會	馬介欽	主席	九龍	窩打老道 77 號 A 金華樓二樓前座
3	香港汕頭商會	孫志文	會長	香港	干諾道西 42–44 號高富大廈十三樓
4	香港潮商互助社	孫志文	理事長	香港	干諾道西 70–72 號金佑商業大廈 2/F
5	潮僑工商塑膠聯合總會	胡澤文	會長	九龍	尖沙咀柯士甸路 3–3A 號富好中心二樓
6	九龍東潮人聯會	楊育城	會長	九龍	新蒲崗大有街 2 號旺景工業大廈 2 樓 H 座
7	九龍西潮人聯會	潘陳愛菁	會長	九龍	油麻地窩打老道 17 號金石商業大廈 10 字樓
8	香港區潮人聯會	胡池	會長	香港	上環文咸西街 59–67 號金日集團中心 6 字樓 A–D 室
9	新界潮人總會	莊健成	主席	新界	元朗大棠路 11 號光華廣場 1103 室
10	潮僑食品業商會	曾永浩	首席會長	九龍	彌敦道 512 號彌敦大廈 5 字樓前座
11	潮汕三市政協香港委員聯誼會	陳幼南	聯席會長	香港	皇后大道西 11 號荷里活中心 8 樓 A
12	香港潮陽同鄉會	周厚立	會長	香港	永樂街 157–163 號三樓
13	香港潮州市同鄉總會	藍國浩	會長	香港	干諾道西 42–44 號高富大廈 7 字樓
14	香港九龍揭陽同鄉總會	王錫廷	會長	九龍	旺角彌敦道 564 號四樓
15	香港惠來同鄉會	謝飛鵬	理事長	九龍	新蒲崗彩虹道 110–114 號新蒲崗大廈 A 座 2 字樓 5–6 室
16	香港普寧同鄉聯誼會	許義良	會長	九龍	窩打老道 21 號二樓（青年會右鄰）
17	饒平同鄉會	鄭少偉	會長	九龍	觀塘大業街 29 號海洋大廈 2 樓 B
18	香港菴埠同鄉會	楊劍青	會長	香港	皇后大道西 2 號聯發商業中心十七樓 1706 室
19	香港澄海同鄉聯誼會	林雪英	會長	香港	上環永樂街 172–176 號永富商業大廈 8 樓 1 室
20	大埔潮州同鄉會	陳漢昭	主席	新界	大埔懷仁街三號二樓
21	元朗區潮州同鄉會	彭少衍	主席	新界	元朗大馬路 196–202 號三樓 1 室
22	慈雲閣有限公司	連增傑	主席	九龍	慈雲山道 150 號
23	海外潮人企業家協會	陳育明	主席	九龍	旺角弼街 20 號福照工業大廈 11 樓
24	長洲潮州會館	楊劍青	會長	長洲	海旁路 83 號
25	國際潮汕書畫總會	吳哲歆	會長	九龍	觀塘巧明街 109 號榮昌工業大廈 10 字樓 C–F 座
26	香港潮人深水埗同鄉會	周超新	主席	九龍	荔枝角青山道 662 號百生利中心 2 樓 A 室

27	旅港澳頭同鄉會	吳崇南	會長	香港	德輔道西 432 號均益大廈一期閣樓 47 室
28	香港揭陽僑聯聯誼會	陳木和	主席	香港	上環文咸西街 52 號恆發貿易大廈 5 樓 A–B 室
29	香港惠來商會	林八弟	會長	九龍	新蒲崗大有街 34 號新科技廣場 13 樓 19 室
30	新界粉嶺潮州會館	林楚吉	主席	新界	粉嶺馬會道 278 號二樓 C、D 座
31	香港潮僑聯誼會	林甲濱	會長	香港	筲箕灣道 55 號二樓 L 座
32	荃灣潮州福利會	林傑虎	會長	新界	荃灣海壩街 80 號荃灣潮州公學轉
33	香港潮僑公益協進會	連援國	主席	香港	柴灣新廈街玄都岩玄都觀
34	香港柴灣潮僑工商聯誼會	陳大勳	主席	香港	柴灣漁灣邨漁安樓 24A 地下
35	香港潮汕同學會	黃澤祺	主席	香港	德輔道西 81–85 號四字樓
36	香港揭東商會	王錫廷	主席	香港	香港仔郵政郵箱 24577 號
37	揭港青年學生交流協進會	謝俊平	會長	九龍	觀塘通明街 88 號地下 D1C 鋪
38	香港德教紫靖閣	許瑞良	閣長	香港	德輔道西 164–170 號西都大廈 14、15 樓
39	香港潮文化發展總會	吳哲歆	會長	九龍	觀塘巧明街 109 號榮昌工業大廈 10 字樓 C–F 座
40	新界東潮人聯會	蘇振聲	主席	新界	沙田山尾街 31–35 號華樂工業中心二期 16 樓 E2 室
41	香港汕頭濠江同鄉總會	鄭錦鐘	主席	香港	上環永樂街 205–211 號協基商業大廈 14 樓 A 及 B 室
42	香港潮人文藝協會潮劇傳承中心	林雪芸	會長	九龍	觀塘道 460–470 號觀塘工業中心 2 期 5 樓 R 室

附錄三　香港潮屬社團總會大事記（2000 — 2019）

2000 年

- 10 月 18 日，香港潮州商會第四十二屆會長陳偉南邀請全港主要潮屬社團首長舉行聚餐會，共商潮屬社團聯合的發展大計；提議得到熱烈響應，經過多次商談，達成共識，決定成立香港潮屬社團總會。

2001 年

- 10 月 9 日，在創會主席陳偉南、副主席唐學元及一眾潮商領袖的組織和推動下，香港潮屬社團總會宣告正式成立。第一屆主席陳偉南，副主席唐學元、馬松深、歐陽成潮、劉宗明、佘繼標，任期至 2003 年 12 月 31 日。

2002 年

- 4 月 23 日，香港潮屬社團總會成立暨第一屆會董就職典禮在香港金鐘太古廣場舉行，儀式由中央政府駐港聯絡辦鄒哲開副主任、李嘉誠博士、莊世平先生主禮，香港各界知名人士、潮汕三市和各屬縣的官員及來自廣州、深圳、澳門和海外的嘉賓五百多人應邀出席。
- 5 月，出版《香港潮屬社團總會會訊》第一期。
- 6 月 1 日，香港潮屬社團總會與中國中醫藥科學院與香港名醫陳映山學術研究中心、和記黃埔地產有限公司聯合舉辦慶「六一」贈醫施藥兒童古箏表演公益活動。
- 6 月 9 日至 12 日，香港潮屬社團總會策劃組織的「香港潮屬社團總會·香港新聞界高層潮汕三市訪問團」前往汕頭、潮州、揭陽三市參觀考察，總會主席陳偉南擔任名譽團長，總會副主席唐學元、歐陽成潮及港府駐粵經貿辦主任梁百忍擔任名譽顧問。
- 8 月 14 日，在潮州會館十樓禮堂舉行「維護祖國統一」座談會。
- 12 月 8 日，香港潮屬社團總會組團赴穗參加第二屆世界廣東同鄉聯誼大會及汕頭市首屆旅遊節，共一百二十多人參加，團長為總會主席陳偉南。
- 本年，主席陳偉南、副主席唐學元一行七人，拜訪廣東省僑務辦公室，獲主任呂偉在等熱情接待。

2003 年

- 3 月 25 日，因非典型肺炎（亦稱「沙士」）肆虐，情況嚴重，香港潮屬社團總會率先於數家報紙刊登啟事，向本港護理人員致意，並呼籲社會各界團結起來，共同對抗「沙士」；總會同時致函醫管局，向前線醫護人員表示敬意，對受到「沙士」感染者，亦致以慰問。
- 10 月 18 日，香港組織本地八間大學部分資深學者及高層管理人員共三十餘人，前往汕頭、潮州及揭陽三市，進行為期四天的訪問。
- 11 月 21 日至 24 日，第十二屆國際潮團聯誼年會在新加坡舉行，香港潮屬社團總會組成一百八十多人代表團赴會交流。
- 12 月 29 日，香港潮屬社團總會在潮州會館舉行主席帥印移交儀式，第一屆主席陳偉南作會務總結報告，並將帥印移交第二屆主席蔡衍濤。
- 本年，香港潮屬社團總會在灣仔海港潮州酒樓舉行新春敬老活動，表彰旅港年長鄉親對社會的貢獻。
- 香港潮屬社團總會為了解國內和香港更密切經貿合作，組團赴深圳及東莞參觀佘繼標副主席屬下之新生電機科技集團。
- 香港潮屬社團總會一行四十餘人赴閩南訪問，中聯辦副主任鄒哲開為名譽會長，陳偉南為團長，旅港福建商會理事長林廣兆為高級顧問。

2004 年

- 1 月 1 日，香港潮屬社團總會第二屆會董會正式上任，任期兩年。主席蔡衍濤，副主席馬松深、劉宗明、佘繼標、劉奇喆、唐宏洲。

- 2 月 12 日，在潮州會館舉行香港潮屬社團總會與廣州外商投資企業商會締結為友好商會的簽署儀式，蔡衍濤主席及梁智副會長代表雙方簽署。
- 4 月 21 日至 24 日，香港潮屬社團總會與香港潮州商會舉辦「潮汕訪問團」，由陳偉南任名譽團長，蔡衍濤任團長，一行三十三人，赴汕頭市、潮州市、揭陽市、揭西縣、饒平縣及汕頭市的潮南區和潮陽區等地訪問。
- 7 月 16 日至 20 日，香港潮屬社團總會應甘肅省政府之邀，組高層訪問團前往甘肅、蘭州及敦煌等地作為期五天的考察及參觀，以了解西北經濟發展與商機。
- 7 月 25 日，香港潮屬社團總會組團參加在廣州舉行的「粵港澳潮籍社團 CEPA 座談會」，粵港澳三地潮籍社團首腦就 CEPA 實施情況及如何深化商機各抒己見。
- 11 月 7 日，香港潮屬社團總會接待廣東省政府副主席李統書率領的廣東海外聯誼會訪問團。
- 11 月 10 日，香港潮屬社團總會接待甘肅省委韓忠信副書記一行。
- 本年，香港潮屬社團總會與香港潮州商會舉辦「澳瑪三號汕頭之旅」，訪問團一行二百一十餘人，由總會主席蔡衍濤及創會主席陳偉南、潮州商會副會長許學之帶領，展開汕頭南澳之旅。
- 香港潮屬社團總會名譽會董陳強先生捐贈二百五十萬元予嶺南大學並出席該校社區學院的平頂禮儀式。
- 香港潮屬社團總會捐款支持肇慶教育基金。

2005 年

- 春，香港潮屬社團總會與香港潮州商會舉行「新春行大運旅行之深圳一天遊」，以增進會員間的聯繫，一行共一百六十多人。
- 3 月 18 日，香港潮屬社團總會貿與香港潮州商會祝賀鄒哲開先生榮任福建省政協副主席。
- 7 月 16 日，香港潮屬社團總會由主席蔡衍濤率團，一行三十人前往廣州珠江帝景酒店出席 2005 年粵港澳潮籍社團共建和諧社會座談會。
- 9 月 15 日，香港潮屬社團總會在九龍尖沙咀太空館會議廳舉行「邁向和諧新里程‧慶祝中華人民共和國成立五十六周年國慶煙花匯演」新聞發佈會。
- 10 月 1 日，香港潮屬社團總會於維港兩岸舉行「邁向和諧新里程」國慶煙花匯演，慶祝中華人民共和國成立五十六周年，共發放三萬枚煙花，吸引數十萬市民、遊客在維港兩岸觀賞。
- 12 月 21 日至 23 日，香港潮屬社團總會聯同鄧穎超紀念館等機構合辦的「周恩來青年時代業績展覽」在香港潮州會館禮堂舉行。
- 12 月，香港潮屬社團總會於潮州會館舉行第二屆與第三屆會董會印信交接儀式。在創會主席陳偉南主持下，新一屆主席莊學山從上屆主席蔡衍濤手中接過帥印。
- 本年，香港潮屬社團總會由主席蔡衍濤及創會主席陳偉南共同主持頒發獎助學金，八名品學兼優的潮籍學生分別獲頒五千元以資獎勵。
- 香港潮屬社團總會在荃灣豐盛酒樓舉行耆英聯歡晚宴，招待總會轄下七十歲以上三百多位耆英。
- 香港潮屬社團總會捐贈三十萬元予香港中文大學，用作支持該校非本地生獎勵計劃。
- 香港潮屬社團總會在潮州會館舉行宴會，宴請內蒙古自治區副主席余德輝等一行。
- 以雲南省政府僑務辦副主任楊光民為首的中國西南省區市僑務辦公室訪問團，訪問香港潮屬社團總會及香港潮州商會。
- 香港潮屬社團總會捐建雲浮金雞咀生態文明村，會董郭少堅等出席慶賀。
- 香港潮屬社團總會在潮州會館舉行香港潮屬社團總會 2005 年度獎助學金頒發儀式。
- 香港潮屬社團總會聯同周恩來鄧穎超紀念館等合辦的「與自然對話——池田大作攝影展」在潮州市舉行。
- 香港潮屬社團總會宴請澳洲潮州同鄉會周光明會長等一行。

2006 年

- 1 月 1 日，香港潮屬社團總會第三屆會董會正式上任，任期兩年。主席莊學山，副主席唐宏洲、周厚澄、馬介璋、林克昌、吳哲歆。

- 春，香港潮屬社團總會舉行丙戌年新春團拜。

- 3 月 17 日至 18 日，香港潮屬社團總會與香港潮州商會舉行新春行大運——寶墨園、全新長隆大馬戲、嶺南水鄉兩天遊，暢遊中山、順德和番禺。

- 3 月 31 日，香港潮屬社團總會在香港中區大會堂美心皇宮舉行第三屆會董就職典禮聯歡宴會。

- 10 月 14 日至 16 日，香港潮屬社團總會與香港潮州商會舉辦「三代海外潮人尋根之旅」，由馬介璋率領二百四十多人乘坐「亞洲之星」郵輪赴汕頭作三天兩夜的潮汕尋根之旅。

- 11 月 17 日晚，香港潮屬社團總會創會主席陳偉南率領來自香港潮屬社團總會、香港潮州商會、香港九龍潮州公會、香港汕頭公會、香港澄海同鄉會近五百港人與來自澳門、新加坡、泰國、馬來西亞等國家和地區的僑團、僑親、在澄外商投資企業代表等近千人歡聚一堂。

- 12 月 15 日至 17 日，香港潮屬社團總會、香港潮州商會及證券商協會為祝賀汕頭市林百欣寶珠圖書館落成開幕，分別組團由香港潮屬社團總會副主席馬介璋任團長，陳偉南、唐學元、蔡衍濤任名譽團長率領的八十多人代表團出席。

- 12 月 17 日至 18 日，香港潮屬社團總會創會主席陳偉南，永遠名譽主席蔡衍濤，副主席吳哲歆、劉宗明、林克昌等率母出席在潮州市舉行的國學大師「饒宗頤學術館新館落成剪綵儀式暨饒宗頤學術研討會」。

- 本年，香港潮屬社團總會和香港潮州商會首長將兩會籌得的賑災款一百二十萬元交中聯辦轉帶潮汕三市。

- 香港潮屬社團總會在上環潮屬會館禮堂第三屆第七次會董會會議，計劃於 2007 年第一季舉辦越南考察團，尋找新商機。

- 香港潮屬社團總會舉行 2006 年度周年大會及香港潮屬社團總會 2006 年度獎學金頒發儀式，共有九名學業及品行成績優異的學生得獎。

2007 年

- 1 月 24 日，香港潮屬社團總會和香港潮州商會宴請汕頭市黃志光書記、蔡宗澤市長一行。

- 3 月 11 日至 14 日，香港潮屬社團總會與香港潮州商會舉辦「越南考察團」，由香港潮屬社團總會主席莊學山任團長，往越南河內、海防等地考察訪問。

- 6 月 18 日至 19 日，香港潮屬社團總會與香港潮州商會組團出席潮州市委市政府舉辦，主題為「古橋煥彩，名城增輝」的第二屆文化旅遊節。

- 8 月 3 日至 6 日，香港潮屬社團總會內蒙訪問團到呼和浩特、錫林浩特及二連浩特市參觀考察。

- 11 月 2 日至 4 日，第十四屆國際潮團聯誼年會在澳洲悉尼市舉行，香港潮屬社團總會組成一百四十人的香港代表團赴會。

- 12 月中，香港潮屬社團總會主席莊學山在潮州會館與香港各大報章雜誌三十多名編輯和記者茶敍聯歡。

- 12 月 25 日至 28 日，香港潮屬社團總會主席莊學山為團長的香港潮籍人士大連考察團一行近二十人，前赴遼寧省大連市參觀訪問。

- 12 月，香港潮屬社團總會第三屆、第四屆會董會交接儀式在潮州會館舉行。

- 本年，香港潮屬社團總會榮譽會長莊世平、名譽會長饒宗頤、主席莊學山及創會主席陳偉南等在跑馬地英皇駿景酒店設宴歡迎由澳洲潮州同鄉會會長第十四屆國際潮團聯誼年會籌委會主席周光明率領的澳洲同鄉訪港團一行十二人。

- 香港潮屬社團總會與香港潮州商會接待越南投資銀行陳北河行長率領的銀行高層和越南企業家代表團。

- 香港潮屬社團總會等十個社團代表出席「同齡同心十載情」活動，與 1997 年 7 月 1 日出生之小朋友赴禮賓府接受特首曾蔭權伉儷祝賀。

- 香港潮屬社團總會首長接待潮州市統戰部沈啟綿部長一行。

- 香港潮屬社團總會各屬會秘書應汕頭市海外聯誼會之邀，往汕頭及福建漳州觀光考察。

2008 年

- 1 月 1 日，香港潮屬社團總會第四屆會董會正式上任，任期兩年。主席馬介璋，副主席吳哲歆、劉宗明、林榮森、朱其崑。

- 3 月 20 日，香港潮屬社團總會第四屆會董就職典禮假香港會議展覽中心舊翼二樓會議廳舉行。

- 4 月，香港潮汕同學會成立，隸屬香港潮屬社團總會公關部。

- 5 月 6 日至 10 日，香港潮屬社團總會與香港潮州商會粵東訪問團一行四十餘人，訪問汕尾、揭陽、潮州及汕頭四市，訪問團由馬介璋主席任團長。香港潮屬社團總會將舉辦培訓班，每期一週，每市各派出十人到港受訓，培訓對象為各市之中高層幹部，由大學教授及專家授課；本年安排四期，分別為：外事僑務、金融財經、城市規劃及民營企業，每期的培訓費用約三十萬至五十萬元不等，由陳偉南、馬介璋、黃書銳等總會首長贊助。

- 5 月 20 日，四川省汶川縣發生八級大地震，香港潮屬社團總會捐款二百萬元支援地震災區；香港潮屬社團總會又與香港潮州商會於全國致哀日翌日在多家報紙刊登勵志廣告。

- 6 月 15 日至 29 日，香港潮屬社團總會、香港潮州商會等合辦的「領匯潮州節」在黃大仙龍翔中心、天水圍天澤商場、樂富中心、油塘鯉魚門廣場及藍田啟田商場巡迴舉行。

- 6 月 22 日至 25 日，香港潮屬社團總會、香港潮州商會等機構主辦的「功在家國，垂範長江——莊世平光輝事跡展」在香港大會堂展覽廳舉行；7 月 3 日起，在廣州、澳門等地巡迴展出。

- 7 月 27 日至 8 月 2 日，香港潮屬社團總會舉辦首期粵東四市高級管理人員香港研討班，共三十三名學員；8 月 24 日至 30 日，舉辦第二期培訓班，學員三十三人；11 月 2 日至 8 日，舉辦第三期培訓班，共三十二名學員。

- 10 月底，香港潮州商會會長許學之率領商會及香港潮屬社團總會一行三十六人，前往北京參加饒宗頤教授學術藝術展開幕式及第三屆潮商大會。

- 11 月 11 日至 12 日，香港潮屬社團總會與香港潮州商會聯合組團，由馬介璋主席及許學之會長任團長，一行六十多人，前赴汕頭市出席由廣東省僑辦、省外經貿廳主辦的首屆粵東僑博會暨汕頭市經貿洽談會。

- 11 月 28 日，香港潮屬社團總會在潮州會館舉行本年度周年大會，主席馬介璋報告過去一年會務概況，省覽及通過 2007 年度財務報告，並討論聘請下年度義務核數師；會務進行獎學金、助學金頒贈儀式，十七位成績優異的潮籍學子從首長手上接過證書。

- 本年，香港潮屬社團總會與香港潮州商會出版《潮汕學子在香港》。

- 香港潮屬社團總會與香港潮州商會積極組織一眾來自潮汕本土於香港八家大學攻讀博士、碩士及學士學位的學子，初步估計這群年輕學子約有近百人。

- 香港潮屬社團總會招待到訪的廣東省副省長萬慶良一行約二十人，雙方就粵東未來發展等問題進行交流。

- 香港潮屬社團總會與香港潮州商會首長拜訪文匯報。

2009 年

- 4 月 16 日至 19 日，香港潮屬社團總會與香港潮州商會、領匯公司、陳鑑林議員辦事處舉辦在黃大仙慈雲山中心、油塘鯉魚門廣場、黃大仙龍翔中心及天水圍天澤商場舉辦第三屆「領匯潮州節」。

- 7 月 1 日，香港潮屬社團總會與香港潮州商會應邀參加香港中華總商會組成之巡遊隊伍，參加「香港各界慶祝回歸祖國十二周年大巡遊」，參加者約一百三十人。

- 8 月 3 日，香港潮屬社團總會與香港潮州商會、紫荊雜誌社合辦的「建國六十周年中學生攝影賽」在香港潮州商會禮堂舉辦新聞發佈會。

- 9 月 18 日，由香港潮屬社團總會等三十多個主要香港潮籍社團組成的香港潮屬各界慶祝中華人民共和國國慶籌委會，在港島香格里拉大酒店舉行慶祝中華人民共和國成立六十周年酒會。

- 10 月 9 日，香港潮屬社團總會主辦的第五期粵東地區高級管理人員香港研討班（專題為「醫療及衛生福利」），到香港潮州商會訪問，並在該會禮堂舉行結業典禮。

- 11 月 17 日至 19 日，由香港潮屬社團總會主席馬介璋任團長率領的香港代表團出席在廣州舉行的「第十五屆國際潮團聯誼年會」，香港代表團共二百多人；其後，在香港潮屬社團總會副主席林榮森率領下，部分香港代表到訪粵東汕尾市。

- 11 月 27 日，由香港潮屬社團總會主辦、為期一週的第六期粵東地區高級管理人員香港研討班「婦女事務管理及領袖培養」專題課程，在潮州會館大禮堂舉行結業典禮。
- 12 月 2 日，香港潮屬社團總會組團赴廣州訪問，獲黃華華省長等多位領導熱情接見。
- 12 月 30 日，香港潮屬社團總會第四屆、第五屆會董會交接儀式於潮州會館舉行。
- 12 月 30 日，港潮屬社團總會在潮州會館舉行 2009 年度周年大會暨獎助學金頒發儀式，馬介璋主席作會務工作報告，省覽上年度財務報告，聘請下年度核數師等。
- 12 月，香港潮屬社團總會、香港潮州商會、紫荊雜誌社聯合舉辦的「建國六十周年中學生攝影賽」公佈賽果。
- 本年，香港潮屬社團總會與香港潮州商會為推行由特區政府及禁毒常務委員會推出的「友出路」計劃，宣傳「禁毒」訊息，在潮州會館大廈外牆掛上大型宣傳標語，締造無毒的關懷文化。
- 香港潮屬社團總會舉辦第四期粵東四市高級管理人員香港研討班，培訓班專題為「民營企業」，共三十六名學員。
- 香港潮屬社團總會與香港潮州商會在潮州會館接待新沂市人民政府及紹興潮州商會的嘉賓。
- 在香港潮屬社團總會與香港潮州商會支持下，旅港潮汕同學舉辦「就業實習交流會」。
- 香港潮屬社團總會與香港潮州商會首長接待新加坡潮州八邑會館會長吳南祥伉儷，陪同新加坡駐香港澳門總領事柯新治鄉彥蒞會訪問。

2010 年

- 1 月 1 日，香港潮屬社團總會第五屆會董正式上任，任期兩年。主席許學之，副主席林榮森、余潔儂、許瑞良、楊劍青。
- 本年初，汕頭市委書記黃志光、市長蔡宗澤、市政協主席于雲臣等一行到訪香港潮屬社團總會及香港潮州商會。
- 3 月 23 日，香港潮屬社團總會在香港會議展覽中心舊翼二樓會議廳舉行第五屆會董就職典禮。
- 3 月 28 日，香港潮屬社團總會、香港普寧同鄉聯誼會首長和會董以及莊世平家屬共一百零八人組團，出席莊世平博物館和普寧華僑醫院新住院大樓落成慶典。
- 4 月 14 日，青海省玉樹發生七點一級大地震；19 日，香港潮屬社團總會與香港潮州商會捐贈港幣一百萬元予中聯辦轉交災區。
- 5 月 6 日晚，香港潮屬社團總會在潮州會館舉行座談會暨晚宴，歡送離任的中央人民政府駐香港聯絡辦公室前秘書長趙廣廷先生。
- 5 月 11 日，香港潮屬社團總會及香港潮州商會在潮州會館接待汕頭市政協委員會嘉賓，並作友好會談。
- 8 月 6 日至 11 日，香港潮屬社團總會與香港潮州商會組織「慶賀饒宗頤教授九五華誕敦煌團」，合共逾百人在許學之團長帶領下前赴敦煌為饒公祝壽。
- 8 月 8 日，由中央文史研究館、敦煌研究院、香港大學饒宗頤學術館主辦，香港潮屬社團總會、香港潮州商會等協辦的「莫高餘馥──饒宗頤敦煌書畫藝術特展暨九五華誕壽宴」，在世界文化遺產莫高窟腳下的敦煌研究院開幕。
- 11 月 15 日，汕頭市委書記李鋒一行到訪香港潮屬社團總會及香港潮州商會，雙方進行友好交流。
- 本年，香港潮屬社團總會四十八位首長及會董組團赴汕頭市，祝賀新上任的汕頭市委書記李鋒。
- 香港潮屬社團總會就「香港應否申辦 2023 年亞洲運動會（亞運會）」舉行研討會，會董及成員包括蕭成財、黃成林、陳捷貴、李東江及吳茂松等發表意見。
- 香港潮屬社團總會主辦的第七期及第八期粵東地區高級管理人員香港研討班圓滿結束，來自汕頭、汕尾、潮州及揭陽四市，與「教育事務」及「交通管理與物流」兩個專題相關的七十五位學員參加了學習，分別在潮州會館禮堂舉行結業典禮及獲頒發結業證書。
- 普寧市委副書記陳群峰等一行及香港普寧同鄉聯誼會多位首長到訪香港潮屬社團總會。
- 肇慶市人民政府副市長黃玲等一行到香港潮屬社團總會訪問。

2011 年

- 1 月 1 日，香港潮屬社團總會贊助舉辦的「2011 年香港之健力龍獅——香江活動」在尖沙咀舉行，活動集結了二千二百人同時舞動一千一百一十一頭醒獅五分鐘，成功刷新最多人同時舞獅的世界紀錄。

- 1 月 6 日，香港潮屬社團總會在潮州會館舉行 2010 年度周年會員大會暨獎助學金頒發儀式，許學之主席作會務工作報告，並省覽上年度財務報告，聘請下年度核數師，通過將總會註冊為有限公司等。

- 3 月 17 日，香港潮屬社團總會與香港潮州商會組成的禁毒小組舉行會議，決定聯合成立禁毒小組，由許學之和陳幼南為召集人。

- 6 月 21 日，由武漢市政府、香港文匯報主辦，香港潮屬社團總會、香港潮州商會參與合辦的「辛亥革命文物圖片香港特展」，在香港中央圖書館舉行開幕儀式。

- 6 月 28 日，由香港各界文化促進會、香港潮屬社團總會及香港潮州商會合辦的「一代偉人周恩來」大型專題展覽，在香港中央圖書館舉行開幕儀式。

- 8 月 29 日，香港的潮人盂蘭勝會成功申請為國家級非物質文化遺產，本日在北京舉行頒牌儀式；31 日，為慶祝香港潮人盂蘭勝會成功列入「國家非物質文化遺產名錄」，香港潮屬社團總會在灣仔佳寧娜潮州菜舉行慶祝晚宴。

- 9 月 19 日，由香港數百名潮籍各界知名人士和香港潮屬社團總會等三十多個主要香港潮籍社團組成的香港潮屬各界慶祝中華人民共和國國慶籌委會，在港島香格里拉大酒店舉行慶祝中華人民共和國成立六十二周年國慶酒會。

- 10 月 19 日晚，由香港潮屬社團總會、潮州市委、潮州市政府、香港大學、香港中文大學、香港潮州商會及潮州海外聯誼聯會主辦的「饒宗頤星」命名儀式暨慶賀酒會，在香港賽馬會跑馬地會所青雲閣舉行。

- 11 月 1 日至 3 日，香港潮屬社團總會等團體代表出席在馬來西亞舉行的「第十六屆國際潮團聯誼年會」。

- 12 月 1 日，「潮州美食節」在中環遮打花園舉行。

- 12 月 17 日，香港潮屬社團總會訪問團赴惠州市參觀訪問。

- 12 月 29 日，香港潮屬社團總會舉行第五屆、第六屆會董交接儀式。身兼香港潮州商會會長的陳幼南在香港潮屬社團總會創會主席陳偉南主持的交接儀式上，接下第五屆會董會主席許學之移交的印信，就任第六屆香港潮屬社團總會主席。

- 本年，香港潮屬社團總會名譽會長饒宗頤榮獲國際天文聯盟小行星中心命名編號 10017 小行星為「饒宗頤星」。

- 香港潮屬社團總會與潮州海外聯誼會、香港潮州商會合辦的「密切潮港合作，加快轉型升級」專題座談會在潮州會館會議廳舉行，邀請到香港浸會大學工商管理學院副院長陳潔光、證券商協會主席蔡思聰任主講嘉賓。

2012 年

- 1 月 1 日，香港潮屬社團總會第六屆會董正式上任，任期兩年。主席陳幼南，副主席林榮森、余潔儂、許瑞良、黃成林。

- 本年初，香港潮屬社團總會訪問團出席「深圳第五次潮商大會」。

- 5 月，香港潮汕同學會從原先隸屬於香港潮屬社團總會公關部發展成為總會的團體成員之一。

- 9 月 11 日至 17 日，香港潮屬社團總會應國務院僑務辦公室邀請，由主席陳幼南任團長赴北京、青海考察訪問。

- 9 月，由香港數百名潮籍各界知名人士和香港潮屬社團總會等三十多個主要香港潮籍社團組成的香港潮屬各界慶祝中華人民共和國國慶籌委會，在港島香格里拉大酒店舉行慶祝中華人民共和國成立六十三周年國慶酒會。

2013 年

- 2 月 27 日，廣東省副省長招玉芳到訪香港潮屬社團總會，雙方就進一步推動粵港合作踴躍交流。

- 4 月，四川雅安蘆山發生七級大地震，香港潮屬社團總會短時間內籌措了一百萬元，透過中聯辦將善款轉交災區。

- 本年中，舉行第十三期粵東地區高級管理人員香港研討班（社會管理與慈善事業專題）。

- 6 月 11 日，國務院僑務辦公室主任裘援平一行到訪香港潮屬社團總會，並出席港澳粵籍社團青年工作交流會。

- 8 月 2 日，香港潮屬社團總會在會館大禮堂舉行「香港潮人盂蘭勝會傳承保育座談會」，就如何辦好及宣傳盂蘭

勝會集思廣益，交流經驗。

- 8 月 24 日，香港潮屬社團總會在樹仁大學國際會議中心舉行「盂蘭勝會研討會」，邀請香港及內地專家學者講述各地盂蘭勝會規模特色及舉辦情況。

- 9 月 17 日，由香港數百名潮籍各界知名人士和香港潮屬社團總會等三十多個主要香港潮籍社團組成的香港潮屬各界慶祝中華人民共和國國慶籌委會，在港島香格里拉大酒店舉行慶祝中華人民共和國成立六十四周年國慶酒會。

- 9 月 27 日，第十七期粵東地區高級管理人員香港研討班（食物安全與品牌信譽），在會館禮堂舉行結業典禮。

- 10 月 12 日至 14 日，香港潮屬社團總會舉辦「廣東名山三天遊」，組織屬下各社團百多人登高遠足、欣賞廣東名山。

- 11 月 12 日至 14 日，香港潮屬社團總會與香港潮州商會組成七十四人的香港代表團，出席國際潮團總會在湖北武漢舉行的「第十七屆國際潮團聯誼年會」。

- 11 月 22 日，加拿大潮商會林少毅主席與加拿大安大略省潮州會館會長黃明亮等旅加潮籍鄉賢到訪香港潮屬社團總會。

- 12 月 4 日，香港潮屬社團總會主席陳幼南及在港潮籍企業家在潮州會館接待福建省委常委、廈門市委書記王蒙徽一行。

- 12 月 11 日，香港潮屬社團總會選舉委員會召開會議，就選舉第七屆會董進行商討，推薦陳幼南連任總會主席。

- 12 月 30 日，香港潮屬社團總會舉行「2013 年度周年會員大會」、「2013 年度獎助學金頒發儀式」及「第六屆、第七屆會董會換屆儀式」。

- 本年，香港潮屬社團總會在北角富臨皇宮舉行「2013 年度耆英聯歡大會」，年屆九十五歲的創會主席陳偉南任主禮嘉賓，與數百名長者分享其人生智慧。

- 民政事務總署陳甘美華署長與香港潮屬社團總會主席陳幼南等首長及部分盂蘭勝會代表晤面，共商做好本年盂蘭工作。

- 加拿大聯邦耆老事務國務部長黃陳小萍與夫婿黃以諾教授，到訪香港潮屬社團總會及香港潮州商會。

2014 年

- 1 月 1 日，香港潮屬社團總會第七屆會董正式上任，任期兩年。主席陳幼南，常務副主席張成雄、陳智思、莊學海，副主席吳漢增、周厚澄、林大輝、林鎮洪、胡定旭、馬介欽、陳南坡、陳振彬、陳統金、陳賢豪、楊育城、劉鳴煒、鄭錦鐘。

- 1 月 4 日，香港潮屬社團總會與國家林業局、中國綠化基金會、香港文匯報合辦的「弘揚生態文明．建設美麗中國——翰墨書香中國名家書畫展」在香港國際創價學會文化會館開幕，展出一百六十幅書畫精品。

- 1 月 27 日，香港潮屬社團總會在潮州會館大禮堂舉辦盂蘭勝會傳承保育座談會，邀請全港各區盂蘭勝會負責人總結 2013 年盂蘭勝會的傳承和保育工作，探討 2014 年做好盂蘭勝會各項工作的措施。

- 1 月，出版《香港潮屬社團總會會訊》新 1 期（總第 15 期），定為季刊。

- 3 月 6 日晚，香港潮屬社團總會在潮州會館十樓大禮堂舉行大會，歡迎中聯辦林武副主任范會指導。

- 3 月 19 日，廣東省政府僑務辦主任吳銳成率省僑辦訪問團一行四人到訪香港潮屬社團總會。

- 3 月 31 日，由潮州市青聯主席王曉霞為團長，潮州市青商會會長陳曉丹、工銀亞洲個人金融部副總經理蔡植偉成副團長的潮州市青聯、青商會訪問團，到訪香港潮屬社團總會。

- 4 月 1 日，廣州市委統戰部部長陳明德一行到訪香港潮屬社團總會。

- 4 月 9 日，廣東省政協副主席唐豪率領的省政協代表團到訪香港潮屬社團總會。

- 4 月 11 日至 13 日，由中聯辦副主任林武任榮譽顧問、香港潮屬社團總會主席陳幼南任團長的「潮汕高鐵訪問團」，一行六百多人，到汕頭、潮州、揭陽參觀訪問。

- 4 月 17 日，廣東省委常委、統戰部部長、廣東省海外聯誼會會長林雄率領代表團到訪香港潮屬社團總會。

- 4 月 17 日，新加坡潮州八邑會館顧問吳南祥、主席陳輝明率領的海外訪問團到訪香港潮屬社團總會。

- 4 月 30 日，香港潮屬社團總會政改座談會於港九潮州公會中學大禮堂舉行，座談會由常務會董張成雄主持。

- 5 月 24 日，汕頭市委常委、統戰部部長馬逸麗帶領的汕頭市青年企業家代表團到訪香港潮屬社團總會。

- 6 月 4 日，中聯辦九龍工作部部長何靖、九龍東潮人聯會會長楊育城到訪香港潮屬社團總會。

- 6 月 6 日至 8 日，「香港龍舟嘉年華」一連三天舉行龍舟競渡盛事，香港潮屬社團總會是協辦機構，主席陳幼南出席了開幕儀式；香港旅遊發展局主席、香港潮屬社團總會監事會主席林建岳致開幕辭，總會副主席張成雄頒獎予獲得冠軍的東莞市代表隊。

- 6 月 15 日，香港潮屬社團總會義工隊加入香港義工聯盟及出席啟動禮暨社區服務日活動。

- 6 月 15 日，香港潮屬社團總會副主席陳統金、會董邱長喜等以該會義工名義，帶領同仁鄉親到香港仔渣甸山大坑道「佛教李嘉誠護理安老院」探望長者。

- 6 月 26 日，香港潮屬社團總會邀請港區全國人大代表、香港特別行政區基本法委員會委員譚惠珠，為各屬會及會董、同人講解白皮書。

- 7 月 13 日，香港潮屬社團總會與香港福建社團聯會合辦「凝聚正能量，共築中國夢——閩潮一家親青年專列故鄉行」，六百閩潮青年出發走訪廈門、古田、汕頭、潮州。

- 7 月 15 日，特首梁振英於禮賓府宴請香港潮屬社團總會首長，並就香港政經情況進行探討。

- 7 月 21 日，香港潮屬社團總會與多個潮籍社團負責人與民政事務總署陳甘美華署長，就本年盂蘭勝會的活動交換意見。

- 8 月 17 日，香港潮屬社團總會參加「保普選‧反佔中」大遊行，並動員各潮屬社團約一萬人參與。

- 8 月 19 日，香港潮屬社團總會第七屆會董就職典禮假香港會議展覽中心新翼三樓大禮堂舉行。

- 9 月 18 日，由香港數百名潮籍各界知名人士和香港潮屬社團總會等三十多個主要香港潮屬社團組成的香港潮屬各界慶祝中華人民共和國國慶籌委會，在港島香格里拉大酒店舉行慶祝中華人民共和國成立六十五周年國慶酒會。

- 9 月 19 日，香港潮屬社團總會主辦的第十五期粵東地區高級管理人員香港研討班「青年事務管理及領袖培訓」專題課程圓滿結束。

- 9 月 24 日，盂蘭勝會保育工作委員會舉行座談會，就香港盂蘭勝會申遺成功進入第四年，如何推廣和創新潮人的盂蘭勝會，集中各方資源，將其辦成普天同慶的嘉年華作為題中之義，座談會由陳幼南主席及盂蘭勝會保育工作委員會主任馬介璋主持。

- 9 月 26 日，香港潮屬社團總會主辦的第十六期粵東地區高級管理人員香港研討班「土地規劃及房屋管理」專題課程圓滿結束。

- 10 月 19 日，香港潮屬社團總會約二十人由林楓林總幹事帶領組隊，參加香港嶺南大學舉辦的嶺步同行籌款活動。

- 11 月 4 日，香港潮屬社團總會在會館接待廣東省政府文史研究館嘉賓。

- 11 月 5 日，泰國潮州會館訪問團，由主席蔡漢強任團長，一行四十人到訪香港潮屬社團總會。

- 11 月 10 日，香港潮屬社團總會與政府環保署及康文署在潮州會館舉行座談，就盂蘭勝會舉辦期間的煙灰及噪音問題聽取意見。

- 11 月 19 日，香港潮屬社團總會及國際潮團總會接待由湖北省鄂州市委書記李兵帶領的代表團。

- 11 月 26 日，香港潮屬社團總會在北角富臨皇宮舉辦「2014 年度耆英聯歡大會」。

- 11 月 30 日，香港潮屬社團總會、莊世平基金會及香港普寧同鄉聯誼會普寧訪問團，一行七十人到普寧市進行訪問。

- 12 月 1 日，香港潮屬社團總會為加強與區議會的聯繫，特邀潮籍區議員舉辦座談會。

- 12 月 11 日，國際中醫藥大學訪問團一行十人，由榮譽董事長葉向真女士及董事長陳益石教授率領下，到訪香港潮屬社團總會。

- 12 月 14 日，香港潮屬社團總會組織六千會員鄉親免費同遊慈山寺，不少屬會趁此機會安排一日遊，加入其他景點。

- 12 月 18 日，香港潮屬社團總會舉行「2014 年度周年會員大會」，近百人出席會議，陳幼南作會務報告，大會通過了本年財務報告。

2015 年

- 1 月 8 日，香港潮屬社團總會舉行 2014 年度獎助學金頒發儀式。

- 1 月 19 日，李水華履新潮州市委書記，特到港訪問香港潮屬社團總會，同行有副書記、代市長盧淳杰，市委常委、統戰部部長徐和，以及潮州市外事僑務局局長朱圓圓等。

- 1 月 24 日至 25 日，香港潮屬社團總會組織各屬會秘書和義工骨幹舉辦的義工研習班，一連兩日在東莞舉行，有五十多名來自三十多個屬會的秘書和義工參加。

- 2 月 26 日，香港潮屬社團總會、香港潮州商會乙未年新春團拜暨慶賀饒宗頤教授百歲華誕，在香港金鐘道 88 號太古廣場香港 JW 萬豪酒店舉行。

- 4 月 9 日至 11 日，由香港潮屬社團總會常務會董兼青委常委副主任張俊勇任團長，會董胡炎松、陳光明任副團長的「師友傳承」之潮汕體驗團一百二十多人赴潮汕地區交流學習。

- 4 月 28 日，香港潮屬社團總會主席陳幼南率訪問團訪問清華大學；在京期間還參加饒宗頤教授百歲華誕書畫展、國際潮籍博士聯合會北京秘書處掛牌儀式，並拜訪北京市潮商會。

- 5 月 19 日，由汕頭市政協副主席宋榮生率領，包括汕頭市政協五位領導鄔佳玲、林小斌、陳華佳，以及王壁光、鄭嘉等組成的訪問團，來港訪問香港潮屬社團總會及香港潮州商會。

- 6 月 2 日，香港潮屬社團總會加入「保普選‧反暴力」大聯盟的「保民主‧撐政改‧反拉布‧做選民」行動，在港島設置多個街站，呼籲市民簽名支持政改。

- 7 月，香港潮屬婦女界慶祝香港回歸十八周年聯誼晚會假中環馬車會所舉行，香港基本法委員會副主任梁愛詩擔任主禮嘉賓，聯合香港潮屬社團總會主席陳幼南、副主席林鎮洪及馬介欽、秘書長方平、婦委會主任陳愛菁等婦委姊妹逾百人喜慶香港回歸十八年。

- 7 月，總會主席陳幼南聯同常董、副秘書長張敬川、會董陳德寧，總幹事林楓林等，為 10 月舉辦的「香港潮州節」專程前往汕頭、潮州、揭陽三市，實地考察有關工藝品、美食及表演節目，逐一篩選參展產品，安排有特色的傳統文藝表演，並邀請著名和具代表性的食肆赴港參與活動。

- 8 月 6 日，總會主席膺香港潮屬各界慶祝中華人民共和國成立六十六周年籌備委員會主席，並定於 9 月 21 日在金鐘萬豪酒店舉行國慶酒會。

- 8 月 26 日至 28 日，香港潮屬社團總會在九龍觀塘康寧道二號球場舉辦「盂蘭文化節」，活動包括手搶孤競賽、盂蘭勝會文化展覽、盂蘭文化導賞及盂蘭食俗，派發「五福臨門」潮式糕餅。28 日下午，美國駐港總領事夏千福參觀了盂蘭文化展示。

- 8 月，香港潮屬社團總會主席陳幼南率領代表團參加在加拿大溫哥華會展中心舉行的第十八屆國際潮團聯誼年會。

- 10 月 8 日至 12 日，香港潮屬社團總會於中環遮打花園舉辦「香港潮州節」活動，包括展示潮汕文化、品嚐潮汕美食以及多種文娛工藝表演，為期五天，有超過十萬人參與。

- 10 月 25 日，香港潮屬社團總會在尖沙咀文化中心廣場 AB 區舉行義工「關愛行動」啟動儀式。

2016 年

- 1 月 18 日，汕頭市委書記陳茂輝率代表團到訪香港潮屬社團總會。

- 1 月 21 日，潮州市長盧淳傑一行到訪香港潮屬社團總會。

- 1 月，香港潮屬社團總會接待汕尾代表。

- 2 月 23 日，香港潮屬社團總會在金鐘萬豪酒店舉行丙申年新春團拜，二百多人歡聚一堂。

- 3 月 21 日，香港潮屬社團總會舉辦「潮拼天下」2016 慈善晚宴，鼓勵年輕一代創業創新，表彰傑出的潮籍精英，並向九位傑出潮人精英頒授「潮拼天下獎」。

- 4 月 16 日至 21 日，香港潮屬社團總會連同梅州、福建、僑界、廣西、廣東等六個社團舉辦「賞心樂食 Together」美食文化節，在港島維多利亞公園舉行大型活動。

- 7 月 7 日，舉行第八屆會董就職典禮。

- 8 月 12 日，一連三日舉辦「2016 盂蘭文化節」。

- 9 月 12 日，香港潮屬社團總會設於潮州會館四樓的新寫字樓入伙，以迎合新時代的發展需要。
- 10 月 24 日，舉行「2016 年度耆英聯歡大會」。
- 12 月 16 日至 19 日，舉辦「傳承創新潮汕行」訪問團。

2017 年

- 2 月 6 日，舉辦丁酉年新春團拜。
- 2 月 14 日，舉辦政商學各屆賀陳偉南百歲華誕晚宴。
- 8 月 10 日，在潮州會館大禮堂設宴慶祝榮任本港之大慈善團體要職的潮籍鄉彥。
- 9 月 1 日至 3 日，在香港維多利亞公園一號球場舉辦「2017 盂蘭文化節」。
- 10 月 6 日至 11 日，香港潮屬社團總會代表團出席在印度尼西亞首都雅加達舉行的第十九屆國際潮團聯誼年會，與會者包括全球五十多個國家和地區的三千多名潮屬代表和潮籍鄉親。
- 12 月 6 日至 10 日，舉辦第二屆香港潮州節。

2018 年

- 1 月 13 日，以「萬人盆菜，寒冬送暖」為主題，舉辦港九新界敬老關愛盆菜活動，邀請三萬多位潮籍鄉親共享盆菜。
- 2 月 26 日，香港潮屬社團總會戊戌新春團拜於香港金鐘道太古廣場香格里拉酒店舉行。
- 5 月 23 日，第九屆會董就職典禮假香港會議展覽中心舉行。
- 8 月 24 日至 26 日，「2018 盂蘭文化節」於維多利亞公園一號球場舉行。
- 9 月，向潮汕災區捐款共三百八十七萬六千元人民幣。
- 10 月 30 日至 11 月 1 日，藉廣深高鐵香港段開通，香港潮屬社團總會四十一個屬會鄉親近七百人組成「香港高鐵體驗之旅」回鄉訪問團。

2019 年

- 2 月 15 日，香港潮屬社團總會己亥新春團拜於金鐘道太古廣場香港 JW 萬豪酒店舉行。
- 3 月 30 日，在港九新界舉行「萬人盆菜，春風送暖」大型敬老關愛活動。
- 6 月 18 日，舉行「潮拼天下 2019」頒獎禮。
- 7 月 27 日及 28 日，舉行「出花園」成人禮足球比賽。
- 8 月 16 日及 17 日，「2019 盂蘭文化節」於維多利亞公園一號球場舉行。

附錄四　香港潮屬社團發展年表（1870 — 2019）

1870 年

- 香港第一個純潮商的商業團體聚和堂約於本年建立。

1899 年

- 本年，長洲惠潮府與寶安會所及東莞會所於長洲合辦國民學校。

1906 年

- 本年，方養秋、蔡杰士、陳殿臣、鄭仲評、王少平等鑑於時代需要，倡議組織旅港潮州商會，以恭敬桑梓，維護公益。

1921 年

- 8 月 1 日，旅港潮州八邑商會成立，是香港潮籍鄉親中最具悠久歷史和代表性的工商團體。

1923 年

- 本年，旅港潮州八邑商會更名為旅港潮州八邑商會有限公司。

1924 年

- 2 月，旅港潮州八邑商會創辦的旅港潮州八邑學校（香港潮商學校前身）舉行開學典禮，是旅港潮僑創辦學校之始。
- 本年，旅港潮州八邑商會與旅港潮州總工會合力創辦潮州義山。
- 嶺東華僑互助社成立，並於 1931 年設駐港辦事處。

1929 年

- 本年，香港暹莊成立聚益堂；戰後有香港暹莊同益互助社，亦成立於 1929 年，相信是由聚益堂改稱的社團。

1930 年

- 7 月 13 日，旅港潮州同鄉會成立。
- 本年，香港潮商互助社成立。
- 香港新加坡幫協進會成立。

1931 年

- 本年，嶺東華僑互助社設駐港辦事處。

1941 年

- 本年，旅港潮州磁業公會成立。

1945 年

- 本年，旅港潮僑萬勝航業工商聯合總會成立。

1946 年

- 2 月，香港汕頭幫公會成立。
- 3 月，旅港潮陽同鄉協進會成立，後於 1950 年改稱旅港潮陽同鄉會，1992 年再易名為香港潮陽同鄉會。

- 本年，旅港潮州八邑商會有限公司更名為旅港潮州商會。
- 港九搬運社成立。

1947 年

- 本年，香港暹羅幫公會成立。

1948 年

- 元旦，潮州公會籌備委員會成立；3 月，呈香港華民政務司備案；8 月 1 日，召開第一次會員大會；9 月 4 日，舉行成立大會暨就職典禮，香港九龍潮州公會正式成立。
- 本年，香港批業同業公會成立。

1949 年

- 本年，香港九龍潮州公會在尖沙咀、九龍城、深水埗等地設立三所夜學義校。

1955 年

- 本年，香港九龍榕江福利會成立。

1956 年

- 本年，旅港潮州商會更名為香港潮州商會有限公司。

1957 年

- 本年，香港汕頭幫公會更名為香港汕頭進出口商會，後租永樂街 173 號 4 樓為會址。

1958 年

- 本年，僑港潮汕文教聯誼會成立。

1959 年

- 6 月，香港潮僑食品業商會成立。
- 本年，荃灣潮州福利會成立。

1960 年

- 9 月，潮僑塑膠廠商會成立，並集資購置香港中環租庇利街 9 號富興大廈 603 室作為會所。

1961 年

- 本年，港九潮州公會中學成立。

1962 年

- 本年，香港長洲潮州會館成立。
- 德教紫靖閣成立。

1965 年

- 本年，荃灣潮州公學成立。

1966 年

- 本年，香港潮僑食品業商會自置九龍彌敦道 512 號彌敦大廈 6 樓前座為會址。

- 旅港潮陽同鄉會註冊為有限公司。

1967 年

- 本年，旅港惠來同鄉會籌備會註冊立案成立大會，後改名香港惠來同鄉會，於長沙灣道正輝大廈購置永久會所，後再購置九龍新蒲崗彩虹道 110 — 114 號新蒲崗大廈 A 座 2 字樓 5 — 6 室為會所。
- 元朗區潮州同鄉會成立。

1968 年

- 本年，沙田潮僑福利會有限公司註冊成立。

1969 年

- 本年，香港汕頭進出口商會自置會所於干諾道 40 至 41 號東江大廈 13 樓，並改名香港汕頭商會，註冊為有限公司，由理監事制改為會董制。
- 潮僑塑膠廠商會由理監事長制改為會長制。

1970 年

- 7 月 21 日，香港潮僑聯誼會成立。

1971 年

- 本年，香港潮州會館落成啟用。
- 牛頭角潮僑聯誼會成立。

1972 年

- 本年，香港潮僑公益協進會成立。
- 粉嶺潮州會館成立。
- 香港柴灣潮僑工商聯誼會成立。

1973 年

- 10 月 25 日，香港潮州市同鄉總會成立，並購得干諾道西 42 號高富大廈 7 樓全層及 3 樓第一座為永遠會所。
- 本年，潮州公和堂聯誼會成立。

1974 年

- 本年，香港泰國進出口商會成立。
- 潮州南安堂福利協進會成立。
- 紅磡三約潮僑盂蘭友誼會成立。

1975 年

- 8 月，香港葊埠同鄉會成立。
- 本年，西貢區潮州同鄉會成立。
- 僑港潮州普慶念佛社成立。

1977 年

- 本年，香港九龍潮州公會自置會所。

1978 年

- 本年，香港潮陽同鄉會購得永樂街 157 — 163 號 2、3 樓為永久物業，並在 2 樓創辦不牟利的潮陽托兒所。

1979 年

- 本年，旅港普寧同鄉聯誼組成立，後改名香港普寧同鄉聯誼會。

1980 年代

- 中國改革開放之初，香港榕江福利互助會重組創立香港九龍揭陽同鄉總會，後購得九龍彌敦道 564 號 3 樓為會址。
- 香港慈雲閣有限公司創辦。

1981 年

- 春，香港饒平同鄉會籌委會成立。
- 4 月 9 日，旅港澳頭同鄉會成立，原為行船館組織，館址位於西營盤正街 13 號 4 樓，館名萬合華；後萬合華結束，同鄉會購置西營盤德輔道西 203 號 5 樓為會址，正名為旅港澳頭同鄉會後，購得西邊街 2 號悅心大廈 5 字樓 C 室為會址。
- 本年，香港汕頭商會擴置會所鄰座干諾道西 42 至 44 號高富大廈 13 樓。

1982 年

- 本年，香港九龍揭陽同鄉總會第一屆會董就職。

1984 年

- 本年，大埔潮州同鄉會創辦大埔潮州同鄉會廣福幼稚園。

1987 年

- 1 月，香港饒平同鄉會在港府註冊，為有限公司性質。
- 本年，潮州會館中學成立。

1988 年

- 2 月 1 日，香港饒平同鄉會正式成立。

1989 年

- 本年，港九潮州公會馬松深中學成立。

1992 年

- 本年，旅港潮陽同鄉會更名為香港潮陽同鄉會。

1993 年

- 6 月，潮汕三市政協香港委員聯誼會成立。
- 秋，香港潮陽同鄉會興辦的香港潮陽小學在天水圍天耀邨正式開學。

1995 年

- 8 月 23 日，香港普寧同鄉聯誼會正式註冊成立。

1996 年

- 本年，長洲惠潮府公司註冊，地址在長洲新興街 94 號三樓。

1997 年

- 本年，香港澄海同鄉聯誼會成立。

2000 年

- 本年，國際潮汕書畫總會成立。

2001 年

- 1 月 8 日，海外潮人企業家協會正式註冊成立。
- 10 月 9 日，香港潮屬社團總會成立，創會主席陳偉南。

2002 年

- 本年，潮僑塑膠廠商會購置尖沙咀新會所。

2003 年

- 本年，潮陽托兒所遷至德輔道西 38 號二樓，後更名為潮陽幼稚園。

2004 年

- 5 月，國際潮青聯合會成立。

2005 年

- 6 月 8 日，香港潮人深水埗同鄉會成立。
- 9 月 1 日，香港潮陽同鄉會在天水圍創辦的潮陽百欣小學在天水圍天華路正式開學。
- 9 月 25 日，旅港澳頭同鄉會位於德輔道西 432 號均益大廈閣樓 47 室的新會所正式啟用。

2008 年

- 2 月 4 日，香港潮汕同學會成立。
- 6 月，九龍東潮人聯會成立。
- 12 月 29 日，九龍西潮人聯會成立。
- 本年，香港揭陽僑聯聯誼會成立。

2009 年

- 本年初，新界潮人總會成立。
- 6 月，九龍東潮人聯會購置九龍新蒲崗大有街 2 號旺景工業大廈 2 樓 H 座新會址。
- 本年，潮僑塑膠廠商會添購尖沙咀星光行會產，後在原有基礎上再成立「潮僑工商塑膠聯合總會」。

2010 年

- 12 月 17 日，九龍東潮人聯會位於九龍新蒲崗大有街 2 號旺景工業大廈 2 樓 H 座的新會所正式啟用。
- 本年，香港區潮人聯會成立，同年購入上環文咸西街 59—67 號金日集團中心 6 樓 A—D 室作會址，翌年正式啟用。

2011 年

- 5 月 24 日，潮汕文化協進會成立。

2012 年

- 8 月 25 日，香港惠來商會成立。

2013 年

- 8 月，國際潮籍博士聯合會在香港正式註冊；11 月 7 日在汕頭成立，翌日在廣東省第五屆粵東僑博會開幕式上正式揭牌。

2014 年

- 7 月，香港揭東商會成立，創會主席為王錫廷。
- 本年，揭港青年學生交流協進會成立，會長為馬軼超。

2015 年

- 8 月 8 日，香港潮汕客屬聯誼總會成立，創會主席為朱沐之。

2016 年

- 4 月 15 日，潮僑工商塑膠聯合總會舉行成立五十五周年紀念暨有限公司第廿四屆會董就職典禮。
- 5 月 19 日，新界潮人總會舉辦慶祝香港回歸十九周年暨第四屆會董就職典禮。
- 5 月 27 日，香港揭陽榕城商會成立。
- 5 月 31 日，香港區潮人聯會舉行第三屆會董會就職典禮。

2017 年

- 7 月 11 日，香港潮文化發展總會成立。

2018 年

- 2 月，新界東潮人聯會成立。
- 6 月 2 日，香港揭陽各級政協委員聯誼會成立並舉行首屆會董就職典禮。
- 本年，香港汕頭濠江同鄉總會舉行創會大典暨首屆會董會就職典禮。

2019 年

- 1 月 10 日，香港潮州市同鄉總會增設「香港潮州市湘橋區同鄉會」。
- 6 月 10 日，香港潮人文藝協會潮劇傳承中心舉行揭幕儀式。
- 本年，新界潮人總會舉行慶祝成立十周年暨舉行第五屆會董就職典禮。

附錄五　潮屬社團及相關名詞事項彙編

【九龍西潮人聯會】
2008 年成立，宗旨是為居於香港特別是潮籍人士及在九龍西區居住、工作或就學的人士服務等。現為香港潮屬社團總會團體會員。

【九龍東潮人聯會】
2008 年成立，宗旨是為居於香港的潮籍人士及九龍東區居民服務等。現為香港潮屬社團總會團體會員。

【三陽】
揭陽、潮陽、海陽（即潮安）的合稱。

【大埔潮州同鄉會】
1960 年代中成立，1972 年轉為大埔潮州同鄉會有限公司。積極參與大埔地區的社區活動、敬老聯歡等等。現為香港潮屬社團總會團體會員。

【工夫茶】
潮汕地區的茶藝。「工夫」指沏泡時的學問及品飲工夫，工夫茶是融合精神、禮儀、沏泡技藝、巡茶藝術、評品質量為一體的茶道形式，其特點是茶具精緻小巧、烹製考究，並以茶寄情。講究茶具和沖法，茶具需要成套，包括茶壺、茶杯、茶洗、茶盤、茶墊、水瓶與水鉢、紅泥小火爐；沖法的程序，包括治器、納茶、候湯、沖茶、刮沫、淋罐、燙杯、釅茶等。品茶要先聞香味，然後看茶湯的顏色，最後才是品味道，一杯茶要剛好分為三口品完。客人飲完茶後，要向主人「亮杯底」，一則表示真誠領受主人的厚誼，二則表示對主人高超技藝的讚美。

【元朗區潮州同鄉會】
1967 年成立，創會宗旨為愛國愛港愛家鄉，聯繫及團結潮人鄉親，互相照應，共謀福祉。現為香港潮屬社團總會團體會員。

【四海潮聲報】
國際潮汕書畫總會編印的刊物，主要報道會務消息及刊登會員作品。

【汕尾市】
1927 年曾設市，1950 年設汕尾鎮；1988 年撤海豐縣，設汕尾市（省地級）。近年汕尾市與潮汕三市合稱為粵東四市。

【汕頭市】
近代中國最早對外開放的港口城市之一，稱汕頭埠，1929 年改稱汕頭市，現時為中國五個經濟特區之一。2003 年行政區劃調整後，轄金平、龍湖、澄海、濠江、潮陽、潮南六區及南澳縣．

【汕頭港商義務學校】
旅港潮州八邑商會在汕頭創辦的學校。1926 年開學，初辦初級小學。1927 年校董名額增為三十名，由商會選二十七名；1933 年，校董增至四十四名，其中四十名為商會當年會董，任期兩年。抗日戰爭期間，1939 年因汕頭市淪陷而停頓，戰後商會撥款修繕校舍，於 1949 年 9 月復校。

【李嘉誠基金會】
1980 年成立，李嘉誠稱基金會為他的「第三個兒子」。其理念願景是「支持教育及醫療發展，啟動世界向前」；「締造奉獻文化，驅策社會向前」。

【長洲潮州會館】
1962 年成立，會館於 1969 年落成，三樓設有崇先祠，每年舉行農曆冬祭祀典。1973 年有坪洲分會。現為香港潮屬社團總會團體會員。

【南北行公所】

香港華商最早的同業組織。1864 年由潮商元發行東主高滿華、乾泰隆行東主陳煥榮、廣商廣茂泰行招雨田等發起，議定《南北行規約》，1868 年在文咸西街正式成立，帶有明顯的商人會館的傳統特色。其後隨着商業發展和時代進步，其組織機構和社會功能逐漸產生變化，並為會員提供商業資訊和謀求改善經營水平等，具有一定的近代商人團體的屬性。

【紅頭船】

潮州海船的統稱。清朝雍正元年（1723 年），官府規定廣東出海民船的船頭漆成紅色；潮州海船均用白色油腹，朱砂油頭，因而潮州海船就被稱為「紅頭船」。

【英歌】

又稱秧歌、鶯歌，是流行於潮汕地區潮陽、普寧、揭陽、惠來、陸豐等地的民間廣場舞蹈。起源於明代中期，將南派武術、戲劇等地方藝術融為一體，舞姿剛勁、雄渾，氣勢威武、強壯，表現了力與美，是一種「男子漢的舞蹈」。各地英歌表演都有自己的特點，如普寧英歌、潮陽英歌等。

【香港九龍揭陽同鄉總會】

1950 年代成立，會址在九龍旺角彌敦道 564 號三樓。現為香港潮屬社團總會團體會員。

【香港九龍潮州公會】

1948 年成立，旨在增進潮州人的福利，包括協助同鄉解決子弟的教育問題，為同鄉介紹職業，排難解紛，及調解商業上的轇轕等。現為香港潮屬社團總會團體會員。

【香港汕頭商會】

1946 年成立時稱為香港汕頭幫公會，1957 年更名為香港汕頭進出口商會，1969 年改稱香港汕頭商會，註冊為有限公司，由理監事制改為會董制。現為香港潮屬社團總會團體會員。

【香港汕頭商業銀行】

旅港潮州八邑商會於 1934 年創辦的銀行。當時香港遭受世界經濟衰退的影響，潮商多有資金枯竭的困難，商會會長馬澤民為拯救時艱，鳩集同志，創辦香港汕頭商業銀行，任董事長兼總經理，幫助不少潮商渡過難關。

【香港汕頭進出口商會】

見「香港汕頭商會」條。

【香港汕頭幫公會】

香港汕頭商會成立時的名稱，後又改稱香港汕頭進出口商會。

【香港汕頭濠江同鄉總會】

香港潮屬社團總會團體會員。

【香港柴灣潮僑工商聯誼會】

會址在香港柴灣漁灣村漁安樓地下 24A 室，新近加入香港潮屬社團總會成為團體會員。

【香港區潮人聯會】

2010 年成立，宗旨是弘揚潮汕文化、發揚潮人精神，團結和凝聚香港潮人等等。現為香港潮屬社團總會團體會員。

【香港惠來同鄉會】

1967 年成立，旨在聯絡鄉誼，發揚敬老尊賢、互助互愛精神，同謀會員福利。現為香港潮屬社團總會團體會員。

【香港惠來商會】

2012 年成立，宗旨是在團結惠籍旅港商人的基礎上，服務會員、協助和支援會員把事業做強做大。現為香港潮屬社團總會團體會員。

【香港揭東商會】

2014 年成立，成員包括揭陽市揭東區政協委員及工商專業人士，旨在團結香港各界人士及鼓勵會員發揮自身優勢，為服務家鄉、建設香港作出貢獻。現為香港潮屬社團總會團體會員。

【香港揭陽僑聯聯誼會】

2008 年成立，宗旨為愛國、愛港、愛鄉、愛僑。現為香港潮屬社團總會團體會員。

【香港普寧同鄉聯誼會】

1995 年成立，致力團結旅港普寧鄉親，參與香港公益活動及賑助內地災區。現為香港潮屬社團總會團體會員。

【香港葊埠同鄉會】

1975 年成立，宗旨為聯絡居港及海外葊埠同鄉，同時關心香港社會發展，積極參與愛國愛港活動。現為香港潮屬社團總會團體會員。

【香港澄海同鄉聯誼會】

1997 年成立，宗旨為敦睦同鄉情誼，促進互助精神，發展福利事業，設立廉費醫療服務及積極參與各項社區活動等。現為香港潮屬社團總會團體會員。

【香港潮人文藝協會潮劇傳承中心】

香港潮屬社團總會團體會員。

【香港潮人深水埗同鄉會】

2005 年成立，為居於香港的潮籍人士及深水埗區居民服務，並加強互相合作，促進居於各地的潮人作出交流。現為香港潮屬社團總會團體會員。

【香港潮文化發展總會】

2017 年 7 月 11 日正式成立，創會宗旨是「傳承、弘揚中國傳統文化，加強社區的凝聚力，促進香港與內地的文化交流」。香港潮屬社團總會團體會員。

【香港潮州市同鄉總會】

1973 年成立，1997 年成立專戶獎學金基金，2002 年成立專戶林燕珊慈善福利基金，積極參與社會醫療福利事業。現為香港潮屬社團總會團體會員。

【香港潮州商會】

1921 年成立，初時稱為旅港潮州八邑商會，1946 年改名旅港潮州商會，1956 年定名為香港潮州商會，是香港歷史最悠久及最具代表性的潮屬工商團體。現為香港潮屬社團總會團體會員。

【香港潮州商會會訊】

香港潮州商會刊物。1998 年 1 月創辦，雙月刊，主要報告商會活動及會員動態，商會轄下的潮州會館中學、香港潮商學校，以至潮屬社團組織近況、潮汕地區政經發展、文化藝術及社會風俗等，內容豐富。初以報紙形式出版，第 75 期（2010 年 12 月）起改為雜誌形式。

【香港潮州會館】

位於香港德輔道西 81 至 85 號，1971 年 4 月 29 日正式落成啟用。潮州會館大廈樓高十一層，面積達四千呎，是結合商會內眾人和熱心潮僑力量建造而成。

【香港潮汕同學會】

2008 年在香港潮屬社團總會、香港潮州商會及一眾潮汕鄉賢支持下成立，會員主要爲在港就讀、就業的潮籍青年，同學會旨在團結在港潮籍學子，爲會員搭建互助交流、共同進步的平台。2012 年，該會從原先隸屬香港潮屬社團總會公關部發展成為總會的團體會員之一。

【香港潮商互助社】

1930 年成立，以「團結、互助、贈醫施藥、濟困扶危、造福社群、敦睦鄉誼」為宗旨。1958 年創設西醫診療所。現為香港潮屬社團總會團體會員。

【香港潮商學校】

由旅港潮州八邑商會於香港創辦的學校。1924 年 2 月開課，校址初設於干諾道西 29 號三樓。1928 年，在永樂西街增設分校，作為高年級課室，原址供低年級使用。香港淪陷期間停辦，1946 年復校。1947 年於石塘咀開設分校舍，1949 年在分校開辦中學。1961 年遷往位於薄扶林道三萬餘呎的新校舍，樓高六層，有課室二十四間，分上午校和下午校。1966 年，擴建中學校舍並成立中學部。1988 年，中學部開始遷往馬鞍山新校舍，並命名為潮州會館中學。

【香港潮商學校免費夜校】

旅港潮州商會在潮商學校基礎上增辦的夜校。1951 年 9 月 4 日正式開課，當時學生共一百四十二名，夜校的設立為救助潮州同鄉失學兒童而設。

【香港潮陽小學】

1993 年由香港潮陽同鄉會創辦，校址在新界天水圍天耀邨第三期。

【香港潮陽同鄉會】

1946 年成立，原名旅港潮陽協進會，後易名旅港潮陽同鄉會，1966 年註冊為有限公司，1992 年改稱香港潮陽同鄉會。其宗旨為敦睦鄉誼，贊助香港慈善事業，尤致力於提倡及發展教育。現為香港潮屬社團總會團體會員。

【香港潮僑公益協進會】

1972 年成立，扎根於港島東區，宗旨是服務潮籍及東區居民，熱心參與各項社會公益事務。該會以管理玄都觀為核心，提供道教信仰及儀式所需的道場，弘揚道教精神，貫徹濟世利人的信念；又致力於推廣潮州文化，維繫潮僑間的交流及促進聯誼。現為香港潮屬社團總會團體會員。

【香港潮僑聯誼會】

1970 年成立，會址在香港筲箕灣道 55 號二樓 L 座。現為香港潮屬社團總會團體會員。

【香港潮屬社團總會】

2001 年 10 月正式成立，首屆主席為陳偉南，由二十多個社團發起組成，其宗旨是：團結香港潮屬社團和各界人士，為香港社會安定、經濟繁榮作貢獻，促進香港與外地的交往和合作，配合及支援家鄉潮汕的發展，並出版《香港潮屬社團總會會訊》。總會在團結本地眾多潮屬社團和促進潮籍人士方面有劃時代的意義。

【香港潮屬社團總會會訊】

香港潮屬社團總會出版的通訊刊物，2002 年 5 月創刊，不定期出版，每屆會董會出版二至三期。第七屆會董會就任後，於 2014 年 1 月出版新 1 期（總第 15 期），定為季刊，並從報紙形式改為彩色雜誌。

【香港德教紫靖閣】

1962 年成立，現為香港潮屬社團總會團體會員。

【香港饒平同鄉會】

1988 年成立，積極參與各種社會活動，並與世界各地的潮屬社團和饒平同鄉會保持聯繫，共謀發展。現為香港潮屬社團總會團體會員。

【旅港普寧同鄉聯誼組】

香港普寧同鄉聯誼會的前身，1979 年至 1995 年間，為團結同鄉及支援家鄉公益事業作出了貢獻。

【旅港潮州八邑商會】

香港潮州商會於 1921 年創建時的名稱。1946 年刪去「八邑」二字，稱為「旅港潮州商會」；1956 年，會員大會通過易名為「香港潮州商會」，遂成定稱。

【旅港潮州八邑學校】

香港潮商學校成立時的名稱。

【旅港潮州商會】

見「香港潮州商會」條。

【旅港潮陽同鄉會】

香港潮陽同鄉會成立時原名旅港潮陽協進會，後易名旅港潮陽同鄉會，1992 年改稱香港潮陽同鄉會。

【旅港潮陽協進會】

香港潮陽同鄉會於 1946 年成立時的名稱，後又易名為旅港潮陽同鄉會。

【旅港澳頭同鄉會】

1981 年成立，是濠江澳頭社區鄉親在香港成立的社團，旨在為會員謀福利及參與社會慈善事業。現為香港潮屬社團總會團體會員。

【海外潮人企業家協會】

2001 年成立，由一群不同行業、不同背景的潮籍企業家組成，宗旨為網羅更多企業精英互展所長，增進友誼，共創商機。現為香港潮屬社團總會團體會員。

【荃灣潮州公學】

1965 年由荃灣潮州福利會創辦，校址在新界荃灣海壩街 80 號。

【荃灣潮州福利會】

1959 年成立，既為潮州鄉親之組合，亦為荃灣地區的福利機構。1965 年創辦荃灣潮州公學。該福利會現為香港潮屬社團總會團體會員。

【國際潮汕書畫總會】

2000 年成立，宗旨是傳承中國書畫藝術，以弘揚潮汕人文精神為己任，舉辦各項藝術活動和書畫展覽，並為賑災義賣籌款，及編印《四海潮聲報》。現為香港潮屬社團總會團體會員。

【國際潮青聯合會】

由香港潮州商會青年委員會、加拿大魁省潮州會館青年委員會、廣東潮人海外聯誼會青年委員會、法國潮州會館青年委員會、澳門潮州同鄉會青年委員會等約三十多個世界各地潮屬社團青年委員會發起組成。2004 年 5 月，在加拿大蒙特利爾舉辦的第三屆國際潮青聯誼年會上正式宣告成立，會址設於潮州會館大廈九字樓。聯合會的宗旨是：促進及加強國際潮籍青年彼此間之聯繫；加強全球潮籍團體及組織間之合作，弘揚潮汕文化，推動慈善公益；建立全球資訊網絡，增強凝聚力。

【國際潮青聯誼年會】

首屆於 1999 年 6 月 1 日至 3 日在香港會議展覽中心舉行；第二屆於 2001 年 5 月 5 日至 6 日在法國巴黎舉行；第三屆於 2004 年 5 月 7 日至 9 日在加拿大蒙特利爾舉行；第四屆於 2006 年 7 月 28 日至 30 日在深圳舉行；第五屆於 2008 年 3 月 27 日至 29 日在泰國曼谷舉行；第六屆於 2010 年 12 月 14 日在廣東汕頭舉行；第七屆定於 2012 年 11 月在澳門舉行。

【國際潮訊】

香港潮州商會承國際潮團聯誼年會委託於 1984 年 10 月創辦的雜誌。刊期不定，每期十餘萬字，是專門論述潮汕歷史文化、反映國際潮團活動情況、促進世界潮人團結、傳播潮汕文化的大型雜誌。發行泰國、法國、美國等多個國家，是對外傳播潮汕文化的重要刊物。

【國際潮團總會】

前身為 1981 年成立的國際潮團聯誼年會，是世界潮人大團結、大發展的標誌，宗旨為敦睦鄉誼、弘揚文化、促進工商、服務社會，在香港設立常設秘書處。

【國際潮團聯誼年會】

每兩年一屆在世界各地輪流舉行的國際潮人聯誼大會。馬來西亞的馬潮聯會首先倡議，1980 年夏，東南亞潮團在吉隆坡座談會上成立，首屆年會於 1981 年 11 月由香港潮州商會主辦，宗旨是聯結同鄉，促進聯繫。年會機關刊物為《國際潮訊》，由設於香港的常設秘書處負責編印。

【國際潮籍博士聯合會】

2013 年在香港正式註冊，在汕頭成立，是首個以籍貫為紐帶的高端智庫，彙聚了世界各地各學科、各領域的知識精英和領事人物。

【揭港青年學生交流協進會】

2014 年成立，旨在促進揭港兩地青年學生的交流活動。現為香港潮屬社團總會團體會員。

【揭陽市】

公元前 214 年（秦始皇三十三年）已有揭陽之名，漢武帝時置縣；1991 年建揭陽市（省轄市），轄榕江區、普寧市和揭東、揭西、惠來三縣。

【港九潮州公會中學】

1948 年香港九龍潮州公會成立後，設立義學；1957 年在九龍旺角洗衣街 150 號建校，初為小學，1961 年增建中學部，1982 年轉為政府津貼中學。

【港九潮州公會馬松深中學】

1989 年由香港九龍潮州公會創辦，創辦人是馬松深，校址在新界沙田博康邨。2015 年停辦。

【賀鄉彥】

香港商會的宴賀鄉彥盛事，每年舉行，慶賀榮任本港各大慈善團體要職的潮籍人士及祝賀獲政府頒授勳銜、委任為太平紳士和獲得其他殊榮的鄉彥。

【新界東潮人聯會】

2018 年 2 月成立，會員約一萬二千多人，是非牟利及扎根基層的社團組織。創會宗旨：廣泛團結、關懷、凝聚及服務以新界東為主的潮籍人士、鄉親、居民、社團以及香港各界人士，支持特區政府依法施政，維護香港繁榮穩定、促進社區和諧、熱心社會公益事業，積極推動香港與內地之間的交流合作。香港潮屬社團總會團體會員。

【新界粉嶺潮州會館】

1972 年成立，宗旨是彙聚鄉親，敦睦鄉誼，發揚友愛精神，扶貧救災，對北區民生問題尤為關注，維護及爭取合理權益。現為香港潮屬社團總會團體會員。

【新界潮人總會】

2009 年成立，宗旨是凝聚新界各界力量，促進潮籍鄉親與其他香港市民的交流及合作等。現為香港潮屬社團總會團體會員。

【粵東四市】

潮州市、汕頭市、揭陽市、汕尾市的合稱。1988 年設汕尾市（省地級），近年與汕頭、潮州、揭陽三個地級市合稱「粵東四市」。

【慈雲閣有限公司】

1980 年代成立，是香港一家骨灰龕營運商及慈善機構。慈雲閣是位於慈雲山的一座廟宇，建於 1970 年代，乃德教的山門，閣內供奉的多是道家神祇。現為香港潮屬社團總會團體會員。

【聚和堂】

香港第一個純潮商的商業團體。約建於 1870 年，當時省港潮商在廣州建立潮州八邑會館，南北行商人高滿華、陳春泉、陳煥榮等均參與其事，潮州八邑會館的物業由聚和堂管理，設有正副值理。每年由四家商行輪流擔任，包括港商三家和省商一家；1930 年前，由香港南北行的元發行、乾泰隆行、裕德盛行、元成發行、承興行五家充任值理，其餘行號為副值理。

【聚益互助社】

香港潮商互助社的原名。

【榕江】

潮汕地區第二大河。

【練江】

潮汕地區第三大河。

【潮人在線】

國際潮團總會官方網站，2006 年 3 月 31 日在香港中環大會堂正式啟動，是利用互聯網的優勢，收集、整理和發佈有關國際潮團聯誼年會的信息。

【潮人盂蘭勝會】

香港潮人最隆重的民俗活動。2011 年列入第三批國家級非物質文化遺產名錄。盂蘭勝會又稱中元節，在中國各地、日本、韓國和東南亞都有舉行，香港潮人將盂蘭勝會的關注點擴展到關注眾生、扶老扶貧、倡導行善、熱愛祖國的層面，使潮人盂蘭勝會表現出更突出的精神、文化、社會、經濟價值和特色。

【潮人潮 Apps】

香港潮州商會開發的智能手機應用程式，為用戶提供商會活動資訊和潮州文化知識。

【潮州】

自古以來曾經是州名、路名、府名，其地域範圍在不同年代有所伸縮。潮州作為一個地方行政單位，是在一千四百多年前；「以潮水往復，因以為名」。隋代置潮州，旋改為義安郡；唐代復為潮州，曾改為潮陽郡。元代升為潮州路，明代改為潮州府；明清以降，潮州各縣建置大體上已形成。

【潮州八邑】

潮州十縣中，潮安、潮陽、揭陽、饒平、澄海、普寧、惠來和豐順八縣均操潮語，彼此較為接近和團結，其初在廣州有潮州八邑會館之設，香港潮州商會成立時亦沿用潮州八邑之名。

【潮州文化】

亦稱「潮汕文化」，嶺南文化的重要組成部分，是中華民族文化中具有鮮明特色的地域文化。潮州既保有中原傳統文化和本身的風土人情，在近代又以汕頭為中心發展出新生事物和社會面貌，是海洋文化與大陸文化的結合，又是古老文化和現代文化的結合。由於潮州文化不斷發展，現時稱為「潮汕文化」更適合實際的情況。

【潮州木雕】

與廣州木雕同為廣東木雕的兩大流派。始於唐而盛於清。以樟木加工，分浮雕、立體雕、通雕（透雕）三種。尤以金漆木雕著稱於世，早期以開元寺為代表，處於萌芽階段，清末以「己略黃公祠」為木雕精品。

【潮州市】

國家的歷史文化名城。隋時，於 591 年（開皇十一年）置潮州，自此成為歷代郡、州、路、府治所在地。1991 年建潮州市（省轄市），轄湘僑區和潮安、饒平二縣。

【潮州刺繡】

簡稱「潮繡」，廣東潮州地區的刺繡品。粵繡之一（另一是廣繡），而粵繡又是中國四大名繡之一（另為湘繡、蜀繡及蘇繡）。潮繡產地以潮州為中心，包括汕頭、普寧、揭陽。喜用金線，具有金碧輝煌的藝術效果。潮繡作品，有《蘇武牧羊》、《丹鳳朝陽》等；著名藝人有林新泉等，號稱「二十四繡狀元」。

【潮州府】

明洪武二年（1369 年）改潮州路為潮州府，治海陽縣（今廣東潮州市）。同年廢梅州來屬。轄境相當於今廣東梅州市和汕頭市及其所轄縣（興寧、五華二市、縣除外）。屬廣東。清雍正十一年（1733 年）割今梅州市及梅縣、平遠、蕉嶺三縣地置嘉應直隸州，轄境縮小。清朝亡後，於 1914 年廢。

【潮州金漆畫】

中國三大金漆畫品種之一（另為福建、揚州）。潮州是漆器和漆畫的著名產地，潮州金漆畫有三個藝術特點：第一是只用金銀，不用顏色；第二是運用暈化手法，使畫面層次分明富麗；第三是運用「鐵線描」即鐵筆刻畫法，使有濃厚的裝飾感。

【潮州音樂】

流傳於潮州地區的各類民間器樂的總稱，亦於閩南、粵東以及世界各地潮汕人的聚居地流行。它保留了唐宋中原古樂的風韻和古老稀有的二四譜和工尺譜，在傳統民間音樂藝術中獨樹一幟，大致可以分為廣場樂和室內樂兩大類，主要樂器是二弦、二胡、揚琴以及鑼鼓等打擊樂器。

【潮州商幫】

指潮州商人幫派，是中國主要商幫之一。

【潮州彩瓷】

唐宋時已達到較高水平。晚清時，潮州彩瓷受到潮繡、木雕、戲劇、繪畫改革的影響，進步很大。新式繪畫與彩瓷結合起來，如詹雲畫派的畫師詹雲及其弟子、門人莊淑余、謝蘭甫、許雲秋、謝銳、蔡友等大批畫師轉入彩瓷，成為彩瓷藝人。1910 年（宣統二年）在南京舉辦的全國工藝品賽會上，著名潮州彩瓷藝人廖集秋創作的《百鳥朝陽》獲得大獎，後又參賽巴拿馬博覽會。潮州還生產粉彩（軟彩）、瓷板畫、楓溪是潮州彩瓷的集中產地，有一千二百多年的歷史。

【潮州會館中學】

原為香港潮商學校中學部。1986 年，教育署撥給馬鞍山恆安邨中學校舍，翌年落成，命名為潮州會館中學。

【潮州義山】

亦稱潮州墳場，1924 年 7 月 16 日啟用時位於香港島雞籠環山地，時稱「潮州八邑山場」。後陸續擴建第二、第三墳場；1935 年，領得鴨脷洲山地一段，作為雞籠環山地遷葬之用。1947 年，因政府拓展而將雞籠墳地遷徙，闢建牛池灣潮州墳場。1952 年，香港政府再命義山全遷至和合石及沙嶺，即今羅湖沙嶺潮州葬骨墳場、粉嶺和合石潮州葬棺墳場。因不敷應用，1969 年香港潮州商會向政府申請擴建，翌年 6 月竣工。1983 年，沙嶺墳場原有約三十萬方呎山地用罄，商會乃申請擴闢金塔墳場，至 1984 年全部完成，1990 年代再申請撥地增闢。

【潮州路】

元至元十六年（1279 年）升梅州為潮州路，治海陽縣（今廣東潮州市）。轄境相當於今廣東大埔、豐順、揭西三縣以東地，屬江西行省。明洪武二年（1369 年）改為潮州府。

【潮州歌冊】

潮汕地區民間文學中的一種獨特式樣，用潮州方言編寫和誦唱。有曲有白，文字通俗易懂，故事曲折生動，在民間流傳甚廣。一般不必經過訓練亦可掌握，因而成為一種自娛活動，文化水平不高的婦女，可以在悠閒或工作時邊唱、邊聽。

【潮州歌謠】

俗稱「歌仔」、「畲歌」或「畲歌仔」，是潮汕地區沿海居民和山里畲民的歌謠與中原移民的民謠經長期融合而形成的。用潮州方言口頭創作，具有自身獨有的藝術特色。其內容吸收了當地的民間信仰和民俗事象，反映出民眾生活和純樸情感。

【潮州學國際研討會】

潮學國際研討會第一屆的名稱。

【潮州鐵枝木偶戲】

又稱紙影戲，是中國傳統戲曲中具有代表性的古老劇種之一，被譽為潮汕地區戲劇藝術的奇葩。鐵枝木偶又稱「紙影」，高度約為三、四十厘米，由一根鐵枝固定木偶軀幹背部，兩支鐵枝支撐活動的兩臂。紙影棚不大，表演時在舞台中間垂一塊布幔，台面佈置細小桌椅，兩邊戲門可容納二至三人用手將鐵枝木偶帶到台前，進行各種戲曲人物動作的表演。配合表演的樂曲、樂器和聲腔，都採用潮劇形式。

【潮汕三市】

潮州市、汕頭市、揭陽市的合稱。1991 年調整潮汕地區行政區劃，分設汕頭、潮州、揭陽三個地級市。

【潮汕三市政協香港委員聯誼會】

1993 年成立，由汕頭、潮州、揭陽三市政協香港委員、顧問組成，致力團結香港潮籍鄉親，動員鄉親共謀家鄉發展，對外推介潮汕，促進經貿繁榮。現為香港潮屬社團總會團體會員。

【潮汕文化】

見「潮州文化」條。

【潮汕平原】

韓江三角洲平原、榕江平原和練江平原的統稱。

【潮汕地區】

潮汕文化佔主導的地區，主要指「潮汕三市」，現時亦包括汕尾市在內，範圍與「粵東四市」相當。

【潮汕抽紗】

是按一定圖案抽出布料中的某些經緯紗線，然後刺繡花紋。其方法的傳入是在汕頭開埠以後的事，潮汕繡工運用潮繡針法與外來抽紗技藝相結合，產品比西法抽紗優雅美觀，很受外國歡迎，成為潮汕主要出口貨品之一。

【潮汕剪紙】

潮汕傳統社會生活中廣泛應用剪紙，在婚壽喜慶禮品和祭神祭祖供品上做些裝飾，擺放玲瓏剔透的「貼花」，此外也把剪紙作為刺繡的「花樣」。貼花和花樣都是純色剪紙，以剪刀為工具；也有用多種色紙分別剪出物像各個部分，然後併合為一件完整作品的。此外還有將圖案放在色紙或金箔上，用刻刀鏨刻而成的「鏨紙」。

【潮陽百欣小學】

2005 年由香港潮陽同鄉會創辦，校址在元朗天水圍天華路 55 號。

【潮僑工商塑膠總會】

1960 年成立，有數百家公司、企業、廠商等團體會員，均屬塑膠工業、玩具製造及原材料、進出口貿易等業務。現為香港潮屬社團總會團體會員。

【潮僑食品業商會】

1959 年成立，宗旨是奉行法令、忠心本職、團結同業、增進鄉誼、互助商務發展、共謀同業福利。現為香港潮屬社團總會團體會員。

【潮僑塑膠廠商會】

潮僑工商塑膠聯合總會的前身。

【潮劇】

或稱「潮州戲」、「潮音戲」，以潮州話演唱，用大鑼鼓和潮州管弦樂器伴奏，是古老的戲曲劇種，帶有鮮明的潮汕特色，流行於潮汕地區、閩南一帶以及東南亞地區等。

【潮劇】

廣東近代戲曲的一種，與粵劇、瓊劇（海南戲）、廣東漢劇（外江戲）合稱廣東四大劇種。潮劇原名潮腔、潮調、泉州雅調，又名潮州戲、潮音戲、潮州白字戲，因其演出中心在潮州並且用潮州方言演出，故名。「潮劇」的稱謂，最早見於晚清張心泰《粵遊小識》一書，1900 年（光緒二十六年）刊刻；辛亥革命後，潮劇之名漸見流行，至今已為人們普遍採納。

【潮學國際研討會】

香港潮州商會最初發起和贊助的學術研討會。第一屆稱為「潮州學國際研討會」，由香港中文大學主辦，1993 年 12 月 20 日至 22 日在該校舉行。第二屆起，稱為「潮學國際研討會」；第四屆再由香港潮州商會贊助，在香港中文大學舉行。至 2013 年，已舉辦至第十屆，舉辦地點除香港外，包括汕頭、潮州、揭陽、澳門、廣州、馬來西亞檳城、武漢。

【潮繡】

潮州刺繡的簡稱。

【韓江】

潮汕地區最大的河流，在廣東省是僅次於珠江的第二大河。

後記——
香港潮汕研究邁向一個嶄新的階段

　　近幾年來，研究香港潮屬社團發展是我的重點工作之一。2011年春，我應邀撰寫《香港潮州商會九十年發展史》，翌年7月由香港中華書局出版，當時香港潮州商會並於一年一度的「香港書展」中舉辦了一個新書發佈會。我在該書的〈後記〉中說：「若干年前我曾有專注潮州歷史文化之念，可惜一再拖延而未付實行，突如其來的潮州商會研究，竟成為我開啟潮州文化之門的鑰匙。」

　　其後我對潮汕研究興趣未減，關心的課題也增多了，因而萌生創辦一份專刊的念頭，希望可以凝聚志同道合的人士。《香港潮汕學刊》第一期於2013年3月出版，我在〈創刊詞——為潮汕研究進一言〉中強調：「潮汕研究並非只是潮汕學人才會致志用心的一門學問，需要不同族群、不同國籍的學者一起開拓和耕耘，才可臻於國際學術之境，為人類文明作出貢獻。」香港有逾百萬潮籍人士，但相對來說，文教界、學術界以至社會各界人士對於潮汕研究的重視仍然不足，這份小型季刊或者可以盡點綿力。

　　截至2015年4月，《香港潮汕學刊》已出版了八期，今後能否持之以恆，是需要大家支持和鼓勵的。這兩年間，作為該刊的主編，我一直關注香港各個潮屬社團在工商、文教和社會服務等多方面的活動，經常搜集有關消息並寫成匯報。連同此前取得的文獻資料，分量漸有可觀，如果系統地加以整理，百多年來潮籍人士和潮屬社團在香港的活動情況以及所取得的成就，

尤其是潮籍人士對本地社會的服務和貢獻，對潮汕家鄉和海內外鄉親的關愛與支援等，都可以藉此具體展示出來，顯然是一件很有意義的事。

2014 年春，欣見香港潮屬社團總會以新理念重訂目標，重組架構，並加強與各個屬會的聯繫，充分表現出潮汕傳統的團結精神，大大加強了我為潮屬社團撰寫一本專著的決心。其後得到香港潮屬社團總會主席陳幼南博士、秘書長林楓林先生等的支持，成立研究專項，正式開展編著香港潮屬社團總會發展史的工作，這就是本書得以與讀者見面的由來。

香港潮屬社團總會四十多個屬會成員之中，有的悠久歷史，有的則是新近成立的，文獻材料或繁或簡，要同時加以載錄並熔於一爐，是極不容易的事。所以現時這本書中，未盡令人滿意之處相信不少，漏誤疏忽恐所難免，敬請社會賢達、專家學人和廣大讀者見諒，將來如有機會增訂補充，則幸甚矣。

周佳榮 謹識

2019 年 8 月 9 日

責任編輯　吳黎純　郭子晴
裝幀設計　黃希欣
排　　版　陳先英
印　　務　林佳年

傳承與開拓：香港潮屬社團總會發展史

作　　者　周佳榮

出　　版　中華書局（香港）有限公司
　　　　　香港北角英皇道 499 號北角工業大廈 1 樓 B
　　　　　電話：（852）2137 2338
　　　　　傳真：（852）2713 8202
　　　　　電子郵件：info@chunghwabook.com.hk
　　　　　網址：http://www.chunghwabook.com.hk

發　　行　香港聯合書刊物流有限公司
　　　　　香港新界大埔汀麗路 36 號
　　　　　中華商務印刷大廈 3 字樓
　　　　　電話：（852）2150 2100
　　　　　傳真：（852）2407 3062
　　　　　電子郵件：info@suplogistics.com.hk

印　　刷　美雅印刷製本有限公司
　　　　　香港觀塘榮業街 6 號海濱工業大廈 4 樓 A 室

版　　次　2020 年 2 月初版
　　　　　©2020 中華書局（香港）有限公司

規　　格　16 開（247mm×190mm）

ISBN　978-988-8674-70-1